陕西省社会科学基金项目（项目编号：2018H09）
2020年度西安市社科规划基金课题青年项目“西安地区高等教育发展中的三次西迁及其爱国主义精神研究”（项目编号：ZX114）阶段性成果
西北大学“双一流”建设资助项目

发现西北联大

西北联大

融汇西东：西北联大教育思想

姚 远 伍小东
曹振明 梁严冰 | 著

陕西新华出版传媒集团
陕 西 人 民 出 版 社

图书在版编目（CIP）数据

融汇西东:西北联大教育思想 / 姚远等著. -- 西安 : 陕西人民出版社, 2020.11

(发现西北联大丛书)

ISBN 978-7-224-13468-1

Ⅰ. ①融… Ⅱ. ①姚… Ⅲ. ①高等教育—教育思想—研究—中国—民国 Ⅳ. ①G649.29

中国版本图书馆CIP数据核字(2020)第026460号

出 品 人：宋亚萍

丛书策划：张 炜

策划编辑：蒋 丽

责任编辑：朱小平 白艳妮 王金林 曾 苗

整体设计：姚肖朋

融汇西东：西北联大教育思想

作　　者	姚 远 伍小东 曹振明 梁严冰
出版发行	陕西新华出版传媒集团 陕西人民出版社 （西安北大街147号 邮编：710003）
印　　刷	西安市建明工贸有限责任公司
开　　本	787毫米 × 1092毫米 1/16
印　　张	20.25
字　　数	292千字
版　　次	2020年11月第1版
印　　次	2020年11月第1次印刷
书　　号	ISBN 978-7-224-13468-1
定　　价	110.00元

如有印装质量问题，请与本社联系调换。电话：029-87205094

—总 序—

在世界反法西斯和中国人民反对日本帝国主义侵略取得胜利的背景下，我们筹划出版一套和抗日战争密切相关的“发现西北联大丛书”，很有必要，也是“举旗帜，聚民心，育新人，兴文化，展形象”的现实需要。

陕西新华出版传媒集团的张炜总编有乡土之情，也很有政治眼光，而将乡土之情和政治眼光两者结合起来，将学术研究与提振地方文化结合起来，就更有意义。离开抗战背景，就无法谈西北联大，而离开陕南、汉中、城固这些地名，西北联大也会成为不接地气之事物。战火燃起后，在北平待不下去，北平大学、北平师大、北洋工学院就迁到西安建校，虽然西安临大、西北联大加在一起的时间仅有近三年时间，和西南联大在昆明八年多有所不同，但西南联大合中有分，西北联大分中有合，战后西南联大几乎全部北归，西北联大却扎根西北，并留下文、理、工、农、医、综合、师范一个完整的高等教育体系，因此二者各有特色。

我们还可以从另一个角度考虑这个问题，其意义就深刻得多。仅在2015年一年，我统计了一下，习近平总书记对中国传统文化的问题一共有七次讲话，讲话中用的词：文化血脉、精神命脉等等，过去我们不大用的词都用了，经过大家学习、研讨、反复审视，今天我们对文化血脉、精神命脉的理解加强了。和2012年在西北大学召开首届西北联大与中国高等教育发展论坛相比，我们脑子里积淀的理念多了，今天这个时候我们宣传西北联大精神，出这样一套书，思维开阔得多，我觉得和党中央的步伐完全吻合。在这样的前提下出这样一套书，有更强的生命力。总书记这样讲：优秀文化是一个国家民族传承和发展的根本，如果丢掉了就割断了自己的精神命脉。对一所历史悠久的大学来说，它也有自身的文化血脉、精神命脉，大而言之，这就是优秀传统文化。西北联大精神的核心就是爱国，为民族的伟大复兴而努力奋斗，这就是它的精神，最根本的精神；小而言之就是学校的校史，特别是这所学校在民族生死存亡之时的校史，从这一意义上讲，西北大学、西安交通大学医学部、西北工业大学、西北农林科技大学、西北师范大学，以及北京师范大学、天津大学、河北师范大学、中国矿业大学、东北大学等数十所院校和原来的西北联大都有文化血脉的联系。在中国人民反对日本帝国主义侵略取得胜利 74 年之际，配合中央一系列部署，包含全国政协也在这一方面举办了一系列活动。研究西北联大和后来中国西北地区高等教育事业发展的血脉联系，无疑是一件很有意义的事，而现今的研究肯定会比前几年对此研究在理论和深度上会更上一层楼。

这套书和大家的想法不谋而合。整套书篇幅不要太大，文字不要太多，文体不要太学术化，不在非主要问题上多费笔墨，要让一般有初高中水平的读者能看得懂。太学术化、引证太多太烦琐，读者就少了，一本书拿出来没人看，起不到任何作用。我曾在《光明日报》发表言论，就讲我对写普及读物很有感情，如果对所研究的问题没有很深刻的研究是写不出来的，如果身体允许，我还会继续写普及读物。我们的这套书，不在于写一部几卷本的西北联大史，写出来没有人看不行，必须有内容且深入浅出才有人看。定位为普及读物我举双手赞成。普及读物没有很好的逻辑思维、文字修养是写不好的。我所讲的和姚远老师的选题策划、张炜总编所讲的策划不谋而合，每本书几十万字左右，篇幅不要过大，要有人看，要打开读者面，在市场上有一席之地。如果一本书写出来，一出版几天就销声匿迹，那就毫无意义。

这套丛书由《西序弦歌：西北联大简史》《以学报国：西北联大名师》《融汇西东：西北联大教育思想》三部书组成，分别从三个不同的视角反映了西北联大接续民族文脉、奠定西北高等教育基础的简要历史脉络，以及西北联大与其后继院校扎根西北、融汇世界的教育思想等。同时，这套丛书也总结了自2012年以来举行的8届“西北联大与中国高等教育发展论坛”的研究成果，展示了西北联大辗转平津，西迁南渡，救亡图存、共赴国难的民族精神。与之前已经出版的有关著作相比较，它更接近于历史原貌，更紧扣于历史本质，也第一次触及其战时教育思想，故具有新的高度与深度，也具有新的连续性和系统性。

这的确是一个有着重大意义的研究课题。作为西北联大后继院校的一员，我们有责任、有义务做好西北联大精神的宣传和继承，讲好西北联大故事，并借此展现我们的大学之道，展现我们的文化自信，奔向民族复兴的新征程。

張岂之

2019年10月20日

—前 言—

帕斯卡尔说过：人只不过是一根苇草，是自然界最脆弱的东西，但他是一根能思想的苇草，用不着整个宇宙都拿起武器来才能毁灭他，一口气、一滴水就足以致他死命了。然而，纵使宇宙毁灭了他，人却仍然要比致他于死命的东西更高贵得多，因为他知道自己要死亡，以及宇宙对他所具有的优势，而宇宙对此却是一无所知。因而，我们全部的尊严就在于思想。①

的确如此。无数个群体在历史的长河中匆匆流过，如果人们还记得它，那一定是它的思想。西北联大群体最使人感到伟大的一点，就是它立足西北、融汇世界的教育思想。

西北联大与其后继院校立足西北、融汇世界的战时教育思想的研究，是一个鲜有涉及的领域②。西北联大“尤负西北文化重责”“要负起开发西北教育的使命”的思想，国立西北大学“恢复历史的光荣，创建新兴的文化”“成为名副其实的西北最高学府”的思想，国立西北师范学院

①［法］帕斯卡尔．思想录（论宗教和其他主题的思想）［M］．何兆武，译．北京：商务印书馆，1995：157—158.

②姚远．西北联大融汇世界的办学思想与实践［J］．河北师范大学学报（教育科学版），2017，19（1）：45—54. 又见：姚远．西北联大与其后继院校定位西北办学思想与抱负的形成［J］．西北工业大学学报（社会科学版），2018（3）：80—91.

“负起西北中等学校师资训练之重大使命”的思想，国立西北工学院“奠立西北工程教育之基础”的思想，国立西北农学院负起“领导西北农业建设之责任”“成为全国最完善之农业学府”的思想，国立西北医学院“以培植医学专才，发展西北卫生事业，促进民族健康为职志”的思想，渐成一种战略责任与使命，在教化一方、为西北地方文化和经济社会发展服务的实践中产生了重要影响。西北联大也具有融汇世界教育办学的宽广视野，形成了，“当本‘天下一家’与‘世界大同’之理想，努力争取人类的互助合作与各民族文化的交流”的思想；“为世界和平计，为将来大同计”，“教育家的眼界”“不能不注射于世界教育”的思想；“未敢以自满，且以世界学术进步之速，时以落后为惧”“俾渐渐走入世界学术之林，肩负挽救国家之重责”的思想；“世界各主要国家的不同教育思想，可以充作吾人参考资料及研究方法”“研究东西学术，融汇现世界之思想”的思想；为建国先决条件的思想，等等。而且，黄文弼在推动中西历史考古学融汇，黄国璋在推动中国古地理学与世界新地理学的融汇，黎锦熙在面向世界科学的新趋势，推动“地志历史化”和“历史地志化”方面，做了与世界学术融汇的有益尝试，各个后继院校也有着丰富的国际学术交流实践，是其重要办学成就之一，至今仍有重大借鉴意义。

然而，这是一个极其庞杂繁复的领域，在此仅从校长、著名教授的教育思想入手，恐仅为其冰山一角，而且大多仅限于就事论事，也未及与前后左右进行比较，只是抛砖引玉而已，希望有更多的“探矿者”加入，挖掘这一“富矿”。

撰稿分工：姚远，第一、二、三、五、六章，第七章第一、二、三节，第九章；伍小东，第四章，第七章第五、六节；曹振明，第八章；梁严冰，第七章第四节。谨向合作者，以及关心和支持此项研究的学者致谢！不妥之处，尚望不吝指正，以便在修订时修改。

编　者

2020 年 7 月 3 日

目 录

第一章 扎根西北的办学理念

区域特色是一切事物最为显著的特征之一，随着岁月的流逝，有些特色会时过境迁，不复存在，但区域特色却很难失去，几乎像是与生俱来的胎记，相伴终生。虽说大学并非自然—地理环境和人文—地理环境所直接赋予，但这种环境毕竟提供了它生存的氛围、物质材料、文化营养，所以在一定程度上会影响其发展的趋向、规模和色彩。无论一所大学是如何发源的，但当我们追溯其源流而上时，却总发现它是当地文化不可分割的一部分。当追寻平津四校一院经由西安临大—西北联大千里大迁徙的足迹，寻根问祖，溯流而上，聚焦在其凤凰涅槃、浴火重生的那一历史时刻，我们发现，它已华丽转身，“化成为西北自身所有、永久存在的高等教育机关”。[1]

①姜琦．祝西北学会成立［J］．西北学报，1941（创刊号）：5—7.

第一节 国立西北联合大学："尤负西北文化重责"

一、"抗战三区"与"抗战三坝"之说

按1938年教育部划定的战时西北联大社会教育区，覆盖豫、陕、甘、宁、青、新等六省区的辽阔范围，几占大半个中国。抗战期间形成南郑区、昆明区、四川区三大高等教育基地，又有"三坝"之说，即陕南古路坝、成都华西坝、重庆沙坪坝之说，[①]"俨然是中华民族文化的三大堡垒"[②]。这既表明，战时我国高等教育区域布局新格局的形成，也表明战时高校办学逐渐找到了自己的区域定位。

西北联大各后继院校联合成立的西北学会及其创办的《西北学报》发刊词，就此定位做了颇具气势的表述[③]：

号称世界六大文明古国之埃及、巴比伦、印度、墨西哥、秘鲁，早为时代波浪所卷没，现今唯有中国，遗绍千古。次起之希腊、罗马，虽

①成都华西坝因地处"天府之国"又是教会大学，故称为"天堂"；重庆沙坪坝条件稍好，称为"人间"；陕南古路坝地处山岗教堂，条件最差，故称"地狱"。成都华西坝有金陵、金陵女子、齐鲁、燕京等5所教会大学；重庆沙坪坝有国立中央大学，连带重庆其他地方有39所；陕南古路坝，先后有国立北平大学、国立北平师范大学、国立北洋工学院、国立北平研究院，省立河北女子师范学院完成第一次联合后的国立西北联大地质地理系、体育系、附属高中、工学院在此，后北洋工学院、东北大学工学院、私立焦作工学院在此完成第二次联合的国立西北工学院，在其附近和在陕西其他地方者还有西北联大的后继院校国立西北大学、国立西北师范学院、国立西北医学院、国立西北农学院等10余所大专院校。

②刘志聪．西北最高学府的风光［J］．西北学报，1941，1（1）：41.

③编者．西北学报发刊词［J］．西北学报，1941（创刊号）：1—3.

煊耀一时，为欧美近代文化之开宗，但遭蛮族之摧毁后，已成为历史上之名词矣。中华民族确有其伟大，似长江发源极西，汇合众流，穿岭渡峡，浩浩荡荡，长流不息，注泻东海，而保持五千年之悠久历史，占据一千一百七十余万平方公里之土地，并拥有四万万五千万之人口，此为黄帝子孙历经奋斗之成绩，亦为世界上仅存之硕果，是中华民国负有延续人类文化之使命与拨乱世、拯万民、见青天之重责，现虽正为自身挣扎、抵御强暴、奋发图存而努力，然并未忽略人类维持正义，为世界图谋和平之使命，负重致远，振古如斯。

这是放眼世界文明，来看中华文明在整个人类文明中的独特性和所肩负的重大责任。然后，其笔锋转向中华文明的发祥地——大西北。

中华民族发祥于西北，而延扩于全境，中华文化，发轫于西北而移向于东南，是西北在时间上曾占重要地位，西北地形，有高屋建瓴之势，历代政变与革命，多由于控制西北而成功，西北面积，就陕甘宁青新五省言，广袤三百二十余万平方公里，占全国面积三分之一，若包括晋北、绥蒙于内，则有五百余万平方公里，几占全国面积二分之一。自魏晋南北朝以来，异族势力内侵，政治经济中心南移，东南开辟成为富庶之区，随之，文化中心亦向南移，所谓西北，渐失其重要性，尤其自欧美势力侵入，关津大开，沿海各省，交通发达，因而工业勃兴，经济繁荣，西北文化竟风靡中土。西北各省，以地处内陆，交通艰阻，浸至生产落后，文化衰微，所谓大西北，愈荒凉不堪。

但西北幅员辽阔，蓄藏丰富，凡高瞻远瞩之士，率皆知其于国防上、经济上之重要，故自清末以至抗战前，开发西北之呼声，建设西北之计划，不一而足，然洵以事实困难，未得实现。迨至抗战军兴，半壁河山，沦为敌有，政治经济中心复向西移，西南西北，不特为支持抗战之根据地，且为争取胜利、复兴国族之原动力。

二、“点线面”之说

就国立西北联合大学及其后继院校在西北的分布来说，姜琦认为①：这标志着“由‘点’‘线’（大河流域或铁路沿线）的大学转变为（西

①姜琦．祝西北学会成立［J］．西北学报，1941（创刊号）：5—7.

北）‘面’的大学”，将“化成为西北自身所有、永久存在的高等教育机关”①，从而实现了中国高等教育格局由东部向西北部的一次战略性展布。

基于此，遂有“开发西北”“建设西北”之声。著名教育史家姜琦就此指出②：

所谓“开发西北”或“建设西北”，其目的不仅在于要使西北文化之进度能与向来所谓“东南文化”并驾齐驱，并且要使西北文化迎头赶上去而成为全中国文化之重心。原来所谓“东南”及“西南”乃至“东北”之文化，溯本追源，尽发源于西北。不过，因为它自海禁开通以来，在地理上占有交通之便利，故有长足的发展之可能而已。如果我们本着“数典不忘祖”这个原则，那么，我们应当复归于西北文化，把它重新建设起来，然后才有所谓“中国的本位文化”之发现，否则，任其所谓“东南”“西南”“东北”吸尽欧美舶来之新文化，好像无根之树木，容易被风吹倒一般。

但是，战前的我国高等教育布局，大多集中于东南、华北一带，以平、津、沪、穗为我国高等教育的发祥地。其在地理上的演进顺序为：

自珠江流域起，沿着东南海滨跳到上海，再由上海沿着长江流域，或沪宁铁路一直到达武汉或到达津、平，最后渡过长江上流到四川的成都，或越过山海关，到达东北的沈阳而进行的……（省立及私立大学不计）都是沿着江河流域或铁路线（陇海路、黄河流域亦相同）而分布的。因此，这许多大学，无以明之，名之曰“线的大学”，极端地说，可以名之曰“点的大学”，它并没有顾到一面，更未曾顾到全面之设置。这……是不是合乎三民主义的最高原则，使全国人民都能够享受高等文化之福利呢？

其答案是否定的。按照几何学原理，万象起于一点，然后由点而线，再由线而面，然后由面而体。因此，战前我国大学的分布，无疑是一个畸形的布局。然而，无论布局于点上的或线上的大学，没有一所愿意自愿地迁离原地，但迫于敌人打到门口，抗战遂成为重新布局的一个契机，由“点线”布局向“面”的布局的战略转折③，遂成可能。

---

①②姜琦．祝西北学会成立［J］．西北学报，1941（创刊号）：5—7.

③当初两个“临时大学”的产生，顾名思义，并无久居于长沙或西安的初衷，改成“联合大学”和“化为西北所固有的大学”是逐渐形成的一个战略思考。

民国二十八年（1939）夏，教育部鉴于过去的教育政策的错误，使高等教育酿成那种畸形发展的状态，乃毅然下令改组西北联合大学，按其性质，分类设立，并且一律改称为西北某大学某学院，使它们各化成为西北自身所有、永久存在的高等教育机关，这样一来，我觉得所谓西北大学及西北师范学院、西北工学院、西北农学院、西北医学院，乃至国立西北技艺专科学校等，才算是我国的最初成立之“面”的大学或学院。……所以，现在的西北各大学之任务比之原有的东南、西南及东北各点或各线上的大学之任务，其重大之程度，不啻倍蓰一般。具体地说，现在西北大学或各学院，尤其西北大学，不啻是原来集中于各点及各线之上一切大学之基石，这一块基石，又像一颗钢钻，它所发出的诸光线，是先由体而面，再由面而普照于一切线或一切点之上，然后使任何一线或任何一点吸收去作为它自身的光线之导源而有所发扬光大一般。①

这无疑是抗战时期对西北区域兴学战略最深刻和最科学的一个诠释。

那么，地处西北的高等学校应该怎么迎接这一机遇和适应这一国家战略呢？

其实，在由国立西安临时大学改为国立西北联合大学和改为各冠以“国立西北”名号的五所院校时，国民政府最高层已经就此有所考虑。1937年10月20日教育部给西安临大的电文，已有“建立西北高教良好基础”的说法②。赵慈庚教授曾回忆，教育部也曾打电话给留坝县县长转告迁徙途中的西安临大，“停止前进，不许迁往四川，留在陕南”③。西北联大常委徐诵明、陈剑翛二常委，为学校最后的落脚地等事项专飞汉口请示，教育部转述国民政府最高层的意见答复：“西北联合大学，系经最高会议通过，尤负西北文化重责，钧以为非在万不得已时，总以不离开西北为佳”。④ 这也就是说，改为西北联大也好，改为国立西北五校

①姜琦．祝西北学会成立［J］．西北学报，1941（创刊号）：5—7.

②教育部．给西安临大电（1937.10.20）［M］//北洋大学—天津大学校史编辑室．北洋大学—天津大学校史资料选编．天津：天津大学出版社，1991：354.

③赵慈庚．西安临大南迁琐记［M］//李溪桥．李蒸纪念文集．北京：中国社会科学出版社，1996：255-261.

④徐诵明．关于校址问题及向教育部报告校务请示各点［J］．西北联大校刊，1938（1）．其中的“钧”还是“均”，有争议，但笔者倾向于“钧”，即指蒋中正。

也好，是国家层面的一个战略思考。

因此，这五所院校在大的区域“西北”定位确立以后，又在西安、兰州、天水、平凉、岷县、咸阳、宝鸡、临潼，甚或迪化（今乌鲁木齐），都有过小范围的地域分布思考。比如：国立西北医学院初拟迁平凉，复将国立西北医学专科学校并入，设立兰州分院；西北大学，就有过“战后第一步迁回西安……设分校于兰州……并在新疆迪化设分校，与美国西北大学并存于世界”① 的计划；国立西北师范学院在兰州的创建和战后拟北平师大、北平大学两校永留西北的计划等，都是这种战略的进一步细化。

三、“重床迭屋”之说

高等教育分布的“重床迭屋”说由来已久，也有“重床叠架”的说法，均比喻重复繁多。此处，用来比喻我国高等学校区域分布的“畸形畸重之弊”或过于集中于沿江、沿铁路线大城市分布的状况。

1935 年 12 月 28 日，邵力子致行政院函中，即有此说法：“查北平一隅，国立大学居四所之多，实嫌供过于求”，“西北自中央主持开发以来，物质建设成就渐显，唯教育一端依然落后，诚以陕甘宁青新等省，人口总数在 2000 万以上，乃竟无一所大学作高深之培养，实不足以应事实上之需要。”为此，他先后提出将国立北平大学、国立北洋工学院迁陕的建议，并认为“以此办法，全国学区既免畸形畸重之弊，西北方面亦省另起炉灶之劳，一举两利，莫过于此”。②

马师儒③在论及战后高等学校复员问题时，提出预防“高等教育之逆转及不合理之分配”的问题。他指出：“抗战期间文化中心，已由沿海各省，移来到西北、西南等边区，因此高等教育渐渐地有了合理化的

①刘志聪．西北最高学府的风光［J］．西北学报，1941，1（1）：41—47.

②邵力子．致行政院蒋院长．民国档案［A］．1935-12-28，南京：中国第二历史档案馆．

③马师儒（1888—1963），字雅堂。陕西米脂人。1919 年北京高等师范学校毕业后留该校附中任教。1921 年留学德国，在柏林大学学习教育学和心理学，获博士学位。后转入瑞士苏黎世大学心理学及哲学研究所，并专门研究裴斯泰洛齐的教育学说。1937 年起，任西北联合大学、西北大学教授、文学院院长。1948 年 4 月至 9 月任国立西北大学校长。1942 年春，他由城固回陕北奔丧期间，在延安，由北京大学老同事范文澜作陪，毛泽东主席接见并宴请了他。

分配，今后仍宜防止人才和物质之逆转和逆流，勿使再集中于平、津、沪、汉或偏于沿海、沿江，而不顾边区或贫瘠的省区；无论如何，在战后的高等教育上，我们务使各地方都有均衡的发展，尤其不应将人力物力，都便利了一二大学，而令其他者均感到向隅或失望。”“中国过去高等教育之分配，不合道理，这是事实，人人所知的，现在我们主张不但校址之分布，应求均衡，即院系之分配，亦须要向多方面发展，决不可再集中在几个热闹的地点，总要为全国的文化教育着想，不应有丝毫的成见、偏见和私见。”由此，他进一步提出了战后西北高等教育与全国高等教育“彼此相互配合”的目标，即“要建设西北，必先奠定西北高等教育之基础，并且要突飞猛进，才可追赶上现代进步的科学和艺术；我们观察中国高等教育之发展情形，知道中国固然不如英美等国，而西北之高等教育更远不如沿海沿江各省，吾人应于建设西北之大目标下，先使各种文化事业都有均衡的发展，更需要使高等教育专门学校，有特殊的大进步，然后西北、西南、东北、东南，都可以在高等教育上，彼此互相配合起来，成为一个健全而完美的系统”。他还提出按自然环境布局高等教育的具体规划，指出：“无论学区的划分或院系的区分，必须与自然的环境相配合，再来适应社会的需要。如兰州大学设立兽医学系，山东大学设立海洋系，即是为了适应社会要求和配合自然环境的，将来在重工业区或农业区或畜牧区，都应在普通的大学之外，更特设各种专门的学院，以宏造就。”马师儒认为只有这样，才能避免高等教育的“不合理之分配”，求得“各地区教育之均衡发展”，并且认为这是“高等教育之幸，亦即为国家之幸”。①

石鸣源②也指出：“复员正在开始的今天，内迁各大学都在争先恐后，纷纷要求迁回原地，不管国家的计划如何，各地的需要如何，这不能不令我们失望。我们为中国教育前途着想，为中华民族未来打算，今后必须以最大的决心与努力，来按各地的实际情形与需要，合理地、普遍地迁移与建立大学，不能以少数人的赞成或反对，而错过了千载难逢

①马师儒．复员期间我国高等教育上所急需之补救办法[J]．国立西北大学校刊，1947(30)：1—5.

②石鸣源，国立西北大学法商学院商学系1944级学生。

的普遍发展大学教育的良机。受教育是人民的权利，我们应该让每一个人都有受大学教育的机会，而不能让某一地方或某少数人所独享。所以，明日的大学教育须力求普遍，只有如此才能使中国走进文明富强国家之林。如果仍保持着过去畸形的现象，那么中国永无跳出贫愚圈子的可能。”①

四、西北联大：“要负起开发西北教育的使命”

教育部特派员兼西北联大常委陈剑翛②论及在西北部署高等教育的意义时，指出：“本校现更名为国立西北联合大学，其意义就是要负起开发西北教育的使命。”③

徐诵明④和陈剑翛二常委于 1938 年 7 月 25 日赴汉口向教育部报告校务和请示下阶段工作时，教育部等当局除否定“将化、医、工各系另觅相当地点”和在四川“利用他校一切设备”办学的计划外，特别强调“西北联合大学系经最高会议通过，尤负西北文化重责”“非在万不得已时，总以不离开西北为佳”。教育部部长陈立夫表达了与其他部门大致相同的意见，“亦希望本校不离西北”，还批评“东北大学未奉部令，径行迁移入川，当即令该校迁回陕西”。⑤

徐诵明、陈剑翛、李蒸三常委于 1938 年 3 月 1 日全校开始军训之日训示：“本校自平津三院校迁陕成立，目的在保持原有学校基础，发展西北学术文化，筚路蓝缕，不惜迂回曲折以靳达到，用心良苦”，故本校“苟非至严重紧急关头，绝不轻言放弃本位或迁避他处”。本校将以“有

①石鸣源．明日之大学教育［J］．西大学生，1946（5）：5—11.

②陈剑翛（1896—1953），宝锷，字剑翛。江西遂川人。毕业于北京大学。后赴英国留学，入伦敦大学，获硕士学位。1937 年起任西安临时大学筹备委员会常委、西北联合大学校务委员会常委（1937. 10—1938. 6）。

③陈剑翛．迁移经过与校名更名的意义［M］//姚远．西北联大史料汇编．西安：西北大学出版社，2012：489—490.

④徐诵明（1890—1991），字轼游，浙江新昌人。1908 年赴日留学，同年加入同盟会。辛亥革命爆发后，曾毅然归国参加革命军。1918 年毕业于日本九州帝国大学医学院。1928 年任北平大学医学院院长。1932 年任北平大学代理校长等。1937 年后，历任西安临时大学、西北联合大学常委（1937. 10—1939. 8）。

⑤徐诵明．西北联合大学尤负西北文化重任，总以不离开西北为佳［M］//姚远．西北联大史料汇编．西安：西北大学出版社，2012：496—497.

计划有组织之企图，示范民众，以为长久抗战民族解放之发动机”。①

那么，当时西北高等教育的状态到底如何呢？

沈灌群先生对截至1941年的西北教育状况做了详尽的调查②，并与全国当时的状况做了比较（见表1），这是最切近当时状况的一个研究结果。其调查结果表明，西北地区的高等学校有：设在陕西城固的国立西北大学，有文学院之中文、外文（英、俄）、历史3系，理学院之数学、物理、化学、生物、地质地理气象等5系，法商学院之法律、政治、经济、商学4系；设在陕西城固的国立西北工学院，有土木、机械、电机、化工、矿冶、纺织、水利、航空、工业管理、研究所（矿冶学部）、工程学术推广部等9系1所1部；设在陕西武功的国立西北农学院，有农艺、植物病虫害、农业经济、森林、畜牧兽医、农业水利、农业化学等7系，有农业经济专修科及研究所农田水利学部；设在陕西南郑的国立西北医学院，不分系，但开展了内科、外科、小儿科、皮肤花柳科等医疗业务；分设在陕西城固与甘肃兰州的国立西北师范学院，有国文、英语、史地、数学、理化、教育、体育、家政、公民训育、博物、初级部、劳作专修科、师范研究所等10系1部1科1所；设在陕西宜川的省立山西大学，有文学院之历史、外文2系，法学院之法律、政治经济2系，工学院之土木、机电2系和医学专修科；设在兰州的省立甘肃学院，有法律、政治经济2系，医学专修科、银行会计专修科2科；设在甘肃兰州的国立西北技艺专科学校，有农业经济、森林、畜牧兽医、农学、农田水利等5科；设在新疆迪化（今乌鲁木齐）的省立新疆学院，有法律、政治、经济3系和语文专修科。另外，还有设在西安的陕西省立医学专科学校、陕西省立商业专科学校（工商管理、会计统计、行政管理3科）、陕西省立师范专科学校、私立西北药剂专科学校，以及筹备中的国立敦煌艺术学院、国立西北医学专科学校等15所高校。

①编者．常委对假期军训生训话［M］//姚远．西北联大史料汇编．西安：西北大学出版社，2012：489—490.

②沈灌群．论我国西北高等教育之建设［J］．高等教育季刊，1942，2（2）：30—38.

表1 文、理、法、商、农各科的比较①

学科类别 \ 学生		大学生		专科生		专修科生		总计	
		西北六省	全国	西北六省	全国	西北六省	全国	西北六省	全国
文	学生数/人	234	4 795	—	1 164	—	192	234	6 151
	百分比/%	4.9	100	—	—	—	—	3.80	100
理	学生数/人	241	5 698	—	197	—	188	241	6 083
	百分比/%	4.0	100	—	—	—	—	3.96	100
法	学生数/人	635	11 607	—	—	—	—	635	11 607
	百分比/%	5.4	100	—	—	—	—	5.47	100
商	学生数/人	131	5 146	128	846	—	585	259	6 577
	百分比/%	2.0	100	15.13	100	—	—	3.94	100
农	学生数/人	525	3 612	254	605	98	328	877	4 545
	百分比/%	11.5	100	41.98	100	2.989	100	19.30	100
工	学生数/人	897	10 913	—	1 492	—	189	897	12 544
	百分比/%	7.1	100	—	—	—	—	7.15	100
医药	学生数/人	201	3 989	255	552	41	67	497	4 608
	百分比/%	4.3	100	46.19	100	65.19	100	10.79	100
师范	学生数/人	596	2 778	—	150	36	449	632	3 377
	百分比/%	17.6	100	—	—	8.02	100	18.71	100
教育	学生数/人	5	1 898	—	248	—	194	5	2 340
	百分比/%	0.02	100	—	—	—	—	0.21	100
总计	学生数/人	3 465	50 436	631	5254	175	2 142	4 271	57 832
	百分比/%	6.8	100	12.01	100	8.17	100	7.39	100

注：沈灌群先生原表中的西北六省指陕、甘、宁、青、新、晋。笔者对各科比例有所修改，并纠正了个别笔误。

1937年起即任教于西安临大、西北联大、西北大学的黄文弼教授也对新疆的教育做过调查，考察了伊犁、迪化、吐鲁番等地的俄文法政专

①沈灌群．论我国西北高等教育之建设［J］．高等教育季刊，1942，2（2）：30—38.

门学校等教育机构，提出提高新疆人民知识和“普及教育，语言必须沟通”，减少“各民族仇杀”①，“对教育文化作实力之援助，及沟通各民族之感情”②，“恳切希望政府能予以设备上之援助”③ 等建议。并且，以教育部第二届（1941）、四届（1944）、五届（1945）边疆教育委员会委员的身份，参与了《拟请教育部实施边疆教育督导制案》等150余件提案的审议，全程参与了国民政府统制管理边疆教育的工作，并对发展西北民族教育提出过重要建议，促成了战时中央大学、西北大学两个边政学系的设置。

总之，以1941年的调查数据来看，当时的国立西北大学和国立西北师范学院是西北地区系科、专业、研究所设置最为齐全的两所高校；在籍学生数则以西北大学的千人以上为最多，依次为国立西北工学院的847人，国立西北师范学院的596人，国立西北农学院的525人，甘肃学院、新疆学院则仅有六七十人。从全国范围来看，1941年全国专科以上学生有57 832人，就学于西北六省者4 271人，占全国总数的7.39%；“假定此四千余学生均属西北六省省籍，则在西北每785.8平方公里内，始得专科以上学校学生1人，以与全国平均每219.5平方公里中即有专科以上学校学生1人之情形相较，尚差三倍；如与河北、江、浙诸省比较，所差更大”④；从4 271名西北籍学生所学专业分布人数和在全国相应科别中所占的比例来看，依次为工科897人（7.15%），农科877人（19.30%），法科635人（5.47%），师范科632人（18.71%），医科497人（10.79%），文科234人（3.8%），理科241人（3.96%）。其中，农、医、师范生占全国的比例较高，而这正是在西北就近办学，创建西农、西工、西师所显现出的效应。这就是战时西北高等教育的基本状况，可以用地广人稀、教育落后、各类人才奇缺予以概括。

从战前的历史上来看，西北地区在晚清和民国时：陕西有创建于清光绪二十八年（1902）的陕西大学堂、创建于清光绪二十九年（1903）

①编者．教育部特派员黄文弼氏谈新疆教育概况［J］．开发西北，1934，2（5）：32.
②北平特讯．教部专员黄文弼谈赴新疆考察经过［J］．申报，1934-11-20（13）.
③南京二十日电．黄文弼谈考察新疆教育经过［N］．申报，1934-11-21（13）.
④沈灌群．论我国西北高等教育之建设［J］．高等教育季刊，1942，2（2）：30—38.

的陕西课吏馆—陕西法政学堂、创建于清光绪三十年（1904）的陕西农业学堂、创建于清光绪三十三年（1907）的陕西客籍学堂，在1912年将五学堂合组为省立西北大学，1915年改为公立陕西法政专门学校，1923年改为国立西北大学，1927年改为西安中山学院，旋改为西安中山大学，1931年中辍；甘肃晚清有清光绪二十八年（1902）创建的甘肃大学堂（又名甘肃文高等学堂），民国元年改办中学而停，1909年创建甘肃法政学堂，1913年改为甘肃公立法政专门学校，1928年扩建为兰州中山大学，1931年改为甘肃学院，1944年改为国立，1946年在其基础上成立国立兰州大学；新疆有创建于1924年的新疆俄文法政专门学校，1935年改为新疆学院；宁夏、青海在1949年以前无高校。1931年，由1902年的陕西大学堂发展而来的西北大学改为西安高中和附设陕西省水利工程专科班，甘肃学院、新疆学院到1941年时总共仅有六七十名在籍学生，可见均奄奄一息。抗战时期，西北联大与后继院校在西北的逐渐展布，直至扎根西北，彻底改变了西北地区落后的高等教育状况。仅西北联大及其后继五校，自1937—1949年立足西北办学以来，即形成771名教授、副教授，3 189名教职员队伍和培养9 289名学生的显著办学成就。

第二节　国立西北大学："使之成为名副其实的西北最高学府"

一、赖琏："成为西北文化的基石"

抗战时期的国立西北大学校长赖琏①把西北大学远承周秦汉唐文明，近负建设西北新文化的责任首次上升到了"使命"的高度。他指出："国立西北大学创设陕西，吾人远观周秦汉唐之盛世，纵览陕甘宁青新区域之广大，不唯缅怀先民之功绩，起无限之敬仰。……故恢复历史的光荣，创建新兴的文化，实为西北大学所应负之使命。"② 他在西大任内的抱负就是要"使西北大学成为名副其实的西北最高学府"③。"西北大学处于巴山秦岭之间，复为张博望侯的故里。此时此地的我们，……不但对于先民的功绩，表示无限的敬仰，而且对于祖国的前途，更具无穷的希望。我们应该以恢复旧的光荣，建设新的文化为己任，为最高理想，所以西北大学的神圣使命，应该使它成为西北文化的基石和名副其实的学术机构；今后办理西大，一定开诚心、布公道、负责任、守纪律，殚精竭虑，尽心尽力，增进西大光荣地位""我们一定要精诚团结，打成一片，把西大变成一个大家庭，一个坚强的学术堡垒，大家培植它，爱护它，使它发扬光大""我们不但为同事，且当国家危难之秋，亦为同

①赖琏（1900—1983），字景瑚。福建永定人。1939 年 3 月至 1944 年，任国立西北工学院院长。1942 年 5 月至 1944 年 2 月任国立西北大学校长，一度共有。

②赖琏．题词．西北学术，1943（创刊号）：1.

③赖琏．一个最愉快的回忆［M］//国立西北大学建校卅周年纪念刊，台北：西北大学校友会，1969.

生死共患难者，正应守望相助，疾病相扶持……我们具有共同目的与理想，复负有共同责任与职务……共谋西北大学之发扬光大”①。

二、陈石珍：“西北有广阔的发展空间”

国立西北大学代校长陈石珍②曾就此指出③：从历史上来看，“我国有史时代，从黄帝算起到现在不下四五千年，西北一向占着重要的地位，因为我们古代的文明，是发源于黄河流域上流。流域所经过的青海、甘肃、宁夏、陕西等省，在我国历史上都占着重要的一页”；“陕西人才更盛，西京自古即为帝王之都，周秦汉唐均用为根据地以统一中原。汉中盆地，沃野千里，四塞险固，在历史上为用兵必争之地”。从国父实业计划来看，其中已有“移民西北、建设西北铁路系统，建设高原铁路系统，包括青海、新疆之一部分与甘肃等。从地理上来看，“西北地势高峻，人口稀疏，蕴藏矿物，至为丰富，例如铁矿在西北各省均有蕴藏，煤、油在甘肃、新疆、陕西各省都已发现油源，新疆的和田玉矿也很有名。其他如药材、皮货等，也是西北各省的重要出产。假如交通便利，物资必可多量开发，增加我国的富源”“我们要知道西北的地方很大，陕甘宁青新五省的面积，比德国本土要大 7 倍，比日寇本土要大 9 倍，比意国本土要大 11 倍，比英国本土要大 13 倍。德、日、意、英都是比较强的国家，可是他们本国的国土比我们西北各省要小得多了”，因此，西北有广阔的发展空间。

三、刘季洪：“为西北建立高等教育基础”

抗战时期西大的另一位校长刘季洪④也指出：“我们的特殊使命”，“就是提高西北文化的水准，领导西北学术的研究。我们每系都要尽到这个责任，要侧重西北问题的研究。比如历史系除研究一般史学外，要注

①赖琏．教学与卫道［J］．国立西北大学校刊，1942（2）：1—3.

②陈石珍（1892—1981），江苏江阴人。早年留学美国哥伦比亚大学。回国后任教育部参事。1940 年 10 月至 1942 年 3 月，任国立西北大学代理校长、文学院院长。

③陈石珍．西北建设与青年［J］．城固青年，1941，1（1）：3—4.

④刘季洪（1903—1989），江苏丰县人。1925 年毕业于北京师范大学化学系，继赴美国华盛顿大学，获教育硕士学位。1930 年复获化学博士学位。1944 年 12 月至 1947 年 10 月任国立西北大学校长。

意西北边疆史、中俄外交史的研究，地质地理系除一般地理地质科目外，也要特别研究西北的地质地理，这样才能负起我们特殊的使命。其次，我们要研究华北各省的复员问题。我们的同学大多来自河北、河南、山东、山西、察、绥等省，这些省份现在大多沦陷敌手，我们的行政机构教育机关均已解散，将来失地收复，我们如何恢复机构，补充人才，在目前应当未雨绸缪。我们家乡的问题，应当由我们同学密切注意，认真研究，这也是我们达成战时特殊使命的一端”；“本校设在我国的西北，因为这一带完整大学的稀少，所以在这广大的地区，甚至在华北的各省，它都占有相当重要的地位；地位重要，使命也就来得特别重大”① “吾校为西北唯一之大学，故对西北文化之建设，西北问题之研究，实负有不可推卸之责任”。之后，他常常提到这种使命，在 1944 年又指出：“唯吾校既决定设立西安，则今后毕业同学之散布西北各地者，自当与日俱增，而建设西北，改造西北，自亦吾毕业同学责无旁贷之使命”；要求同学们“通力合作，互勖互勉，以发扬过去之光荣，完成未来之使命”②。他还将“为西北建立高等教育基础”③ 作为自己任内的目标。在其任上，中文系研究西北方言及民歌；历史系搜集陕、甘、宁、青、新等省史料，成立考古室；1945 年，教育部更将所属西北艺术文物考察团历年所集资料，拨归西大，遂将原有之考古室扩大改为西北文物研究室；教育系与陕西省教育厅合作，利用各中等学校投考试卷，做改进国、英、数三科教材、教法之研究；生物系做秦岭植物调查；地理系做汉中盆地地理调查；经济系做西北经济调查，并编制物价指数及工人生活指数，使立足西北办学的理念逐渐转化为实践。

刘志聪④的《西北最高学府的风光》一文则称“西北大学是大西北的司令台，它的使命很大”。“抗战发生，平津不守，黉舍播迁，国人眼光始渐向西北转移，西北遂成为民族复兴的根据地，西北各院校也就在

①刘季洪．勖本届毕业同学［J］．国立西北大学校刊（复刊），1944（14）：1.

②刘季洪．回顾与前瞻［J］．国立西北大学校刊（复刊），1944（4）：1

③刘季洪．国立西北大学回忆记略［M］//国立西北大学建校卅周年纪念刊，台北：西北大学校友会，1969.

④刘志聪，别号颖齐，河南济源人。国立西北大学法商学院政治学系 1943 级学生。

‘建设西北’‘完成国防根据地’这个要求下建立起来”“西北为吾国文化发祥之地，所谓民族固有道德，实孕育于此，恢复固有文化，固全国大学之责，而西北大学以地利关系，尤应特别努力”“此外，改良西北司法，澄清西北吏治，发展西北经济，畅通西北国际贸易，皆西北大学应有的责任”。①

黎锦熙②教授在阐释西北大学校训时也指出：“‘公诚勤朴’校风之养成，盖与西北固有优良之民性风习相应”“西北民族杂居，异于东南，而其开化亦久，异于西南；融为‘国族’正学府之任务矣。四千年使华夏之雄风，宁以遇暴敌而遂摧挫？唯在西北，必借教育学术之力，努力铸成‘国族’以发扬之。西大之责，无可旁贷”③。

1948 年至 1949 年的国立西北大学校长杨钟健④，在上任伊始的第一次校务会议上就宣布：“我这一次来西北大学，绝不是来维持现状的，我对西大有一种抱负，希望能把西大办成进步的、充实的、合理的、名副其实的西北学府”⑤。

西北大学在抗日战争时期的陕南 8 年中，的确在西北矿产资源调查和开发、西北方言、西北经济、西北史地研究、西北考古、西北民族研究、西北科学文化考察、西北教育等方面为西北文化建设做出了巨大的贡献，并积极地实践和发展了依托西北办学的宗旨。最重要的是，在汉中 8 年，传承了西北联大“公诚勤朴”的校风或校训。师生们在极为艰苦的环境中，传道授业解惑，顶天立地做人，以日人能炸毁我物质炸不毁我精神的气概，或投笔从戎，或在后方以勾践精神和张骞精神自励，

①刘志聪．西北最高学府的风光［J］．西北学报，1941，1（1）：41—47.

②黎锦熙（1890—1978），字劭西。湖南湘潭人。1911 年毕业于湖南优级师范学堂史地部。1937 年抗战爆发后，随北平师范大学迁往西安，后辗转汉中城固，在西安临时大学、西北联合大学、西北大学执教。历任联大秘书主任、教授、系主任、西大总务长等职。1946 年 2 月任国立西北师范学院院长。

③黎锦熙．国立西北大学校史（1944. 5）．城固：国立西北大学出版组，1944.

④杨钟健（1897—1979），字克强，陕西华州人。1923 年毕业于北京大学地质系，1927 年获德国慕尼黑大学哲学博士学位，1948 年当选为中央研究院院士。1948 年 12 月至 1949 年夏，任国立西北大学校长。

⑤杨钟健．在西北大学第一次校务工作会议上的讲话（1949-02-01）［J］．地质通讯，1949（2）.

科学与人文并举，爱国与爱校相融，弦诵不辍，著书立说，发扬了抗战精神，增强了民族意识，初步形成了西北大学学子朴实无华、顽强拼搏、自强不息的基本校风和特色。

第三节　肩负起西北文化建设的重大使命

一、国立西北工学院："奠立西北工程教育之基础"

李书田①院长对于西北黄河河源段开发、黄河治理、水路运输、水电开发、农田水利建设等，有很多颇有见地的论述。他指出："建设西北，最后必期达现代工业化，现代工业化包括工业之机械化与农业之工业化，及农业之机械化""黄河为我国第二大河，世界第七大河，干长近4 700公里""所有数千年之治黄措施，谓为防灾尚可，目为治黄，则属不宜，盖治黄应含有积极的发展其经济价值之意义""未来之黄河流域，必为阡陌相连，树木繁茂，轮船通驰，工厂林立之区，而大小新都市亦将建立于广大之地区中，于是农工商业渐趋发展，终必达于繁盛之境""潼关以上，黄河干支流水道系统及其航运之改进，可给予西北以运价最廉之交通运输动脉""潼关以上，黄河干支流水电动力之开发，乃西北工业化之柱石，富国裕民之基础，震慑边陲国防工业之所系"；"黄河中上游流域，无论为民生，为国防，均亟应大规模引水灌田"。②

那么，西北高等教育就是要依托这些重要自然资源，予以研究开发，同时也发展本身。李书田指出，由于国立西北工学院的成立及教学、学

①李书田（1900—1988），字耕砚。河北昌黎人。1923年毕业于北洋大学土木工程系。1923年考取清华学校派赴美国留学，入康奈尔大学研究铁道及水利学。1926年获工学博士学位及美国华铁尔博士顾问工程师处副工程师。1937年10月至1938年6月任西安临时大学、西北联合大学校常委兼工学院院长。1938年8月至1939年3月任西北工学院（由西北联合大学工学院、东北大学工学院、私立焦作工学院等合组而成）筹备委员会主任。

②李书田．黄河水利与西北建设问题［J］．陕行汇刊，1944，8（2）：1—7.

术和服务地方的工程技术活动，俾对工程学科多做高深研讨，并辅助西北生产事业之推进，“得以奠立西北工程教育之基础”①。他即便在西康技艺专科学校校长任上，亦兼以思考西北、西南区域高等教育，指出：“抗战以还，教育部已于最近一年半以来，奠定西北、西南及西康之高等教育基础。在西北方面，除已并组分设，先后成立国立西北大学、国立西北农学院、国立西北工学院、国立西北医学院、国立西北师范学院外，复于兰州创设国立西北技艺专科学校……均所以适应西北各种建设之需要。”② 刁永健也指出：“政府鉴于西北幅员辽阔，宝藏丰富，为求开发西北，充实抗战建国力量起见，非先设立一工程学术机关来领导和推动不可。”他也指出，西北工学院曾有将宝鸡作为永久校址的设想，宝鸡为“西北的工业区域，为现时陇海铁路的终点，交通很便利，商业的繁荣和工业的发达，都有着惊人的速度，在西北的境域中，选择这么一个地方来设立一个工科大学确极适宜”③。

1942 年 7 月，国立西北工学院纺织系郭鸿文教授、李仙舟教授历时两个月考察西北的甘肃、青海、宁夏、陕西四省，9 月返回学院后，均撰写了详尽的考察报告。郭鸿文教授的《考察西北各省羊毛出产实际状况报告》指出：“我国西北各省，有天然良好之大牧场”“兹以抗战关系，西北各省成为我国长期抗战之根据地，因有丰富羊毛原料，可以供给后方纺织生产”，但存在不少问题，若“不加改进，显然必致日趋退化，前途不堪设想”“需派员到各省产羊区从事指导劝告，用科学畜牧”。④ 李仙舟教授于 1942 年 2 月休假，旋赴天水、兰州、平凉、玉门、西宁、西安、宝鸡、陕南等地考察皮革工业、石油矿、油漆业等，历时两月，行程 1 300 公里，所撰《考察西北各省皮革材料及油脂工业报告》为国家改进西北皮革、油脂工业和学校面向西北办学提供了重要依据。《高等教育季刊》的《编后附记》特别评论指出：“西北工学院教授郭鸿

①李书田．北洋大学之过去五十三年［M］．北洋大学—天津大学校史编辑室．北洋大学—天津大学校史资料选编．天津：天津大学出版社，1991：403—412.

②李书田．本校之创设及其使命［N］．重庆：大公报，1939-11-20.

③刁永健．抗战期中成长的国立西北工学院［J］．读书通讯，1943（67）：15—16.

④郭鸿文．考察西北各省羊毛出产实际状况报告［J］．高等教育季刊，1942，2（2）：55—64.

文、李仙舟两先生的考察报告，最有助于西北各省轻工业的建设，揭载于此，当不仅高等教育界同人引为有价值的参考已也。”①

国立西北工学院张兆荣教授也指出：“西大、西工、西农是西北最高学府，西北建设人才的培养所、西北学术文化重心所寄。”②

李书田回忆：合组国立西安临时大学后，“因抗战需要，即着手从事工程学术之推广，对于改进西安飞机场，增辟陕西公路，多所协助。复派员生调查汉水流域沙金蕴藏”。迁陕南改为国立西北联大，复改为国立西北工学院后，“设立有图书馆、测量仪器室、矿冶陈列馆、化学实验室、电讯实习室，及与陕西省建设厅合办一实习机厂，以备学生实习之用”③。在“工科研究所、矿冶研究部之外另正式成立工程学术推广部，从事测绘南郑城区，测量设计改进五门堰水利，及调查凤、徽两县矿产”④。李书田在离开教育界转赴水利界任职后，曾于 1943 年 12 月重返城固、南郑（今汉中市汉台区）、褒城（1958 年撤）、沔县（今勉县）等地，视察水利，并回忆：“于二十七年（1938）在城固充任国立西北联合大学常务校务委员及筹备国立西北工学院时，曾派水利工程教授刘德润博士率领学生，测绘五门堰区域地形，期有以改进而扩充之，惜二十八年（1939）春离此赴康，另创他校，遂未及发动兴工。”他还作《颂辑五汉南水功赋》，赞颂李仪祉、刘钟瑞（字辑五）等为西北水利做出的贡献。⑤

二、国立西北农学院：负起“领导西北农业建设之责任”

国立西安临大筹备委员、国立西北农学院院长辛树帜⑥教授早在

①编者．编后附记［J］．高等教育季刊，1942，2（2）：141—142.

②张兆荣．西北各校院迁移问题［J］．国立西北工学院月刊，1948（4）：3—4.

③编者．国立西北工学院工作近况［J］．图书季刊，1940，2（3）：495—496.

④李书田．北洋大学之过去五十三年［M］．北洋大学—天津大学校史编辑室．北洋大学—天津大学校史资料选编．天津：天津大学出版社，1991：403—412.

⑤李书田．颂辑五汉南水功赋［J］．陕行汇刊，1943，8（4）：4—5.

⑥辛树帜（1894—1977），1915 年考入武昌高等师范学校（武汉大学前身）生物系。1924 年留学欧洲，自费入英国伦敦大学学习。1925 年转入德国柏林大学专攻生物学。1936 年任国立西北农林专科学校校长。1937 年被聘为西安临时大学筹备委员。1938 年西北农林专科学校与西北联大农学院合并为国立西北农学院，任院长。

1932年就在“朝野竞倡开发西北”的声浪中，请缨西北。他认为：“西北诸省为我国古代文化发祥之地，亦今后新国运发扬之所，承先启后，继往开来，国防价值于今尤重。复兴文物，开发资源，实目前数年最重要的工作”“今后国家问题，完全在西北与东北，尤以西北范围较大，空虚尤甚。吾人不早为准备，他年必贻误国家于无穷也”，学校更要“担负起发展西北经济事业之重大任务”。①

国立西北农学院院长唐得源②教授指出：本院“为全国唯一独立之农学院，可与其他国家之农业大学媲美而无愧”“不但为树人之百年大计，且为经国利民之建设事业”“以本院所处之地位及所具之条件，实应负领导西北农业建设之责任，确应成为全国最完善之农业学府。吾人应有此信心，吾人应有此抱负，互励互勉，达成任务”“我国以农立国，本院适居后稷故乡，为农业肇始开基之地，宜研究农业学术，尤须具农夫之身手，以发扬农业学术，增加农业生产，开发西北富源，复兴农村经济为职志”“习勤习劳，爱人爱物，以拓荒为己任，为农民作导师，在校努力研究，毕业忠诚服务……一切以团体为重，牺牲小我，完成大我，庶几我西北农学院校誉日隆，前途光大，建国大业于焉肩起”。③

王志鹄④教授亦指出：“本院成立于二十七年（1938）之秋，时为抗战开始后之一年，以平津沦陷敌手而迁至西安，复入沔县（今勉县）之北平大学农学院与西北农林专科学校奉部令合并成立国立西北农学院”

①辛树帜．致朱家骅书．1947-08-03.

②唐得源（1904—1992），山东临淄人。1929年毕业于清华大学教育学系。后赴美国留学，获文学硕士学位。归国后，于1932年1月至1936年8月任西安高中教务主任，先代行校长职权，不久任校长。1939年9月起任西北师范学院教授。1941年起，任西北大学各院系共同科目教授。1943年任西北农学院院训导主任。1944年在西北农学院任上，受聘担任陕西省立师范专科学校筹委会委员。1947年3月任西北农学院院长。

③唐得源．为纪念十三周年校庆献言［J］．国立西北农学院院刊，1947（7）：1.

④王志鹄（1905—1997），字思九。江苏崇明人（今上海市崇明区）。南通大学农学科毕业后，赴日本北海道帝国大学留学。后转入意大利皇家大学农学院。1934年毕业并获农学博士学位。后应国立北平大学之聘，任农学院农业化学系教授。1938年任西安临时大学、西北联合大学农学院教授。1940年任国立西北农学院教授兼农业化学系主任。

“规模之大，人才之众，国内任何农学院无能出其右者”。对西农来说“西北农业建设，尤责无旁贷”，当“共为开发西北农业而努力”。①

黄毓甲②教授也指出：“本院已成为全国农学院最大的一个”，“不特在国内首屈一指，即与国外著名的农科大学相较，亦属差堪比拟”；“本院为研究农业最高学府之一，有负改进西北农业技术和农村社会的重大使命”。

国立西北农学院周桢教授在学术休假期间，考察西北造林防沙情况，撰成《考察西北造林防沙》一文。

陈宗和就西北农学院的具体任务指出，“农学院对西北负着重大的责任：西北各种作物品种的改良，实验及肥料的改良是农艺化学系的责任；新疆、兰州、天水等各地广大园艺的改良及加工，是园艺系的责任；发展畜牧，改良品种，是畜牧兽医系的责任；病虫害系负了扑灭农业病虫的专责；西北农田水利的建设是水利系唯一责任；农村经济的建设及复兴，是经济系的任务”。除建设任务之外，还“要将西北自然现象加以精细的研究，造成中国科学的独立基础……造成国家富强的因素”③。

国立西北农学院为战时全国唯一独立农学院，依托后稷“教民稼穑”之地，推动了西北农林畜牧事业的发展。在其前身西北农林专科学校与河南大学农学院畜牧系、西北联大农学院合并之后，进一步提振了西北农林高等教育的水平，使师资力量大为增强、学科体系进一步完善、科学研究和社会服务水平有较大提高，从而奠定了我国农林高等教育的基础。该院首创土壤热力学、生物统计，发展植物分类学、植物病理学、土壤学、畜牧兽医学，在 1940 年即培育出“陕农 7 号”小麦品种，1942 年又培育出“碧玛一号”优良小麦品种，1948 年进入试验区，1949 年在全国大面积推广，成为推广面积最大的小麦品种，为解决新中国的粮荒做出了重要贡献。

---

①王志鹄．祝三十六年度校庆［J］．国立西北农学院院刊，1947（7）：3.

②黄毓甲（1907—?），山西万荣人。1936 年入东京帝国大学。归国后任国立西北农学院教授。

③陈宗和．国立西北农学院［J］．陇铎月刊，1940（10）：23—25.

三、国立西北医学院："以发展西北卫生事业，促进民族健康为职志"

徐佐夏[①]院长指出："本院以培植医学专才，发展西北卫生事业，促进民族健康为职志。"[②] 其办学宗旨，也有"发展西北医疗卫生事业"的明确表述。据此，医学院做了充实基础与临床各科设备、设置高级护士助产学校、组织汉药研究、开展地方病调查、成立乡村卫生事务所等工作，服务于地方。

医学院开展了"抗战建国论文竞赛"，并在《国立西北医学院院刊》以特刊形式发表，见有陈善孚的《西北与抗战建国之关系》等。

国立西北医学院早在西安临大时期，即派出抗日宣传队和医疗队赴陕南服务于地方。1940 年，又承担地方病治疗；专设妇婴卫生讲习所；春假期间将学生编为数队，以公共卫生学副教授黄万杰为总队长，分领 12 分队赴南郑县新民、灵泉二乡的各村落，做卫生宣传，施种牛痘、散发 500 余份施诊券、做死亡调查统计和陕南地方病调查，以为改良地方卫生之准备[③]。其宣传内容有天花之预防、沙眼之预防、指导求医常识、改进膳食、预防疥疮等。鉴于抗战时期前方与后方的卫生同样重要，1941 年，在调查陕南地方病的基础上，成立地方病研究所，由该院热带病学教授周海日和黄万杰两教授负责，同时由徐佐夏院长和毛鸿志教授负责筹办中药研究所。1941 年，又由王同观教授负责开设护士训练班，为地方培养医护人员。

同时，该院也承担西北地区医学教育指导之责。1941 年即派日文教授孙珍田往位于兰州的西北技艺专科学校讲学；解剖学教授王顾宁、解剖学专任讲师吴墨林二人赴广西桂林的两所省立医院讲学。1941 年 4 月至 6 月，该院拟迁校甘肃，徐佐夏院长在天水、兰州、平凉等地勘察院

---

①徐佐夏（1895—1971），字益甫。山东广饶人。生于 1895 年。1917 年毕业于北京医学专门学校。1920 年赴德留学，入柏林大学，曾任药理研究员。1924 年归国，任北平大学医学院教授。1937 年起先后任西安临时大学医学院、西北联合大学医学院教授、西北医学院教授兼院长。

②徐佐夏．民国三十一年元旦本院院刊增刊弁言［J］．国立西北医学院院刊，1941（14—15）：17.

③编者．国立西北医学院工作近况［J］．图书季刊，1940，2（2）：266.

址。在此期间，该院曾一度奉令将西北医学专科学校并入，成立西北医学院兰州分院等。

国立西北医学院传承了我国最早的西医高等教育，扎根西北办学，开辟了西北医学高等教育的新纪元，是为战时大后方五大国立医学院之一，在诸如病理学、西医皮肤性病学、药理学高等教育、现代法医学、儿科学、开辟针感生理学新领域、首倡防癌立法、开拓外科事业、地方病防治等均处于全国领先地位。

四、国立西北师范学院："负起西北中等学校师资训练之重大使命"

李蒸[①]院长在为《西北师范学院学术季刊》所撰的发刊词中指出[②]："本院为西北地区师范教育最高学府，其使命实不仅限于课堂教学，及狭义的师资培植，必须致力民族文化之发扬，国民道德之树立，换言之，本院实有参加整个西北文化建设工作之任务""本院承师大的光荣历史，产生于抗战建国的大时代中，负起西北中等学校师资训练之重大使命，期有以副国家之重托，并能维持师大精神于不坠""重视师资专业训练之精神，实于国家民族前途有至大之关系，本院负西北区各省中等学校师资训练之重责，正值民族生死存亡之关键，自当遵照国家教育宗旨，认清本身使命，努力迈进""本院对于国家民族之复兴、社会文化之促进，及西北人民与在学青年之陶冶训练，均负有领导责任"。

李蒸还将这一"使命"具体为：（1）"遵照教育宗旨及其实施方针，促进中等学校教育之发展，并协助西北各省教育行政当局扩充中等学校数量及改进内容"；（2）"遵照青年训练政策，实施青年训练及研究青年问题"；（3）"发扬中华民族固有文化与道德，并充实其生活力"；（4）"倡导尊重师道之义，建立良好学风"；（5）"陶冶国民人格，奠定复兴

①李蒸（1895—1975），字云亭。河北滦县人。毕业于北平师范大学并留校任教。后赴美国留学，在哥伦比亚大学师范学院毕业，1924年获硕士学位，1927年获哲学博士学位。1932年起，任国立北平师范大学校长。1937年起任西安临时大学、西北联合大学筹备委员会常委、校务委员会常委（1937.10—1939.7）。1939年8月任西北师范学院院长。

②李蒸．本院的使命与校风（1941年度新生讲词）［J］．国立西北师范学院学术季刊，1941（1）．

民族之基础”；（6）“倡导改良社会风气，提高社会文化水准”；（7）“领导教育思想，发挥教育主张”；（8）“扩充教育事业，实现教育功能”；（9）“坚定抗战意志，树立建国精神”；（10）“提倡科学教育，促成国家现代化”。就广义的“西北文化建设”，他认为：“西北地区是基本建设中之基本，过去西北的教育太不发达，研究工作更未提倡，这是因为西北交通不便，生活比较困苦，不但外界人才不肯多来，而本地人才亦多外流”“西北各省曾不断遭受天灾人祸，致使人民不能安居乐业，更无人从事天然富源的开发，所以形成一种偏枯的现象”“抗战以来，东南、华北各地人民逐渐迁移内地，来西北者日渐增多，自西南国际路线封锁之后，西北开发与建设之声浪益高，此诚千载一时之良机”。

他又将“西北文化建设”分为教育、学术、文学艺术创作、新闻出版等四个方面，分别提出建议。在西北教育方面，“中小学师资的专业训练，应为西北文化建设之根本”“教育上量的扩充亦为促进文化建设之要项”。在西北学术研究方面，“西北各省为研究工作之丰富地区”“高等教育机关自应负一部分研究责任”。在文学艺术创作方面，“西北各省流行的民间文学与通俗歌曲甚富有民族精神”，应“就此基础进行创作”。在新闻出版方面，是为“促进文化建设之重要部门”“西北各省应大量增设出版机关”，整个文化建设“方能有所成就”。①

就国立西北师范学院的“西北文化建设”，李蒸认为“西北为中华民族发祥之地，亦为中国文化发源之地”。其地“有历史的与社会的良好基础”“西北人民至今保有中国古风，所谓礼义廉耻之民族道德，可以随处有所表现，兼以人民之诚笃勤劳，体格健壮，如施以适当之领导，必能勇往迈进。本院所负使命甚大……唯愿各界人士协力进行，以期早日奠定民族复兴之基础”。他还将“西北文化建设”的内容概括为“增进知识，创制文物制度，征服自然，以求生活需要之满足与生活方式之改善”，并分解为：（1）“恢复民族固有道德”；（2）“提高社会生活水准”；（3）“推进各省公民教育”；（4）“供给人民精神食粮”等。

西北师范学院迁设兰州，使甘肃破天荒地第一次有了国立学院，并

①李蒸．略谈西北文化建设［J］．西北学报，1944，3（1）．

将西北联大精神向西推进 2 000 公里，到了与新疆、青海交汇的敦煌等地域，并且在传承北平师大传统，光大我国最早的高等师范教育、训练西北师资、首创高等教育训导制、发展导师制、创办最早的师范研究所、存续最早的女子师范教育、发展现代体育、第一次提出申办奥运会、提高师范高等教育水平等方面，做出了重大贡献。

五、国立西北五校扎根西北的意义

五所冠以“国立西北”名称的院校的诞生，使其与生俱来带有“西北”区域的“胎记”，负载着国家层面高等教育区域布局的一种战略责任与使命。平津四校一院西迁 1 200 公里到西安合组临大，复向南推进 500 公里到秦巴山地与成都平原接壤处，再向西推进 2 000 公里到甘肃与新疆接壤处的敦煌。再加之西北联大李书田常委，从陕西汉中—四川广元—西康康定—贵州贵阳—浙江泰顺—陕西西安，坚持恢复北洋大学，并先后创办西康技艺专科学校、贵州农工学院、泰顺北洋分院、西京北洋分院的数千里辗转办学，已将北洋大学—西北联大的办学理念从大西北延伸到了大西南。抗战引发的这次大迁徙，不啻一次“文军长征”，最先由东北大学引起，继有西北联大、西南联大等学校的大迁徙。其中，汪堃仁教授绕道越南海防、昆明、重庆、成都至陕南的应聘里程达一万里。从 1931 年“九一八”事变后东北大学的迁徙流亡算起，到部分院校 1946 年 11 月回迁原地，迁徙、流亡持续时间长达 8—14 年。这在世界教育史上也是空前的。

西北联大与其后继五校在西北的展布，不仅激活了奄奄一息的西北原有的高等教育，延续、发展和新办了一批高校，而且以此为标志，在国土面积占全国 1/3、少数民族人口占全国 1/3、古代四大文化（中原文化、古希腊文化、美索不达米亚文化和印度文化）、三大宗教（佛教、基督教和伊斯兰教）、三大语系（阿尔泰语系、印欧语系和汉藏语系）交错的西北地区奠定了综合、师范、文、理、工、农、医俱全的一个完整的现代高等教育体系，成为中国战时三大高等教育基地之一。中国第一所现代意义上的大学的传承者李书田、中国现代师范教育的奠基者李蒸，当看到自己的“孩子”辗转过继，甚至将不复存在时，曾产生撕心裂肺般的阵痛，也曾投入相当精力于复校运动。但是，“沉舟侧畔千帆过，病树前头万木春”，平津的国立北平大学、国立北平师范大学、国立北洋工学院、河北省立女子师范学院先迁西安合组为国立西安临时大学，再迁陕南改为国立西北联合大学，复改为国立西北大学、国立西北工学院、国立西北农学院、国立西北医学院、国立西北师范学院五校，包括国立北平大学、国立西北五校永远地化为西北大地的一部分。这一华丽转身，不啻为中国高等教育在大西北脱胎换骨般的一次凤凰涅槃，浴火重生，其意义远比在东南沿海建大学的意义深远得多。它实现了百年来数代有识之士的梦想，从而奠定了21世纪西部大开发的一支重要的文明根基。

西北联大与后继院校在西北的文物考古、科学考察、方志编纂、经济社会调查、方言调查、社会教育、矿产与自然资源开发，一起成为高等教育教化一方、为地方文化和经济社会发展服务的一个典范。同时，西北文化也影响了其办学宗旨与发展方向，为其打上“西北”的区域烙印。西北联大“公诚勤朴”校训的形成即与身处汉文化发祥地汉中有关。黎锦熙就指出：“西北之华山汉水，即‘华夏’之名所由来，古代文化实肇此土；学府在此，提挈群伦，当以继往开来为务……借教育学术之力，努力铸成‘国族’以发扬之”①。旅居台北的孙宝琛在阐释“公诚勤朴”中的“朴”时也指出：“汉族民族性的形成与中原及西北的地理环境当然具有密切的关系，大汉民族的朴质、坚忍豪放性格大半由于艰难的耕作环境所铸成”；“忠君爱国”“严辨汉贼不两立”“攘除奸凶与兴复汉室”的观念和基本国策大多源于汉代和三国时期的汉中；“西安与汉中正是我大汉民族强盛时期的圣地，学子们播迁其中，自然会体验到先民创业艰巨的地理环境及开拓精神。教授及同学们由西安迁往城固，攀登秦岭，不畏跋涉之苦，在城固初期，教授及学生的生活是何等的艰苦！大家都坚毅地接受了，而且都心神愉快地接受了，充分表现了中华民族的传统精神”②。旅台西北大学校友于正生也认同西北大学学生的坚

①黎锦熙．国立西北大学校史（1944. 5）．姚远．西北联大史料汇编．西安：西北大学出版社，2012：650—657.

②孙宝琛．西北与中华文化［M］//国立西北大学卅周年纪念刊，台北：西北大学校友会，1969.

忍耐力，认为从旅台校友来看，西北大学毕业的学生“大半都葆有中国传统文化浓厚色彩，而富于应付艰苦环境，具有坚强的战斗力”①。当然，西北文化对教师的影响也是显而易见的。黄文弼籍贯江南，但其韧性却似朴实的西北汉子，从 1927 年随中瑞西北科学考察团入蒙、疆科考，1935 年在西安碑林整理古物，1937 年到西安临大任教，至 1947 年离镐赴平，在西北伴着大风，伴着大漠，整整二十载，仅四次新疆考察行程即达 38 000 公里。他穿越过死亡之海罗布泊，横穿过世界上第二大的流沙塔克拉玛干沙漠，常常秉烛至凌晨两三点，一生笔耕不辍，著述达数百万字，以“三记两集”著称，真可谓行万里路，写万卷书。就是这样一位被刘半农戏称为“瘦骨一撮不胜衣”，“身披一袭老羊皮”，“不看江南之绿杨，而探绝漠之红柳，天炎饮绝沙如焚，人驮平等匍匐走”②的瘦弱老人，为西北文化添彩着辉，西北大漠也成就了他蜚声世界的伟大事业，成为我国西北考古第一人、我国科学考古第一人、我国国际合作考古第一人。他还在边政学系接收一批青年远征军战士，将其培养成为会骑马、会游泳、会野外生存，懂得回、蒙、藏语言和具备现代科学素养的我国第一批治边、戍边的干才。他是西北联大“公诚勤朴”校训的典范，是西北联大及其后继院校在民族生死存亡之际，立足西北，融汇世界，赓续民族文脉，以己所学报效国家、报效民族和为复兴中华文明献身的一个缩影。

①于正生．从旅台校友看母校特性［M］//国立西北大学卅周年纪念刊，台北：西北大学校友会，1969.

②刘半农．为黄仲良题西域照片［M］//朱玉祺，王新春．黄文弼研究论集．北京：科学出版社，2013：1—2.

第二章

融汇世界的办学理念

西北联大除有立足西北办学的明确表述之外，也有融汇世界教育办学的明确表述和实践，显示出其宽广的办学视野。李蒸常委、李书田常委、赖琏校长、魏寿昆教授、周宗莲教授、李仪祉教授、姜琦教授、郭文鹤教授在这方面均有精彩的表述，其中尤以国立西北大学主办的大型学术期刊《西北学术》发刊词中的“研究东西学术，融汇现世界之思想”[①]的表述最具代表性。

黄文弼在推动中西历史考古学融汇，黄国璋在推动中国古地理学与世界新地理学的融汇，黎锦熙在面向世界科学的新趋势，推动“地志历史化”和“历史地志化”方面，做了与世界学术融汇的有益尝试，各个后继院校也有着丰富的国际学术交流实践，是其重要办学成就之一，至今仍有重大借鉴意义。

①郭文鹤．西北学术发刊词［J］．西北学术，1943，1（1）：1—4.

第一节 世界大同、世界学术与世界教育之眼界

一、李蒸："当本'天下一家'与'世界大同'之理想"

国立西北师范学院院长李蒸在多处提到这种观念。在论及战后师范教育时指出：除对固有文化的承继与传承而外，"师范教育……必须具备远大眼光，当本'天下一家'与'世界大同'之理想，努力争取人类的互助合作与各民族文化的交流，以期巩固永久和平之基础""师范教育……必须担负起继往开来之责任……对于世界科学思潮要能吸收与消化"。[①] 他曾游历美国各城乡，深有感触地指出："先进国家的健全社会，无不首重教育，以巩固全盘建设之基础""美国为今日世界最富强之国家，其人民生活以经营商业为主要目标，但其全国重视教育之程度实非任何国家所能及，大企业家恒以其收入之大半办理教育文化事业，故美国公私立学校之发达世无其匹"；"美国今日之富强，教育的力量实为基本"。李蒸早年在哥伦比亚大学师范学院专攻教育学，博士学位论文即为《美国单师制学校组织之研究》，对美国教育有深刻的研究和体验。

1933年，他任北平师范大学校长期间创建的"北平师范大学研究所"，其实就是按照美国大学须具备"学者""学生""保存、发展和散布知识"三要素模式推动的一个大学研究机构。他在研究所开学典礼上的讲演中指出："欧洲的大学中，专门研究法律、医学、哲学和神学其他各种专门学科都不附在大学里面，而另设专科学校，或单科大学"；"美

①李蒸．战后中国师范教育方针［J］．教育杂志（中国教育专号），1947，32（1）：51—54.

国则不然，大学与学院没有一定的界限”。那么，美国的大学到底特点何在呢？他进一步根据美国哥伦比亚大学校长巴特勒氏的说法，将美国大学归结为三要素，即“第一，有一个学者的集团，此项学者的集团必须有授予他人以学位，及学术上荣誉之权威；第二，进大学的学生必已受过充分的普通文学和科学的训练，有被指引研讨特殊的专门学术的能力；第三，应用图书馆、博物馆、实验室及出版物等得以保存知识、发展知识和散布知识。真正的大学，须具有这三种要素，否则不配称为大学”。然而，“在目前中国普通的大学教授，只是上课讲书，领导研究者甚少；进大学的学生在高中时代所受的训练多不充实，进大学以后必不能做特殊的专门研究，所以中国所谓的大学，实在不能算是真正的大学”。由此，他提出：“研究所的任务，一方面研究教育学术，一方面造就教育专门人才，所以研究所才是真正的大学，研究生才是真正的大学生，师大所以必须成立研究所，原因即在于此。”同时，他规定了研究所的任务：“第一是教育目标，必须明了世界思想、国家政策和人生理想”；“第二是儿童研究，现在还有成人研究，就是儿童和成人心理及生理发育的情形、天赋智能差异、社会经验差异之研究”；“第三是教育方法，就是如何带引赤裸裸的儿童进入理想的境界问题，其中包括有学习心理、教育用具、教学技术的研究”。[①] 西北联大继承了北师大的传统，于 1938 年在陕南复设以李建勋教授为所长的师范研究所，相继发表了《美国教育行政之面面观》《国联教育考察团报告之批评》等许多关注世界教育的论著。

二、李书田：“走入世界学术之林，肩负挽救国家之重责”

李书田主持的北洋大学工程教育，一开始就确定了“程度与欧美各著名大学不相上下”的办学目标，使“其毕业生从彼时就能直接入美国东部各著名大学之研究院”，在工程各科教育发展顺序上，亦以世界先进国家为模，以“各国工程学术发展之先后，莫不先土木，次矿冶，再次电机，最后化工”“中国高等工程教育发展之顺序”，亦应循此“天演之

①李蒸．在北平师大研究所开学典礼上的讲演（1933-09-28）［J］．师大月刊，1933（8）．

公例”。[①] 他提出：我国“近百年来，与欧美民族相接触，日削月割，奄奄待毙。回溯历史上国民一往无前之气概，以与今日一蹶不振之心理相较，令人感慨系之，故居今日而言救国，应以恢复民族之自信心为发轫”；要通过教育，使国民知晓“各强国之所凭借者，我亦可以凭借之”“凡欧美各国所能之者，我亦渐渐能之”“我国人之聪明才力，原不在其他各国之下也，因自信心而增加爱国之力量”“以挽救此垂危之国势”。由此，他提出在建立民族自信心的基础上，还要学习世界先进学术：中外工程技术人士，“得作技术上之研究，一方工程界与实业界可作事业上之联络。《礼记·学记》云‘相观而善之谓摩’”，故“启发知识及观摩”尤为重要。“本院并未敢以自满，且以世界学术进步之速，时以落后为惧，因是举凡学科之改进，设备之充实，无不唯日孳孳，企臻上理”“以便督促本院，俾渐渐走入世界学术之林，肩负挽救国家之重责”。[②]

三、侯宗濂：“力求赶上世界新潮流”，以达“世界知名”

侯宗濂[③]早年留日习医，又往奥地利、德国学习，专攻生理学。1944年起，先后主持西北医学院、西北大学医学院、西安医学院，直至1992年任西安医科大学名誉校长，长达48年，也是主政时间最长的一位院长，是学院分分合合、跌宕起伏最为剧烈的一个历史时期，且跨越中华民国与中华人民共和国两个时代。因此，其办学思想对学院的发展影响深远。

在西安已经先期解放、中华人民共和国即将成立的前夕，侯宗濂对新中国的高等教育充满希望。他指出：“今后在计划经济方针下，计划教学方针下，大学教育定当突飞猛进，焕然一新。”于是，他对未来的医学院的使命，以及育人与学术研究的关系，做了认真的论证。

---

①李书田．中国工程教育之纵横观［J］．北洋理工季刊，1935，3（3）：1—6.

②李书田．矿展会的意义及其北洋工学院之关系［J］．北洋理工季刊，1934，2（2），33—36.

③侯宗濂（1900—1992），字希颐。生于辽宁海城。1920年毕业于沈阳南满医学堂。1922年至1924年在日本京都大学学习。1930年在奥地利因斯布鲁克大学学习。1931年在德国莱比锡大学学习研究。1944年起历任西北医学院、西北大学医学院院长。

在论及大学的使命时，他特别强调："大学之使命，乃为国家教育高等人才者。一方教授大学生，使之学得高深学问，一方则应领导研究工作。大学非贩卖旧学问之市场，乃创造新知识之泉源。国外各大学未有不做研究工作者，无研究工作之大学不能称其为大学。"那么，在民国时期的大学为何不能实现这一使命呢？他指出，当时："虽有大学之名，却无大学之实者。中国过去政治不良，以致人力、物力、财力之分配不当，无谓浪费，因之大学设备不周，经费不足，人力缺乏，遂乃大学除教学外，而兼能做研究工作者，殊为寥寥。"如何医治这些弊病呢？他的思路很清晰，即先要酝酿氛围，成立学术社团、创办学术刊物，逐步实现。"不能希冀一步登天。俗云'行远必自迩，登高必自卑'，提倡研究之前奏曲，必先倡导学术风气，是以本院近来成立医学学习会、讲演会、读书会等等，即先自大家读书做起，先自大家交换医学知识做起，最终达到世界知名。"① 为实现这一过程，乃发行本刊，此所以用文字交换大家之医学知识者，如能因此进而得介绍医学知识于群众，则实为得收获于意外矣。他还具体规划了《西大医刊》的栏目设置和报道范围，即："由综说——综合以前之许多创作，加以有系统之整理介绍，时或加以自己之独特见解者；译述——翻译国外之著作中有兴趣有价值者；摘译——外国原文过长，摘要而译录者之记载，而走向专著；专著——所谓专著者，乃有创作性（Origin alitat）之专门著作。从某一病例，而论一事，而达到纯学理之研究报告。至此，本刊乃成为一有价值之医学学术刊物，间接证明本院同仁研究工作之成功。此外，当然随时亦可介绍医界珍闻，以至重要院闻等。最终达到 Lancet（《柳叶刀》）之情形，世界知名，则可浮一大白矣。"②

侯宗濂如此说，亦如此做。他在任北平大学医学院生理学主任教授时的1936年，即由中国生理学会推荐出席了在莫斯科召开的第十五届国际生理学大会，发表了他对"费氏（Fick）间隙"的研究论文，受到了与会专家的重视。以后，他在1955年领导生理学教研室时继续进行兴奋性及其指标等问题的研究，先提出了"标准时值"概念，后于1959年又

①②侯宗濂．发刊词（1949-08-21晨写于西安医隐庐）［J］．西大医刊，1949，1（1）：1.

提出“标准电量”新概念，对其“标准时值”理论进一步完善化，又在1972年开辟“针感生理学”这一新的研究领域。由此可见，他将办学目标定在“世界知名”和倡导大学教学、研究两大职能的思想由来已久。

四、李仪祉：“教育家的眼界”“不能不注射于世界教育”

陕源国立西北大学校长、西安临大工学院名誉教授李仪祉①，早年留德专攻水利，与德国水利界联系密切，且向以世界眼光办学和兴修水利。每当有一大型水利工程，必先办学培养人才。创立西北大学最早的工科、创建西北农林科技大学最早的水利系，即因应于当时的泾惠渠、渭惠渠建设。早在1912年，他即创立三秦公学附设留学预备科，并阐述了放眼世界教育的思想。他在西北大学、三秦公学派出首批留日学生时的讲话中提出了教育家眼界的“四阶级说”，即：“教育之方法，以教育之目的而定，而教育之目的乃以教育之眼界为准。自野蛮时代以至文明时代，其教育发达之历史直可谓之教育界之眼界扩张的历史。可分为四阶级：一身家，二社会，三国家，四世界。”其一，“盖人之生也，先知有己，一切行为皆由一己推出，教育亦然。眼界亦可谓极狭，然其所求，纯为一身之利益。推之一家不过一身范围之稍广。如父为子谋利益，是此身家为第一阶级”。其二，“然使长此为己而不扩充于社会上，必多所抵触，而两受其弊，故教育家为第一，不得不将眼界扩放以兴社会利益，使一群之中彼此相将、相养，结成无数小团体，此为第二阶段”。其三，“久之，团体与团体相争，小团败而大团胜，涣散者败而团结者胜，故为御外侮计，不能不合无数团体，而成为国。于是，教育家之眼界亦扩放而及于一国，此为第三阶级”。其四，“教育进化之迹数千余年，以至于今亦不过至此地步，故现在各国各有特别教育方法，无非自谋富强其国，以抵制外国为目的。然世运所趋，人力弗能遏。有数种教育不期然而足为世界教育之前导。吾国以新造之邦，共和初建，国基未固，虽不能骤

---

①李仪祉（1882—1938），原名协，字宜之。陕西蒲城人。1900年入关中学堂。1904年考入京师大学堂。1910年赴德，在柏林皇家工程大学攻读铁路专科和在格丹摄斯克大学学习土木工程。1913年2月再赴德留学，1915年以优异成绩取得但泽工业大学特许工程师。陕源国立西北大学工科主任、教授、校长（1925.5—1927.1）。西安临大名誉教授。

舍国家教育而言世界教育，然为世界和平计，为将来大同计，其眼界不能不注射于世界教育者”。此即为教育家眼界的“第四阶级”。第四阶级又有三大要素：一是“各国道德风俗必归于统一，先研究世界之真道德以求改良各国之弊俗，如我国购鬻奴婢、重男轻女、纳妾等俗不合乎人道主义，均宜速改”；二是“各国政治必归于统一，国政之趋势自以共和为标准，然须人人有共和之资格、知识及道德，始可为共和之国民”；三是“各国势必归于统一，无政府主义于今日世界固不能骤行，而国界亦不能遽化，非各国势均力敌不能长保和平之幸福。若刀匕俎肉，焉得言和平哉。凡此，皆教育家所当注意者。庶中国勃兴有日，世界之和平亦有望矣”。[①]

在创建国立西北大学工科，并任教授兼主任后，李仪祉在国立西北大学一周年纪念会的致辞中，再次涉及面向世界办学的议题。他指出：“环顾世界强国所以发扬踔厉者，皆以有完善之大学故也，而中国所以如此委顿颓靡者，正以无如彼之大学也，故欲炽中国之膏肓，起中国之废疾，自以最高学府为急需。”“欧美大学，包罗宏富，大学之责，不徒以培养数千数万之人才已也，而大学且为一切知识阶级之领袖，社会事业之指导者，国家恒以大学教授为顾问，借以解决重大之问题”[②]。在这里，他显然赞成欧美大学在培养人才主功能的基础上，生产知识、主导学术研究、服务和推动社会进步的做法。

李仪祉自1937年起担任西安临大工学院土木系名誉教授，虽处西北，但仍与国际学术界保持密切联系，如与留德时的老师爱理斯(Ehlers)、博尔士满（Profess Boershmann)、阿尔贝脱塔非尔（Albert Tafel)、方休斯（Otto Franzius）等联系密切。他先后聘请恩格尔(Hubert Engels)、方休斯指导黄河水利模型试验，安排冀鲁豫三省派人到德国做治黄水工试验、共同考察水利和擘画治黄、兴修陕西水利。总之，他将世界先进水利科学引入中国，改造传统的水利科学，并以泾惠渠等陕西“八惠”水利工程为示范，建成了民国时期最大的模范灌溉

①李仪祉．教育家的眼界［M］//杨德生，崔智林，姚远．西北大学教育理念文选．西安：西北大学出版社，2004：21—22.

②李仪祉．在国立西北大学一周年纪念会上的致辞［N］．天津益世报，1925-02-01（7）.

区，成为我国现当代水利工程教育和科学治水的先驱。诚如方休斯所说：“今日中国对于水工及水利，视诸欧美诸国，不能不谓之落后一百至二百年”，而且，“不能与欧洲诸国共作科学之竞进”“黄河依然常为大患”“海航除少数例外，几完全为外人所经营”“中国古法，已不适用”，“百年幽梦，今待醒矣”。[①] 因此，李仪祉提出，“吾国水利必须有科学之研究”“以科学从事河工”“精确测验”。[②] 由此来看，李仪祉融汇世界先进水利科学思想的水利工程教育，当具有更为广泛的意义。

①方休斯．中国水利事业之前途［J］．华北水利月刊，1931，4（12）：1—6.
②李仪祉．黄河之根本治法商榷［J］．华北水利月刊，1931，1（2）：1—9.

第二节 参考、研究与融汇

一、姜琦："世界各主要国家的不同教育思想""可以充作吾人参考资料及研究方法"

西北联大—西北大学教授兼教务长姜琦①早年留学日、美，并游历过欧洲主要国家，对西方国家的现代教育思想有着很好的了解和把握，并在西洋教育史研究方面卓有成就，先后发表《西洋教育史》《从欧美日本的教育研究方法说到中国的教育研究》《欧美师范教育探源》《英国的新学校》《三民主义教育与世界教育思潮之比较》等诸多研究世界教育史的论著。他的《道德原理》提出：中国的道德教育体系建设，"需要西洋科学，补其所短"；其《现代西洋教育史》② 与《西洋教育史大纲》③ 姊妹篇，论述了自上古至近代西方自然的教育、新个人主义的教育、文化的教育、欧美教育现状与结论，并附有50余幅西方教育家的照片。他认为：中国教育的缺陷"不单是在于教育本身，而有大部分应该归因于中国社会组织，具体地说，中国社会是一个农业经济社会组织的社会，而教育却是模仿欧美及日本的工业经济组织的教育政策，大抵所学非所用，所用非其才"，但因为没有实现"三民主义的社会组织"，也

①姜琦（1886—1951），字伯韩，浙江永嘉人。1912年获日本明治大学学士学位。1924年获美国哥伦比亚大学师范学院硕士学位。1939年起任国立西北大学共同科目教授，1940年10月至1942年4月任国立西北大学教务长。著名教育史和教育哲学专家。

②姜琦．现代西洋教育史［M］．上海：商务印书馆，1935.

③姜琦．西洋教育史大纲［M］．上海：商务印书馆，1921.

就不可能形成“三民主义的教育政策”，由此，他建议中国教育“仿苏俄与德国革命的办法”“只使教育促进政治及经济之发展，而不使政治家或经济家去利用教育作为维持他们自身利益之手段与工具”“遵照孙中山先生的教育理想与教育政策”，规定和出台新学制。同时，他也认为，中国教育也的确有了一些进步，比如“由文、法科教育转变到实科教育”“由都市教育转变到乡村教育”“教育与政治、经济互相结合”等。[①] 他在《三民主义教育与世界教育思潮之比较》中指出：“我们在说明三民主义教育以前，则不能不先把世界教育思潮做一番研究，然后再来拿我们的三民主义教育与他们比较，看看彼此有何共通之点及我们的三民主义教育之特殊性究竟何在。”[②] 他认为，近代以来特别是在当代，世界上主要有三种教育思潮：一是法西斯国家的教育之趋势，即德、意、日等教育实施上最近的倾向，它以国家或民族为至上，具有集中化、军事化、民族化、农村化特点；二是社会主义国家的教育之趋势，即苏俄教育实施上最近的倾向，它以共产主义为最高原则，具有平等化、生产化、政治化特点；三是民主主义国家的教育之趋势，即英、美、法等教育实施上最近的倾向，它以自由平等为基本原则，具有平等化、社会化、个性化特点。他引述马克思的观点，阐述社会主义国家教育的特点，“在苏俄，其生产教育或多艺教育是根据马克思的主张而设置的，马克思说‘多艺教育的目标，在使儿童和青年了解生产历程上之普通的原则，并使其能运用工业上最简单的工具’，后来浦龙斯克（P. P. Blonsky）就是根据马克思的这种主张设立机械工业的劳动学校，欲把学校作业建设于经济的生产劳动的基础之上”，故“苏俄的生产教育，是以纯粹经济为出发点教育”。[③] 姜琦指出：“中国的现代教育之改革，还是受西洋教育之影响”“似乎是法西斯国家、社会主义和民主主义三种国家的教育趋势之总和”“有一种不分离的关系”，但“三民主义教育的本身自有它的特

①姜琦．三年来中国教育之解剖［J］．江苏教育，1935，4（1—2）：16—24.

②姜琦．三民主义教育与世界教育思潮之比较（上，1938-10-06 于重庆）［J］．民意周刊，1938（55）：10—11.

③姜琦．三民主义教育与世界教育思潮之比较（下，1938-10-06 于重庆）［J］．民意周刊，1938（56）：10—12.

殊性之存在”“区别于法西斯、社会主义或民主主义”“是一种独特的东西”,[①]“世界各主要国家的不同教育思想”“可以充作吾人参考资料及研究方法”[②]。这就是姜琦对战时中国教育的一个总体理解。总之，今天的世界教育是我中有你，你中有我，故须相互借鉴和融合，但又不能脱离自我社会组织形态，去另搞一套，必须保有适合于自己民族或适应自我社会组织形态的教育体系。

二、郭文鹤：“研究东西学术，融汇现世界之思想”

国立西北大学法商学院教授、《西北学术》编辑部主任郭文鹤[③]在《西北学术》发刊词中认为：“今日世界上之弱小民族，皆我民族之同类也，即帝国主义者之民族，亦我民族之同类也，团结全世界之民族，使皆求解放与独立，并组织民族国际，以进谋世界之大同，非我民族，岂异人任。”为此，“学校当局，痛感文化使命之重”，提出“发扬我民族之精神，融合现世界之思想，且特别研究民族发祥地之西北数省”的办学理念，“以冀对西北建设有所赞益”。

他指出办大学必须研究学术，而研究学术，则必须“融汇现世界之思想”。就此，他述及世界思想进入中国的历史，指出：“过去及现在，全世界思想可划为三大分野：一为中国，二为印度，三为西洋。三大分野之思想，各有其优点，亦各有其劣点，取一舍一，均不免偏蔽，然印度与西洋，其主观观念极强，对于自己思想，则尊重之，对于他人思想，则鄙夷之。其有我无人，凌厉直前之慨同有所长，亦有所短也。”然而，“我中国不舍己长，亦不护己短，对于自己思想，决不完全放弃，对于他人思想，亦能尽量接受，故过去印度思想，一入中国，即为中国所吸收，现在西洋思想，一入中国，亦为中国所吸收”。

他进一步指出，一外来新思想进入中国，必有新旧思想冲突时期、迎新厌旧模仿新思想时期和新旧思想融合时期，而这种“融合”尤为重

①姜琦．学校社会化之哲学的基础及其历史的发展［J］．教育通讯周刊，1939，2（2）：3—6.

②姜琦．我国大学课程之基本原则［J］．高等教育季刊，1941，1（3）.

③郭文鹤（1895—?），字鸣九。湖南湘潭人。1942 年任国立西北大学法商学院商学系教授，《西北学术》编辑部主任，次年兼学校训导长。

要。西洋思想进入中国已300余年，已经过冲突时期，进入模仿时期，尚未完全达到融合时期，而大学则负有这种“融合”之责。他认为：“欲竟此融合之全功，其责任悉在吾辈”；孙中山的“民生哲学、民生史观，即融合古今中外思想而铸成者也，国父开其端绪，发扬而光大之，其责任亦悉在吾辈”。“夫思想为精神之结晶，精神乃能力之发展，而学术又思想之表现也。一时代之思想，必表现于一时代之学术，而凝结成为一时代之文化。文化以学术之累积而益大，社会以文化之光辉而日新，故改进社会，必自研究学术始，研究东西学术，融合现世界之思想，其裨益我民族之社会改进，自不待再言而明”。他还进一步强调其意义：“并世各民族，其土地狭小者，皆侵占他人领土，夷为殖民地，用以自肥。此弱小民族，所以与帝国主义斗争之原也。我民族本非弱小，亦受帝国主义者之凌虐，苟非奋起图存，不仅亡国，且将灭种。图存之道，一面抵抗，一面建设……尤建设中不可一日或缓者。……我大学设在西北，原负有建设西北之重任，则研究西北如何建设，实本大学所责无旁贷者也。总之，欲确保我中华民族之生存，必须注重西北发祥地，而发扬民族之精神，融合世界之思想，又为建设中华民国之先决”①。他的这种思想，立足大学的责任、立足西北、立足民族精神，又不囿于本区域或本民族，而是胸怀世界，放眼大同，将“发扬民族之精神，融合世界之思想和建设新中国”有机地结合起来，确有其高超之处。

三、黄文弼、黄国璋、黎锦熙融汇世界学术的探索

（一）黄文弼推动的中西历史考古学融汇

19世纪末，欧洲的考古学已经日渐兴盛。第一次由中国学者主持的田野考古工作，是1926年从美国学习人类学归来的李济在山西夏县西阴村遗址进行的发掘。1927年4月，西北科学考察团出发，北京大学教授徐炳昶（旭生）被推选为中方团长，黄文弼②代表北京大学考古学会参

①郭文鹤．研究西北建设实本大学所责无旁贷［M］//杨德生，崔智林，姚远．西北大学教育理念文选．西安：西北大学出版社，2004：53—54.

②黄文弼（1893—1966），字仲良，号耀堂。湖北汉川人。1918年毕业于北京大学哲学门。1937年10月至1947年间任西安临时大学、西北联合大学、西北大学历史系教授兼主任、边政学系教授兼主任。

加该团去新疆进行考古工作，主要由黄文弼在吐鲁番附近调查发掘高昌古城、交河古城遗址和高昌墓地，在塔里木盆地周围调查汉唐时代的城堡、寺庙、沟渠和屯戍遗址，在罗布淖尔附近调查发掘史前遗址和汉代烽燧遗址；袁复礼在吉木萨尔附近勘察并实测唐北庭都汉代烽燧遗址，且获汉代简牍1万余支。1928年10月，董作宾在安阳小屯、1929年裴文中在周口店发现北京人的头盖骨化石、1929年李济被聘任为历史语言研究所考古组主任和中国地质调查所新生代研究室及北平研究院史学研究会考古组分别成立、1930年在国外专攻考古学专业的梁思永参与的山东历城县城子崖遗址的发掘，等等，亦均为中国考古学发展史上的重要事件。

在黄文弼之前，西方探险者在西北的活动，除少量学者外，无疑多为“挖宝”式的活动，谈不上“考古”二字。中国的学者初期考古活动，也还较多地受传统史学的影响，是“从对历史文献的研究中寻求考古工作的线索和实证”①，黄文弼科考出发时就带有6箱书籍。黄文弼发展王国维的“二重证据法”，既有对“纸上材料”和“地下之材料”的相互印证和“异族之故书与吾国旧籍”的相互印证，又有外国学者与吾国学者研究成果的相互印证和室内研究工作与野外实地踏勘工作的相互印证，以及从考古、历史、文化、地理、宗教、自然科学等方面，开展多角度、跨学科的综合研究。他还出版了“三记两集”考古专著，其中《罗布淖尔考古记》是我国第一部符合现代考古学体例的考古报告，并以其为代表的考古学演变为标志之一，实现了晚清民初以来中国学术传统向现代学术形制的转变，故被誉为我国西北考古第一人、我国国际合作科学研究第一人。向达在《评黄文弼近著高昌三种》中也认为：“西渡流沙，穷年兀兀，用科学方法以追随西洋先进之后，与之协作，为各方面之探讨者，以前尚未有也”②。

黄文弼在外国探险家长期把持的我国西北考古领域，“以中国传统学术思想为基础，积极研习西方现代考古学的理论和方法，走出了与李济、

---

①张海．中国考古学的历史主义特征与特点［J］．华夏考古，2011（4）：138—139.

②向达．评黄文弼近著高昌三种［J］．国风半月刊，1933，2（4）：8—15.

梁思永等人不同的另一条中国考古学发展之路”[1]，“所得材料之丰富，尤不亚于外人”[2]。他虽然不懂外语，与斯文·赫定、贝格曼无法进行语言交流和文字交流，甚至由于黄文弼强烈的主权意识和多次阻止外国团员侵犯中国主权，也造成与外国学者的对立，但总体看来，这种野外考察制度、考察方法、互相观察模仿，甚至互相竞争式的交流，还是在中西考古学的交流史上具有特殊的意义。

（二）黄国璋推动的中国古地理学与世界新地理学的融汇

在20世纪30年代，全国各国立大学中单独设地理系者，只有北平师范大学、中山大学、中央大学三所大学，而其中尤以1927年从北京师范大学史地系独立为地理系以及黄国璋[3]教授为主任的北平师范大学地理系最具代表性。并且，北平师范大学地理系“在全国各大学之地理系中历史最称悠久”[4]，向以“培养中等学校地理教师”“辅助中等学校地理教师改进教学技术、充实教学内容”[5]，因此，其承担的融汇世界，改造中国古地理学的任务比其他学校更为重要。另外，史地课程史学与地学合一，长期为各类教育的基础课程，由此作为中国传统学科融汇世界的案例也更具代表性。

黄国璋教授是我国留美攻读经济地理学第一人，先后主持中央大学、北平师范大学、西北联合大学、陕西师范大学等7所大学的地理系，创办中国地理研究所，曾任中国地学会总干事，发起创建九三学社，任总干事。他在改造我国传统的记述性地志学，并使之成为真正意义上的现代地理科学做出了开拓性贡献。他从北平师大到西北联大主编的《地理教学》是实现他这一抱负的一个重要平台。他在《地理教学》创刊号

①王新春．近代中国西北考古：东西方的交融与碰撞——以黄文弼与贝格曼考古之比较为中心［J］．敦煌学辑刊，2011（4）：145—154.

②陈大齐．致辞［M］．//黄烈．黄文弼历史考古论集．北京：文物出版社，1989：7.

③黄国璋（1896—1966），字海平。生于湖南湘乡。1926年赴美留学，先后入耶鲁大学理科研究院和芝加哥大学地理系学习，获理学硕士学位。回国后，相继任北平师范大学地理系教授，西安临时大学地理系教授、主任，西北联合大学地理系和西北大学地质地理系教授、系主任，西北师范学院史地系教授、主任。

④黄国璋．发刊词二［J］．地理教学，1937，1（1）：2—3.

⑤李蒸．发刊词一［J］．地理教学，1937，1（1）：1.

《发刊词二》中指出："地理之学，自古已盛，希腊以之穷理，罗马以之佐治，降及中世，专事记述，反形衰替。迄十九世纪科学鼎兴，德儒洪波德李特诸氏，别裁卓识，首倡地理革命之帜，冀起中世积久之衰，其于地理现象，不仅叙述，且加解释，比较异同，推求因果，前修未密，后出转精，于是地理学顿呈返老还童之观，而得跻诸近代科学之林""地理新潮滚滚东来，在国内新兴科学中，俨如异军之突起"。[①] 在这里，科学的经济地理学的先驱德国洪波德（Alexander Humboldt，1769—1859）和李特尔（又译立得儿，李特，Carl Ritter，1779—1859）的新地理学，将自然地理与人文地理分开，分属于自然科学和哲学两个部门，认为自然有作用于人类的思想，这一学说对黄国璋这位我国最早修习经济地理的学者影响尤大。

然而，"吾国地理之学，兴起亦早，《禹贡》一书，是其嚆矢，《史记》以货殖立传，《汉书》辟有地志，州郡方志则始于六朝，然体例相沿，浩博是务，名为地记，实则类书，领域未明，建树自鲜"。在此背景下，"虽以外感地理新潮之震撼，内觏国步之维艰"，"中小学地理教育，依然故我，迄少进步，地理教员既多缺乏专门训练，又复苦无进修机会，教法教材，一成不变，因陋就简，改进莫由；一般学生对于地理一科大都缺乏兴趣，本其传统观念，视为无足轻重，地理知识之浅薄，可于历届各大学入学试卷中窥测之；至于一般国民，对于地理新潮，更若无所感应，视此情形，欲期地理学长足之进展，斯诚忧忧乎其难矣"。因此，他认为"促进中外地理教学，以广立吾国地理进展之始基，此固全国有志地理研究之士所不容或缓之图也"。[②]

如何融汇世界地理新潮，改造中国古地学呢？黄国璋的切入点，选择了以《地理教学》杂志为平台，首先由中小学地理教材的革新和改造做起，而这正是"以培养造就师资为能事"的北平师范大学地理系之所长，"亟图改进，当亦责无旁贷"。于是，他着手"积极充实图书仪器设备，改良研究环境，并于改进中小学地理教学，尤多注意，凡有利于中小学地理教学之事项而为本系人力财力之所及者，莫不规划周详，亟图

---

①②黄国璋．发刊词二［J］．地理教学，1937，1（1）：2—3.

实现”。并且，为此采取了很多有效的积极措施：一是“凡地理上之新学说、新发现，或以翻译，或以转载，或以摘要，或以专著为之介绍”；二是出版中小学地理挂图，制造中小学地理模型，供给“地理基本知识”“小区域之专门研究”“国内外之教学资料”“各项新统计图表”等地理教材；三是从地理教学原理、问题、实施方法等角度，“讨论教学方法”；四是设立地理教学咨询处，解答教学疑问；五是自 1937 年元旦始，按月刊行《地理教学》杂志，随时发布地理图书介绍、时事问题研究、国内外地理消息。哪怕抗战爆发学校迁西安组成西安临大—西北联大地理系后，他以刊物为阵地改造古地学的努力仍未中辍，赓续出版了 1 期。1947 年北师大复员北平后，黄国璋重主地理系，遂继续出刊。他在 1947 年复刊号中阐述《地理教学》的宗旨时指出：“科学日新月异，地球上各地间之航程，已能借飞机……朝发而夕至，天涯若比邻”，“等于地球缩小”，“此航空时代之发皇，对于地理学实已发生重大之影响”；“复员后之本刊，除赓续创始之原旨”，“尤着重于此航空时代之新地理观点，研讨列邦之立国地理基础，从而求其兴盛衰败之因，以作我国之鉴，知彼量己，审查国情，以讨究适应之策”。[①]

《地理教学》发表了许多重要论文，对改造中国古地理学做出了重要贡献：自然地理方面，殷祖英的综述那林（E. Norin）的《东天山山脉的分析》，介绍了斯文·赫定等人的考察结果，已将天山东段划为 5 个大的脉络和山带，并开始熟练地运用经纬度、海拔、古生代岩层、结晶片岩、蛇纹石片岩、大理石脉、强烈变质的海相石灰岩、陆相沉积岩、花岗岩侵入、前寒武纪、石炭纪等介于地理学和地质学边缘的名词术语。[②]这也为西北联大等高校地理地质系在战后 40 年代的分化为地质系、地理系创造了舆论氛围。另外，在人文地理方面，《地理教学》也有较多的涉及，包括物产、人口等多方面。

1942 年 4 月，国立西北师范学院史地系王钧衡等在春假期间带领四年级学生赴巴山北麓做小区域地理考察，也使用测图仪、测高仪、倾斜

①黄国璋．地理教学复刊词［J］．地理教学，1947，2（1）：1.

②殷祖英．东天山山脉的分析——综述那林氏（E. Norin）的考察报告［J］．地理教学，1947，2（1）：15—22.

仪、胶质量角器，实地测量了坡度、比较高度、等高线等，开始使用汉江台区（Terace of Han-kiang）、花岗岩侵入区（Granite intrusion）、石灰岩形成之喀斯特地形区（Karst Topography）这种中文加英文括注的表述形式。不同的是，其研究方法，开始使用自然地理学与人文地理学结合的考察方法，除研究巴山北麓的自然地理以外，也涉及汉江地台之人地相关性等问题。

（三）以黎锦熙《方志今议》为代表的“地志历史化”和“历史地志化”创新

1938年，西北联大与陕西省合作，成立“修志委员会”，修纂《城固县志》，黎锦熙代表西北联大参加，另聘地理学教授黄国璋分任自然篇和经济篇的工商、交通二志；历史学教师何士骥、中国文学教授罗根泽、中文系教师吴世昌等分任文化篇；地理系教授兼主任殷祖英分任气候篇；地质学教授张伯声分任地质、地形、水文三志；植物学教授刘慎谔分任生物志；联大常委、矿冶工程专家胡庶华教授分任农矿志；地理学教授谌亚达分任人口志；龙文分任合作、卫生、祠祀三志；张永宣分任大事年表、疆域沿革表；陈瑾分任财政志；薛祥绥分任人物志、艺文志及文征等。成员几乎全部为西北联大教授或学生，另外吸收部分地方士绅，涉及中国文学、历史学、地理学、地质学、生物学、水利工程等各个学科。黎锦熙特地为此提出修志新体，即“明三术，立两标，广四用，破四障”。其中：“三术”即续、补、创，其中的“创”，又分为“两标”，即“地志之历史化”和“历史之地志化”；“四用”，即用于科学资源、地方年鉴、教学材料和旅行指导；“破四障”，即破类不关文、文不拘体、叙事不立断限、出版不必全书。[①] 这其中的“创”，就是一种融合了中西方新历史观、新地理学观的一种新思想，表明史、地的分化以及综合性的地学向地理学和地质学的分化。比如在黎锦熙等新修的《城固县志》中，关于自然方面即有：地质志（附图）；气候志（风候、气温、雨量、物候、在全国气候区中的位置）；地形志（汉江盆地概况、本区之地形图、县城地形位置图、山脉略说）；水文志（本区重要河流图、

①黎锦熙．方志今议——《城固县志》续修工作方案［J］．图书季刊（北平），1939，1（2）：101—105.

汉水流水型、河水含沙量及堆积作用、汉江航运、水道略说）；土壤志（土壤分类与成因、各种土壤之分布与分层、各区土壤之特性、土壤与植物之分布）；生物志（植物、动物、论本区对自然生物之利用）等。关于经济方面，则有人口志，农矿志（农业、畜产、蚕桑、蜂蜜、渔业、猎业、林业、矿业），工商志（工艺、商业、经济、市集），交通志（道路、航运、交通工具、运输、邮电），水利志（渠、堰、坝、井、水力利用），合作志（仓储、救济、新合作事业）。关于政治方面，则有吏治志，财政志，军警志，自治保甲志，党务志，卫生志（人民体格、地方疾疫、卫生行政和医药、禁烟、缠足、发辫之禁革），司法志。关于文化方面，则有教育志，宗教祠祀志，古迹古物志，氏族志，风俗志，方言风谣志，人物志，艺文志（分为哲学、宗教、社会科学、语言文字学、自然科学、应用科学、艺术、文学、史地），等等。其中历史学与地志学的分化、地理学与地质学的分化、人文地理学与自然地理学的分化，以及有关生物学等现代自然科学内容的入志，不仅是对我国传统史学、地志学、方志学的一种创新，也是对地理学的一种创新，体现了新的时代特征以及对世界新学科发展的融合。仅从其修志委员会的组成来看，就综合了语言文学、历史学、考古学、地理学、地质学、生物学等各个学科的专家，已不仅仅是修一部《城固县志》，或之后黎锦熙等修纂的 8 部陕西地方志，实际上它代表了以此为载体，民国中后期我国学术界和高等教育界吸收国外先进科学思想后，我国现当代学科融合、中西新学思潮融合的一次大演习和示范。

第三节 他山之石 可以攻玉

一、英国之土木工程教育

周宗莲[①]教授在《英国之土木工程教育》一文中，详细考察了英国工程教育与国内工程教育的差距。他指出："英国教育制度，与我国不同，且英主自由，各校亦不一律""英国的工程教育是由学校、厂家与学会三方面负责，而受教育期间，是三年书本，二年学徒，而在资格上，须有学会之某几种考试为之证明""英国工程高等教育分大学与高工（College of Technology）两种，且每在一城有一大学，必有一高工，高工在学术行政上属于大学，而经济来源则异""普通英国学生之用功，远不及我国（至少与我北洋）"，但是他们却可以出"Newton，Rankine"这些"国际享盛名之专家"，关键是他们有很好的工业基础，"国家工业发达"，教本所取司空见惯，我国学生则很少见到诸如"水电表""桥架""工厂事物"等，因此，"我国今后发展工程教育中的一大急务"，是"必须学俄国，来一个苦干的'五年实业计划'，使全国工业化"。[②]

赖琏在论及各帝国主义国家的工程技术教育时，指出我国战后需要"二百四十六万"实业技术人才，而目前仅两万人，相距甚远。他认为："在过去，我们受不平等条约的束缚，国家沦为帝国主义者的次殖民地，

①周宗莲（1910—?），字泽书。湖南汉寿人。获国立北洋大学土木工程学士学位，后赴英留学深造，又获英国曼彻斯特大学工学博士学位，被聘为德国普鲁士水工研究所研究员。回国后相继任国立北洋工学院土木工程系主任，西安临时大学、西北联合大学教授、土木工程系主任，国立西康技艺专科学校校长等职。

②周宗莲．英国之土木工程教育［J］．北洋理工季刊，1936，4（3）：20—25.

日本人就有‘工业日本，农业中国’的口号，希望中国永远做他们的市场及原料供给地，继续供其榨取与剥削。除了派遣大批青年出洋深造外，国内的工科大学，也要把课程标准提高，技术训练加严，才可以造就成健全的技术人才”。同时，他也提出向苏联和英美培养技术工人的做法学习，指出：“英美技工人数，占全体工人的四分之一。各工业国都在各工厂办训练班，苏联在第一个五年计划中，各厂共设一千八百个训练班，此次大战前已达三千所，受训技工一百二十万。”①

二、德国大学教育

魏寿昆②教授在《谈德国之大学教育》一文中指出，德国与英国相似，大学也分两种：“一曰 Universität，直译大学，二曰 Hochschule，直译高等学校”，Hochschule 有工程专科（Technische Hochschule）。他尤其推崇“德国极其开放的大学教育”“造就个性发展之人才”“学生能任自己的意愿跟着教授跑，择自己最有兴趣的东西去研读，故最能发展个人之天性而造成天才教育”。③ 他在论及战后重工业建设时，同李书田所说相同，也强调我们一定要在学习、引进、模仿外国先进技术的同时，建立我们的民族自信，逐渐摆脱“先向外国洋行请教”—“替你设计蓝图”—“到外国工厂订货”—“外国人监造一切机器”—“造好后运到中国”—“外国人安装好机器”—“替你训练工人”—“再当顾问指导生产”，一切由外人包办的局面。

他指出：“八年来的抗战给我们以莫大的教训，给我们以莫大的自力

①赖琏．工业建设与工程教育［J］．华侨先锋，1947，9（3—4）：3—4.

②魏寿昆（1907—2014），字镇雄，天津市人。1923—1929 年就读于北洋大学（天津大学）。1929 年北洋大学矿冶工程系毕业，获矿冶系工程学士学位。1931—1935 年在德国柏林工科大学材料工艺科学系化学专业学习，继在德累斯顿工科大学化学系学习、毕业，获工学博士学位。1935—1936 年在德国亚琛工业大学冶金系进修。1936—1937 年任北洋工学院矿冶系教授。1937—1938 年任西北联合大学矿冶系主任及教授。1938—1939 年任西北工学院矿冶系教授及工科研究所矿冶研究部主任。1939—1941 年任西康技艺专科学校矿冶科主任、化工科主任及教授。1941—1942 年任贵州农工学院矿冶系主任、教务主任及教授。1980 年当选为中国科学院学部委员。

③魏寿昆．谈德国之大学教育［J］．北洋理工季刊，1936，4（3）：12—19.

更生的信念”，“我们的技术并不亚于欧美人，固然我们的技术标准尚不足以与外人抗衡”，但必须在学习外国先进技术中，“建立自信力，就是我们有建设重工业的技能，这是工程界由抗战而得的唯一的大收获”。他在论及沦陷期间日本人在东北和华北经营成功的秘诀时，指出日本人的“成功不外四个英文字：一、Cooperation（合作），二、Coordination（联系），三、Order（秩序），四、Discipsline（纪律），这四个方面都是属于管理和人事的，我们建设的失败，并非是技术上不如人，乃是因管理之不当，联系配合之不密切……工作之少效率，换言之，工业亦染上中国政治腐败之劣点，或其本身亦踏上腐败之路”“我们急需要培植大量的工程人才，更需要工程教育家莫大的努力”，其中尤其需要懂得“彼此密切合作”、会“统筹计划”、会管理的工程技术人才。① 这正是国立西北工学院设立工业经济系的重要意义所在。

三、美国和苏俄的大学教育

高亨②赞同苏俄高等教育并不以制度不同而忽视美国高等教育的做法。他指出“因为环境的改变，与实际的需要，代表两个制度的美俄的大学教育方针，最近已有许多改革，或正在改革中，尤其是苏联，它为了增加大学教育在经济建设中的作用，对于大学教育的改进，无时不在努力中。它并不因为美国大学教育的目的与苏联不同，而忽视美国大学教育，曾经提供许多改良苏联大学教育的计划，被政府采纳”③。

高亨选择“比较重要而又实际，并且亟待解决”的问题，从学校管理、教育计划、教师工作的积极性、家庭自修的组织、工作的效率、时间的分配、教授法的改善、教科书的选择、大学生的成绩、教授兼课与待遇问题等10个方面做了介绍。

述及美国对学生缺课、迟到、早退的管理问题，他指出美国的康奈

①魏寿昆．中国重工业之将来［J］．工业月刊，1947，4（6）：3—5.

②高亨（1900—1986），吉林双阳人。1924年考入北京大学，1925年秋考入清华大学研究生院，师从梁启超、王国维。“九一八”事变后，随东北大学来到北平。1944年任国立西北大学教授兼中国文学系主任，为中国研究先秦学术和文字学、训诂学的著名学者。

③高亨．美俄大学教育的新动向［J］．中华教育界，1935，22（10）：77—83.

尔、哥伦比亚、哈佛等大学均管理严格，故此类问题较少，而苏联此种现象较多，管理也较为宽松。由此，他指出："美国各大学对于管理及纪律之重视，是有重要原因的，他们认为大学的责任除了给一般学生以一定的学识之外，还要养成一般学生的工作习惯，以备将来服务社会。"

述及美国的教育计划，他指出："美国各大学的教育计划，以需要为原则"，较为固定。"美国的大学未经改良以前，学科非常复杂，但是自经改革以后，在教育计划中，这种弊病仍未完全免除"。他给我们的教训是"一个学校之中，不能分科太少"，哥伦比亚、康奈尔、哈佛等大学"都有很多分科"。要注意的是，要特别加强一二年级基础课目的学习，比如"数学、物理、化学"，以及工程学科的"机械学科"等。同时，也要避免"路多失羊"之弊，"而能集中力量从事几门学科的研究，且使功课之间发生关系，完全集中化"。

述及美国大学生的独立研究，他指出"监督学生从事研究工作，在美国各大学中，已成为一种制度""教授经常向学生提出问题，指定一定的参考材料"，或在课堂上"由学生自己用书面或口头提出若干问题，在教授答复之后，再指定许多材料，由学生自己去研究"。

述及苏联的教授法，高亨带有强烈的批评口吻说：苏联"有许多教授对于自己的教授法完全不注意，结果自己也莫知所云""某些大学的教授，在讲演的时候，甚快，有似放连珠炮，学生不但是不能记录，而且也听不懂，另有一些教授就完全相反，他们像背书一样，每一个字都要学生记下来。苏联森林研究院的一个学生形容他们的教授，'写，一写就是一点钟，手刚停下来，又要写'""他们十分轻视一切的教授法"。然而，高亨对苏联重视大学生和大学生学习的积极性、自觉性和抱负却有极正面的评价。他指出："苏联对于大学生非常重视，认为他们是建设新社会的中坚分子，而大学生自己，也以从事新建设和提高苏联文化为己任。因此，他们对于学习是主动的、完全自觉的。"①

四、融汇背景与实践

西北联大与其后继院校虽处战时西北，然其教育活动和学术活动仍

①高亨．美俄大学教育的新动向［J］．中华教育界，1935，22（10）：77—83.

与世界保持密切的关系，其教师大多有留学背景，故有十分方便的对外语言交流基础。

在“请进来”方面：西北大学聘请了英国籍孔柏德华教授、美国籍孔保罗教授、德国籍干荫桢教授、英国籍传教士贾韫玉（Charies Carwarine，1871—1946）教授、俄籍索毕诺夫副教授、俄籍索毕诺瓦讲师、美籍石理富副教授，西北大学与西北师范学院合聘了美国体育教授沙伯格（B. B. Schaberg），医学院聘请了德国籍德语教师邓马爱娜，日本籍河野日出夫、中村义治、细井敬三、山内丰纪等外籍教师常年任教。中英科学交流馆的李约瑟博士曾于 1945 年 9 月分别访问国立西北医学院、国立西北工学院和国立西北大学，做了“科学与民主”的演讲，并赠送书籍。

在“走出去”方面：有数十次出国考察或进修：1945 至 1947 年，傅种孙被派赴英国进修，寄回数百册国外数学书籍；水利专家沙玉清派赴英、法、荷、德等国考察水利；1946 年至 1948 年，医学院毛鸿志被教育部选派往加拿大多伦多大学病理科进修，并对美国、加拿大医学高等教育和医疗事业做了考察，撰成详尽的考察报告。

在开设课程方面：汪堃仁教授回忆，他在城固开设的生理学、解剖学等系列课程，不比他在北平协和医院开设的课程差多少，可以说达到了国际前沿；曾炯教授在其数学教学中，运用他在德国哥本哈根取得的成果，使联大的数学教学直击抽象代数等国际前沿数学领域。

在以专著或译著形式研究国外学术方面：许兴凯教授除《道尔顿制与柏赫斯特讲演集》等译著外，还系统研究日本的军事、政治与经济，出版《日本帝国主义与东三省》《日本政治经济研究》《日本法西斯史论》《日本军需工业研究》《战时日本》等系列专著；杨伯森教授出版《国际联盟之源起组织工作及批判》《国际行政组织概观》《国际行政学》等专著；于鸣冬教授著有《日文文法》，复翻译日本河白嗣郎的《农业经济学》，日本佐藤宽次的《信用合作社》等；徐褐夫翻译出版批评日本侵略东方各国的《东方的战祸》；医学院院长徐佐夏再版译自日本安井修平的《药理学》，王同观教授译自日本同仁会的《妇科学》等等。

在国外期刊发表学术论文方面：西北大学生物学系徐凤早教授在城

固时，在比利时鲁汶大学《细胞学杂志》发表《南京丰年虫两性之发生》，在法国、比利时、荷兰联合主办的《科学会论文专刊》发表《农年虫类器官之研究》；西北大学化学系刘拓教授在美国《化学工程》杂志发表了《糖液中加石棉粉过滤之效果》，以及他在城固利用当地构树纤维造纸、改良当地蔗糖糖浆不易结晶研究等数篇论文；医学院徐佐夏教授在德国《生物化学杂志》发表《肝内蛋白溶解酵素之提取法》《滤纸对于酵素之吸收作用》《细胞内游子平衡之研究》，在德国《药理学杂志》发表《异性同性凝集现象之研究》《温热对于蛙心之影响》等论文；医学院教务长杨其昌教授在德国《耳鼻喉科杂志》发表《神经性鼻炎对于涂布之过敏现象》等。

国立西北农学院王绶教授培育成的大麦品种，在美国获推广，并被美国学者定名为"王氏大麦"，成为美国著名品种之一，获得 1945 年美国与加拿大大麦分类奖。1946 年的《西北农报》专以《王绶教授育种贡献在美国》做了报道。

除此之外，在自办的《西安临大校刊》《西北联大校刊》《西北学术》《西大学报》《地理教学》《国立西北工学院季刊》《西工友声》《西工矿冶》《西工土木》《机工通讯》《纺织通讯》《化工通讯》《北洋电工通讯》《国立西北医学院院刊》《西大医刊》《西北农林》《西北农报》《昆虫学通讯》《西北师范学院校务汇报》《国立西北师范学院学术季刊》《进建》《师声》《中等教育季刊》《西北学报》等 80 余种期刊，发表了毛鸿志的《恶性肿瘤之管理与医教——美、加考察报告之一》等一批介绍国外学术前沿成果的论文。侯宗濂院长在主编《西大医刊》时，强调"国外各大学，未有不做研究工作者，无研究工作之大学不能称其为大学"，还提出了要尽力使《西大医刊》"达到 Lancet（《柳叶刀》世界著名医学杂志）之情形"，"力求赶上世界新潮流"，以达学院"世界知名"的目标。[①] 国立西北农学院周尧教授主编《中国之昆虫》，使用中、英、意、拉丁文等文字专载"纯正的与应用的研究报告"，与《昆虫通讯》等刊交流到了英、美、日、意等国，产生了广泛的国际影响。

①侯宗濂．发刊词（1949-08-21）［J］．西大医刊，1949，1（1）：1.

西北联大具有较强的师资力量，根据《西北联大史料汇编·西北联大教授列传》中所列的128名教授中，具有留学背景的就有120人次，占教授总数的93.75%。其中留欧（英、法、德、瑞、意）者42人，占留学教师总数的35%；留苏者5人，占留学教师总数的4.2%；留日者31人，占留学教师总数的25.8%；留美者42人，占留学教师总数的35%。这说明，西北联大具有学习和融汇世界教育和学术的便利条件。

西北联大虽地处抗战时期偏僻的西北，却并不偏安于一隅，而是具宽大的胸怀和注射于世界的眼光，融汇世界先进的新科学、新学术，还尝试在中国传统地理学改造、中国传统史学改造和中国传统地志学改造方面做了积极的尝试，并创立新的中国考古学、三重证据法、“明三术，立两标，广四用，破四障”等新的史学方法，将其融入中国传统史学体系或地理学科，取得了开辟我国西北新学制和高等教育体系等重大教育成果，取得了出版第一部《史学方法概论》、出版第一部清代通史、开辟西北考古、创立我国艺术考古、开辟西北民族史研究、实施南海诸岛接收、测绘十一段国界线、完成第一部《南海诸岛志略》等重大学术成就，从而为中国学术和中国高等教育做出了重大贡献。

这些重要工作均可在西北联大前身北平大学、北平师范大学、北洋工学院找到其源头，也可在西北联大与其后继院校找到其传承和发扬光大的新成就。比如中国传统古地理学的改造，就源于北平师大地理学系1937年在北平创办的《地理教学》，抗战中在城固复刊，战后在北平师范大学复校后，继续这一伟大的改造。这充分说明，一个优秀的学术传统必须是一个开放的系统和与世界先进学术不断融合的过程，也是一个不断发展、不断积累和传承的过程，也在这种传承中不断发扬光大，聚集了巨大的能量和影响力。正因为如此，从北平师范大学地理系到西北联大地质地理系，一直到战后的西北大学地理系的先后传承和光大，才能够担负起诸如接收南海诸岛、测绘十一段国界线，实施大范围、综合性的西北科学考察这样关乎国家民族重大利益的重要任务。

第三章

战时高等教育思想的形成

抗战时期，我国教育机构的大迁徙，除有苏联莫斯科大学在第二次世界大战期间的年余时间迁徙而外，在世界上是一次空前的大迁徙，并由此形成了特有的“战时教育思想”，是为世界教育史上的一份宝贵精神遗产。因此，对其产生、演化、发展的剖析显然具有重要意义。

全面抗战爆发后，一些高层人士提出，学校要全部实施军事教育，以培养学生扛枪上战场为主。同时，也有人提出，不应中断平时教育而采取一种全新的战时教育，而应将“平时教育”与“战时教育”打成一片，或将“战时教育”视为“平时教育”的一部分。以徐诵明为代表的西北联大领导者，具有战时教育的明确办学目标，那就是“一切以抗战救国为目标”，这是总目标，但战时教育不能“降标准”，不能“失平时教育模型”。

第一节　徐诵明“不失平时教育模型”“以所学救国”的理念

一、坚决反对“破坏国家统一的举动”，要求学生“认清报国目标”，“努力于学术之增进”

徐诵明受到家乡硕儒王阳明“知行合一”思想的影响，素有“致良知，知行合一”的觉悟。他坚持为北平大学医学院上第一堂课，讲的就是“如何当一个大夫?”，而他常常讲的一句话就是，“不光要培养能治病的学生，还要培养有良知的学生，要培养能用自己的生命去救人的学生，要培养给人类、给社会带来良知的学生，培养能辨别善恶的学生”①。这其中的“良知”就是王阳明所说的知行合一，互为表里。他带着一种救国强种的使命感，远赴日本求学，原本是要通过知行的合一，医人医国，因之与革命者王金发有创办家乡卫生学校之举，也因之有病理学在中国的发轫，“首开以中文讲西学的先河”（陈敏章语），创办规模最大的国立西医附属医院北平大学医学院附属医院，并带起了鲍鉴清、李佩琳、毛鸿志、马馥庭等一批病理学耆宿。然而，他在日本加入同盟会，与章太炎等革命者密切接触后，最终还是走上了“医国”之路，走上了教育救国之路，自1919年任国立北京医学专门学校病理学教研室主任起，到1985年被聘为西北大学北京校友会名誉会长，可说是终身从事高等教育管理工作。由此，积累了丰富的高等教育思想。

在民族大义面前，徐诵明一向旗帜鲜明。1935年，日伪妄图分割和

①徐冬冬．对外公徐诵明先生的回忆口述，2018-10-31.

吞并我国领土，炮制“冀察政务委员会”，提名徐诵明为该会委员，遭到他的严词拒绝。徐先生与北平知名人士一道，满怀爱国激情，通过路透社发表宣言，向全世界揭露日本侵华行径。1935 年 11 月，当土肥原要挟宋哲元成立华北自治政府时，时任北平大学校长的徐诵明当即与国立北京大学校长蒋梦麟、清华大学校长梅贻琦、燕京大学校长陆志伟，以及李蒸、傅斯年、任鸿隽、胡适、顾毓琇、张奚若、蒋廷黻、查良钊等 20 余人签署发表《北平教育界同人宣言》，公开反对破坏国家统一的行为。其中有“因为近来外界有伪造名义破坏国家统一的举动，我们北平教育界同人，郑重地宣言，我们坚决地反对一切脱离中央和组织特殊政治机构的阴谋举动，我们要求政府用全国力量，维持国家领土及行政的完整”① 的表述，表明了徐诵明等教育界耆宿的政治思想和立场。

这之后，平津各校于 1935 年 12 月 6 日向国民政府行政院、军事委员会、全国各报馆、各通讯社、各杂志社、各机关发出通电，“一二·九”学生运动开始。其中与西北联大前身相关的院校有国立北平师范大学、东北大学、国立北平大学、国立北洋工学院等。

在 1935 年 12 月 9 日学生游行以后，北平大学被捕的 3 名学生由北平大学校长徐诵明于翌日保出；东北大学被捕的 12 人也由东北大学代理校长王卓然保出。随后，国立北京大学校长蒋梦麟、清华大学校长梅贻琦、东北大学代理校长王卓然、北平大学校长徐诵明、北平师范大学校长李蒸、燕京大学校长陆志伟等六校长发表《北平六大学校长告同学书》，要求学生“务望埋头努力于学问之研求，更不必涉及课外之活动。各同学素负爱国精神，故唯有努力于学术之增进，始实际有裨于国家”。同时，希望学生“努力培植自己，以为有用之才，将来在救国事业上，一定可以收最大的效果”②。

之后，再发出第二次《北平大学六校长告同学书》，强调“我们对于青年同学爱国心的表现，当然是很同情的。但此等群众行动有抗议的

①蒋梦麟等．北平教育界同人宣言（1935-11-24）［N］．天津大公报，1935-11-25.

②蒋梦麟，梅贻琦，王卓然，徐诵明，李蒸，陆志伟．北平六大学校长告同学书［M］//王振乾，丘琴，姜克夫编著．东北大学史稿．长春：东北师范大学出版社，1988：249.

功用而不是实际救国的方法。诸位同学都在求学时期，有了两次的抗议，尽够唤起民众昭告天下了。实际报国之事，绝非赤手空拳喊口号发传单所能收效。青年学生认清了报国目标，均宜努力训练自己成为有知识有能力的人才，以供国家的需要。现在各校被捕学生都已保释，受伤学生渐告痊愈，我们很诚恳地希望诸位同学即日复课。报国之事，任重而道远，青年人切不可激于一时的冲动而忽略了将来报国的准备”。这些认识和立场，虽为集体署名，但我们相信，它反映了徐诵明的真实思想。

1937 年全面抗战爆发迁陕后，徐诵明没有一天忘记驱逐日寇，收复河山，他说：“慨自东夷入寇，两载于兹，旧都沦亡，文物涂炭，吾校师生之脱险者，间关西来，精神奋发，爰承中央之教令，于长期抗战之中，作建国储才之计，始草创于西安，继播迁于汉中一带……所幸流离之间，弦歌不辍……缅怀先德，兴感既多，瞻念前途，孟晋益力，誓必尽逐倭寇，光复河山，重返北平，不失旧物，此心未尝一日忘也。”①

二、“不一定非要拿起枪杆子上战场”，要“以所学救国”

徐诵明在论及战时最高学府学生应如何救国时，指出：“在抗战时期，最高学府学生应如何救国：不一定非拿枪到前线去才是救国，我们在后方研究科学、增强抗战力量，也一样是救国。”② “洵为国家百年教育至计”“以在抗战时期战区内教授学生不应失教失学，并当训练各种专门人才，以应国家非常之需要”“庶不使学生因数量之增加致素质之降落，影响学风殊失教育意义。总之，战时教育不应遽失平时教育模型。至于应付抗战与国防之特殊知识与技术，自当随时因势利导，以冀收标本兼顾、相得益彰之效”。③ 他还要求学生积极参加军训，随时上战场杀敌，要求“或致其希望，或勖其努力，或从历史以激扬民族精神，或言古训以促进旧有文化，或说明集训与建国的关系，或阐发集训对抗战之

①徐诵明．国立北平大学一九三九年毕业同学纪念册·序［M］．城固：国立西北联合大学，1939.

②徐诵明．战时最高学府学生应如何救国［M］//姚远．西北联大史料汇编．西安：西北大学出版社，2012：492.

③西安临时大学筹备委员会童冠贤、李蒸、徐诵明、陈剑翛、李书田．呈教育部函．国立西北大学档案 67-5-292［A］．1937-11-06，西安：陕西省档案馆．

功用”，“外以军事训练劳其筋骨，内以精神食粮充其肠胃，进则为国家民族杀敌之用，退亦可训练民众，组织民众”。① 正是在这样的思想指导下，西安临大—西北联大的师生，深知敌人的野心“不仅在占领我土地，屠戮我人民，而在毁灭我五千年文化与夫民族独立自强之精神”，然而，“名城可陷，阵线可毁，而全民族抗战到底之共同意志，永不可夺”。我们唯有“以血肉体躯筑成堡垒，前仆后继，有死无退”“救亡图存，高于一切，学术研究，岂有他途”，唯有“在后方研究科学、增强抗战力量”。②

徐诵明还亲自担任陕西省各界抗敌后援会国立西北联合大学支会主任委员，仅仅在 1939 年春，即组织了大量抗敌后援活动：1939 年 1 月 19 日，主持国立西北联合大学抗敌后援支会执行委员会第一次会议，组成总务股、组训股、宣传股、募捐股、调查股等机构，确定了《陕西省各界抗敌后援会本校支会简章》，确定了具体活动目标和任务等；1939 年 1 月 28 日，在淞沪抗日七周年纪念日主持召开纪念大会，请杨立奎、许兴凯、李季谷三教授讲演，“会场情绪极为高涨”③；1939 年 3 月 24、25 日两日，亲任大会主席，在南郑汉中戏院举办“为前方将士募集鞋袜游艺大会”，盛况空前；1939 年 4 月 6 日，率全校师生祭扫博望侯墓，举行宣誓，并报告在博望侯墓前宣誓实行国民抗敌公约的意义，提出“赫赫大汉”“中国一统”“民族气节，上薄云天”“民族英雄，永垂不朽”“值兹抗战，效法恐后”等重要精神；④ 1939 年 5 月 4 日，利用五四青年节，发动全校师生组成 23 支兵役宣传、军属慰劳队，分赴城固县之斗后、斗前、升木、沙杠、龙头、原公等联保，以个别谈话、讲演、歌唱、戏剧演出等各种形式宣传抗日救国，徐诵明还带头捐出 200 元，负

①徐诵明．集训专号发刊词［J］．西北联大校刊，1939（12）：1.

②编者．国立西安临时大学全体教职员“拥护贯彻抗敌大计”的电报［J］．西安临时大学校刊，1937（3）：7.

③编者．本校抗敌后援会支会工作近讯［J］．西北联大校刊，1939（11）：12.

④编者．本校全体师生祭扫博望侯墓并宣誓实行国民抗敌公约［J］．西北联大校刊，1939（14）：7.

担这次活动近 1/3 的活动经费。[1] 之后，他还组织了回收旧制服捐助伤兵、难民，旧历年关慰劳出征将士军属，扩大兵役宣传、利用寒假在南郑举办游艺大会和义卖，为前方将士募捐等大量抗敌后援活动。

这些思想与实践活动大大激励了师生的抗敌热情，既有上战场的，也有在后方钻研学业、服务抗战的。西安临大医学院学生黄日骢自 1937 年 8 月至 1938 年 1 月初，历时 4 个多月，辗转海路、内河、陆路，行程 1400 公里，跨越上海、江苏、湖北、河南、陕西五省市，一路北上，沿途参加战地救护，终于抵达西安，到校学习。汤泽光教授，在抗日战争初期，放弃赴港从医的邀请，携家带口，辗转经贵州往陕西，随中国红十字会在救亡前线上为抗日军士服务。曾由于伤兵身上的跳蚤将伤寒传染给他，重病月余，九死一生。张同和教授也参加了台儿庄会战，直到失守前两天才撤出战地医院。谢景奎教授在 1937 年 10 月日寇侵犯津浦铁路桑园车站时，参加组建中国红十字总会中央大学、齐鲁大学联合救护队，参加中国红十字总会救护总队第 23 医疗队。1938 年 1 月至 1940 年 3 月，先后在延安边区医院、甘谷驿八路军第二兵站医院、延川禹居第二兵站医院四所工作，任医师、副队长。1940 年 4 月先后在河南南召、湖北石花街、河南南阳后坡桥村、湖北均县工作，先后任医疗队长、第 52 中队长等。1945 年 5 月湖北老河口沦陷后医疗队转移到陕南城固。

在西安时，医学院徐佐夏、吴祥凤教授、王同观副教授率领 80 余名学生，分为两队，率先翻越秦岭，在南郑、褒城、留坝等地宣传抗日，调查地方病，为百姓医病，历时两个月，直到全校南迁才返校。在汉中办学时期，开设附属医院，积极参与救治伤员。即使翻越秦岭，迁徙至秦巴山地之间的汉中盆地，仍然不能免除日本侵略者的破坏和伤害。在后方认真施教的教务长、抗敌后援会医学院负责人杨其昌教授和栾汝芹、陈德庥两位女生，在 1940 年 5 月 20 日，日机对学院驻地的一次轰炸中不幸牺牲。其中，陈德庥同学，是本学期刚从四川北碚步行千里到校的，却被日寇的炸弹夺去了生命。这种在战争年代凝结成的救亡图存高于一

[1] 编者．本校抗敌支会第二次扩大兵役宣传并慰劳出征军人家属［J］．西北联大校刊，1939（16）：1.

切的抗战爱国精神、千里迢迢步行赴学和以所学报效民族的精神，是联大师生在抗日战争时期形成的重要精神财富和在以后的岁月中自强不息，敢于拼搏和战胜千难万险的强大精神力量。同时，也将徐诵明“不一定非要拿起枪杆子上战场”和“以所学救国”的思想做了很好的阐扬和实践。

三、“复兴民族之基础在于教育”

1939年5月19日，徐诵明常委在为《一九三九年国立北平师范大学毕业同学录》（亦即国立西北联合大学师范学院1939年度毕业同学录）的题词中有“复兴民族之基础在于教育，愿共勉”的明确观点。

就此，他在战前国立北平大学校长任上已有所思考，在为《国立北平大学农学院1933年级毕业同学录》所作的序言中即指出：“我国以农立国，而比年以来，农村破产之声，日益腾播，国本所系，人人皆知其危殆，于是政府不得不亟筹挽救之法，而农村复兴之计划出焉。”他惊呼：为何“农村破产”“劫夺勒赎，几遍全国，少有盖藏之家，不遑宁处，相率而趋都邑”？为何“田主不能自耕，不敢斥其余资以购田”“田多荒芜”？为何“赤地千里”“渠堰荒废”“蚕桑畜牧苟一遇之，无不荡然”“村落相望，尽为死墟”？为何“疾病巫觋，迎神赛会，赌博游冶，毒药之嗜，足以倾其家而丧其身者，日趋之而不觉”？这其中固与政治风俗不振，农政不修有很大关系，但农学诸君无法“展布所学”，教育不兴也是重要原因之一。因此，振兴垂危之民族农业，必须由倡导新的“学俗”做起，“学俗不倡，其关系尤巨。深望本院毕业诸君，人人以救国之责自负。出其所学以振此垂危之农业，庶国本得以坚定，而民族亦有复苏之望乎”①。

他指出，“于长期抗战中”，“身受大学教育之青年”，当“为民前锋”“誓必尽逐倭寇，光复河山，重返北平，不失旧物”，另外还要“作建国储材”，效力不可后人，而这对于建设“民族复兴之基，意义重大”“吾侪生此伟大之世，允宜及时精进，努力贡献，凡在国民，咸有斯

①徐诵明．国立北平大学农学院1933年级毕业同学录·序［M］．北平：国立北平大学，1933.

责”。他还以《离骚》中“陟升皇之赫戏兮，忽临睨夫旧乡”（太阳东升照得一片明亮，忽然看见我思念的故乡）、“乘骐骥以驰骋兮，来吾道夫先路”（骑着千里马万里驰骋，我愿意为国开道效命）来勉励毕业同学。①

他以西北联大为例，对于战时高等教育如何成为复兴民族之基础有完整而具体的思考。其一，战时大学，要“从事必须之建设”，使其“渐成为一完善之大学”，故要保证基本教育经费的投入；其二，在基本建设专项经费方面，他认为“每一大学必须有实验室、图书馆及实习工场三种基本设施，否则对于学生课业之研究，实验工作等，均无妥善办法”；其三，在学生就业方面，他认为“值兹时期，各机关团体，纷纷裁员，各生对于个人职业问题，自感焦虑”，毕业生又“为数颇多”，故必须做好“毕业生服务问题”，“以期学能致用，增加抗战力量”；其四，“导师制非切实施行不可，其能否生效，在导师之负责指导，故对于导师之择选应特别注意”；其五，在战时迁徙地，“学生之一切举动，均宜自行检点，以期为民众之表率”，具体如“在汉江游泳，务宜穿着游泳衣，藉重观瞻”，“购置各项用品，言语务须和蔼，如商人故意抬高物价，尽可报告县政府，加以制裁，不可直接办理，致起冲突”，唯有如此，才能“为民众之表率”，效命于复兴民族，“领导地方提高文化”。②

四、“任何学校所在地，均当与文化中心及经济中心发生迅速联络”

徐诵明为实现西北高等教育的发展做出重要贡献，也对西北联大及“国立西北五校”展布西北、教化一方，服务当地文化与社会经济的使命做了最早的阐述。虽然说，“为发展西北高等教育，提高边省文化起见，拟令该校院（西北联大）逐渐向西北陕甘一带移布”是一个国家战略，但是实施和实现这一战略最核心或最主要的人物是徐诵明常委。1935 年 12 月，在大学西迁尚未大规模实施之际，他即与陕西省政府主席邵力子“妥商详细办法，逐步进行”。复派北平大学农学院院长刘运筹

①徐诵明．国立北平大学一九三九年毕业同学纪念册·序［M］．国立西北联合大学，1939.

②徐诵明．赴西安、汉口之使命［J］．西北联大校刊，1938（1）.

到西安考察。由此，邵力子才有了免除“全国学区畸形畸重之弊”[①] 等重要建议。1938 年，西安临大南迁汉中以后，徐诵明、陈剑翛二常委赴汉口面谒教育部陈立夫部长汇报工作与请示今后工作时，本有继续向四川迁移的设想，但陈立夫部长指出：“西北联合大学系经最高会议通过，尤负西北文化重责，钧以为非在万不得已时，总以不离开西北为佳”。徐诵明在总结此行的要点时，特别指出：“任何学校所在地，均当与文化中心及经济中心发生迅速联络”[②]，以后又有“关中为吾国第一古都，南郑又为大汉发祥之地，允宜及时精进，努力贡献”的说法，亦即应主动融入地方，成为关中或汉中地域文化的一个有机组成部分，并担当起教化一方的责任。

在 1937 年 10 月 19 日致教育部部长王世杰的电报中，也有“奉命来陕合组临时大学，原为收容三校院学生，培植人才，奠复国家民族之基。到陕以来，竭力筹划”[③]。由此可见，在西北展布高等教育的战略已经开始具体筹划。1937 年 10 月 28 日致教育部部长王世杰电中有“国难方殷，教育责任愈重，诵明等以院校历史悠久、人才辈出为国家教育计，未敢缄默”[④]，这是在重申对于国家教育发展战略的“未敢缄默”的责任。王世杰在回应这种战略时指出“西安临大原为收容北方学生，并建立西北高教良好基础，政府属望殷切”[⑤]。在为《国立北平大学 1939 年毕业同学纪念册》所作的序中，徐诵明有“爰承中央之教令，于长期抗战之中，作建国储才之计，始草创于西安，继播迁于汉中一带，原来院系，暂有分合：以文理、法商、医三学院为西北联合大学之一，以工农

①行政院．关于邵力子请将北平四所大学迁移一所进陕致教育部函（笺函第二九八号）民国档案［A］．1935-12-28，南京：中国第二历史档案馆．

②徐诵明．西北联合大学尤负西北文化重责，总以不离开西北为佳［M］//姚远．西北联大史料汇编．西安：西北大学出版社，2012.

③徐诵明、李蒸、李书田三常委．致电教育部长王世杰请辞十八日电（教育部高等教育司于中华民国二十六年十月十九日收到，文号编为：二十六年收高壹 26 第 21892 号）［A］．1937-10-19，南京：中国第二历史档案馆．

④徐诵明，李蒸，李书田三常委．致电教育部长王世杰请辞二十一日电［A］．1937-10-21，南京：中国第二历史档案馆．

⑤教育部．电令西安临时大学（二十六年发文字第 18117 号）［A］．南京：中国第二历史档案馆．

两学院各为西北工农院之一，此为适应战时教育之令指，不得不然”①。这是西北联大常委或西北联大本身对西北联大展布西北战略的最早响应和最早表述。

抗战胜利前后，北平大学永远留在西北，文、理、法、商主体和综合属性被国立西北大学所继承，工学被国立西北工学院继承，医学被国立西北医学院继承，农学被国立西北农学院所继承。国立北平师范大学为西北留下国立西北师范学院，国立北洋工学院、东北大学工学院、私立焦作工学院虽复员原址，但也为西北留下完整的工程教育学府。西北联大与后继院校，将现代高等教育制度和理念向西北和西南推进了数千公里，大大推进了西部社会的现代化，成为高等教育参与世界反法西斯民族解放运动的一个典型案例。徐诵明是实施这一战略的主要人物，也是作为北平大学校长就此战略做出最大牺牲的一位常委。

徐诵明将国立北平大学文、理、法、商、工、农、医，一个完整的高等教育体系悉数带到祖国大西北，并永留西北，构成西北高等教育体系的核心要素。他也把全家八口人带到了大西北，甚至父亲过世也不能回乡奔丧，只能远在 1 500 公里外的秦巴山地城固遥为祭奠。正如 2010 年 10 月 14 日北京大学医学部、同济大学、中国农业大学、西北大学、吴阶平医学基金会共同发起和主办了“纪念著名爱国者、杰出教育家徐诵明 120 周年诞辰活动”联合撰文所说：“他豁达的心胸、坦荡的爱国情怀、严谨的治学风范，使这变幻的百年风云最终沉淀为先贤传予后世的丰厚遗产，供后世学人永久铭记。他就像一座不朽的丰碑永久地屹立在中国的教育史上。”

五、“抗战期中，一切思想行动均以抗战为目标”

常常代替徐诵明出席常委会的张贻惠②代常委在 1938 年 11 月 28 日的校本部第一学期总理纪念周上指出：“抗战期中，一切思想行动均以抗

①徐诵明．国立北平大学一九三九年毕业同学纪念册·序［M］．城固：国立西北联合大学，1939.

②张贻惠（1886—1946），1909—1914 年在日本京都帝国大学学习，获理学学士学位。1924—1927 年历任北京师范大学数理系主任、物理系主任、校长。历任西安临大、西北联大、西北大学教授、学校教务主任等。

战为目标。大学生须做民众的模范，一举一动，一言一行，均须注意，尤其于每天早晚应加以反省个人终日所说的话和所做的事，有否与抗战工作有关系，必须如此，才不愧为大学生。”

他代表学校，进一步要求学生：

第一，精诚团结，“在抗战最重要阶段之今日，对于所谓左右思想问题，似乎不应当发生摩擦，大敌当前，我们应该精诚团结，共赴国难，始有最后胜利之可言，否则，自召分裂，减少抗战力量，绝不是一种好现象”；

第二，节省物力，“战时消耗物力甚巨，尤其为我们今后展开全面抗战，物力消耗极大，我们在后方的人，亟应提倡节省物力，以充抗战前方的需要，欧战时，德国人民节省物力，几无微不至，甚至于一根火柴之微，亦在爱惜之列”；

第三，锻炼身体，“身体健康，为一切事业的基础”“集训归来，精神焕发”“以后继续充实体力，即所以充实抗战”；

第四，加紧工作，“对于自己的工作，须格外注意，加紧努力”“至于对于改良社会，亦应加以注意”“提倡勤朴耐劳的风尚”“使社会风气，为之一变”①。

在战争期间，我们对同学们的总体要求是：

第一，“去私”，即发扬“我国民众公而忘私的精神”，“提倡义勇奉公的精神，打倒一切贪污徇私的举动”；

第二，“去惰”，即矫正“苟且敷衍”“懒惰不振作”的社会最大弊病，“遇事急起直追，极力避免苟且敷衍的恶习，一切良法美意，方有实行可言”；

第三，“崇真”，即去除“对于事物不肯切实考察其真相，或对于他人的闲言浮语，轻信盲从，或固执自己的主观”，汲取“长沙大火，不考察敌情，轻信浮言”的重大教训；

第四，“持正论”，即反对“各人自扫门前雪，休管他人瓦上霜”的漠视，贱视“躲避兵役”“临阵脱逃”，形成“父不以为子，妻不以为

---

①张贻惠代常委．校本部第一学期总理纪念周上的讲话（1938-11-28）［M］//姚远．西北联大史料汇编．西安：西北大学出版社，2012：114-116.

夫，人人唾弃”之风习，倡导公正舆论，“增加抗战力量”；

第五，“戒浮躁”，极力提倡和主持社会正论，但“绝不肆意浮嚣”。[①]

李蒸常委也指出：“现当抗战建国期间，任何事业都要和国家发生密切的关系，国家利益，高于一切。当前，应将国家利益注入教育精神里面去。”[②]

①张贻惠代常委．校本部第一学期总理纪念周上的讲话（1938—11—28）［M］//姚远．西北联大史料汇编．西安：西北大学出版社，2012：114—116.

②李蒸．在本校校本部本学期第十一次纪念周记录（1939—02—20）［J］．西北联大校刊，1939（13）：19—21.

第二节　李蒸以“养成国家观念”为主旨的思想

一、战时教育以“养成国家观念”和“培养民族意识”为主旨

“九一八”事变后，“国内到处都发现社会的动摇与不安定的现象。更有许多地方可以见到污秽、黑暗、腐败、萧条、伤心、惨目、绝情、悖义之事实。至于毒品蔓延，许多农村已成黑色恐怖之状态”。这就是事实。针对有些人对此熟视无睹的现状，李蒸特别强调：“我们要很勇敢地承认”以上的“社会病态”“我们感觉着这种病还不是不治之症；只要我们不肯自暴自弃，一定可以想出一个自救的办法”“就国家环境、民族智慧来说，我们可以称得起是一个可以有为的伟大国家。只是因为教育的不普及与教育的不得法，遂成就了一代比一代衰落，受外人欺负也就一代比一代厉害”。那么，如何用教育的方法使社会健全起来、使人民的知识、实力充实起来呢？他认为，唯有教育。

首先，“我们最要紧的是不要自欺欺人，我们要勇敢地承认我们的国家快要灭亡，我们的民族意识快要消失。我们必须下最大决心致最大努力赶快保存我们的国家民族，这个目标是教育上最高最大的目标，是用正当的方法可以达到的”“教育不但是传授文化的工具，并且能够改变人的行为”，以此变消极抗日为积极抗日。

其次，“在教育的各阶段中，无论是小学、中学、大学，以及实施教育不同的方式中，无论是学校教育或社会教育，都要一贯地以‘养成国家观念’与‘培养民族意识’为主旨”。

最后，要采取具体的措施，实现这一主旨：一是“训练儿童、青年

及成人认识我们的国家及民族”，并通过编写新的“以中华民族建设活动”、历代解脱外力压迫与复兴主权的经过为主的国史教本，以坚定民族自信；二是要让“人人明了”“我民族生存物质环境”，并通过编写“正确地理材料”、“风土人文”、热爱乡土观念为主的地理教本，以“养成爱国心”；三是“指明我们的民族行为何以不科学或是反科学的”，并通过使用“本国文字的名称术语”“注重应用科学”与生活密切相关的自然科学教学，“维持我们的民族生存、民族延续以至民族意识的逐渐发扬光大”；四是通过“有组织的社会生活”，矫正“缺乏国家观念与自私自利”，养成“注重团体生活与合作的能力”；五是“我们要复兴我民族的生命与主权，必须先复兴我民族的身体健康”。①

二、“国家的出路只在决心抗日”“决心抗日之有成效则必须有赖于教育”

李蒸指出：“我们的国家现在受日本压迫已达极点，我们的作战实力远逊于人，所以国土丧失无法收复，一般人只有叹息痛恨地悲观起来。”②

教育正可由此发挥作用。我们要教育人民：了解“我们民族的生存条件”；了解“亡国的先例”和“兴国复国的先例”，了解我们“伟大民族因一时无准备而受外力压迫以至亡国，但是经过了几十年或几百年努力奋斗的结果，仍然恢复了独立复兴的地位”。③

我们还要教育人民：“抗日不但可以保存国土不再被人侵略，并且可以有一天将失地收复”“抗日是表现独立国家有为的民族之精神，能够引起国际间的同情与援助”“抗日可以团结国内各派，使政府与人民合为一体，渐渐地成就组织健全的政府，发生全体国民集合的力量”“今后有无出路，就要看我们全国精诚团结一致抗日的成绩如何”。④

他还指出：“日本军阀替我们造成民族复兴的最大转机，我们要利用这个机会振作起来，集中一切国家、社会与人民的活动在抗日的战线上，培养实力，坚韧耐劳，从事长时间的奋斗与准备。”“国家不是没有出路，不过唯一的出路只在决心抗日，而决心抗日之有成效则必须有赖于

①②③④李蒸．国家的出路与教育［J］．师大月刊，1933（4）：1—6.

今后教育方法与目的之改变。”“我看只有走教育这条路，方能救国。”因此，我们只要“决心改正我们现时的教育设施，将来一定有我民族发扬光大之日”。我们要用教育的方法，“将实力充实起来”“使抗日为一致的目标”“改变人性与环境，使全国人民都肯为国家、为民族而团结奋斗”。如此，则抗日一定能够“取得最后胜利”。①

三、“战后教育的建设将决定民族之盛衰成败”

对于战后教育，李蒸也有很多真知灼见。在《今后教育建设之路》一文中，他指出：“抗战时期，军事第一，建国时期，教育第一。现在抗战胜利，国家将逐渐走上建设之途径，无疑的，教育的建设将决定民族之盛衰成败”“战争胜利不能保障国家的富强，必须促成国家现代化、工业化，而走上宪政的道路，方能真正地使国家跻身于现代列强之林，这一切的一切，都是要提高人民的知识水准与普及教育文化的设施，方能成功”。②

战后教育建设，必须基于对战时教育经验教训的总结。因此，作为一位教育家和亲历者，李蒸对此有很全面和专业的总结。他认为：一是“虽在战时，政府仍多方筹措大笔经费，维持教育事业之进行，尤其是在高等教育方面，欧美各大学均停止正常活动，改为战时训练机构，而我国大专以上学校独能照常进行，其数量较战前增加甚多，且设立贷金制度救济学生”；二是“创设国立中学、师范及职业学校，吸收大批沦陷区青年，不但救济青年得免失学失业，且为国家保存民族正气”；三是“注重师资训练，创设师范学院即师范专科制度”，矫正了“战前高级师范教育制度甚形动摇”的局面，“先后成立师范学院9所，且分区设置”“对于国家教育政策之推行关系甚大”；四是“创设技艺及医学专科学校”，矫正了“大学各学院偏于高深学术之研究，且数量甚少，需要年限较长”的弊病，培养了一批农工医专门人才，“适应国家战时和战后之迫切需要”；五是“树立导师制与学校训导制度”，为“战时一重要政策”，“虽在实施方面难免有流弊滋生，但能注意学生生活与道德修养问

①李蒸．国家的出路与教育［J］．师大月刊，1933（4）：1—6.

②李蒸．今后教育建设之路（1945-11-28于陪都）［J］．国立西北师范学院季刊，1946（2）：1—4.

题，实为我国教育一革新之举”。[1]

当然，战时教育也有其缺陷：一是“学校质的方面水准降低，师资、设备及学生程度均远不如战前，尤其是大学教育程度降低情形更为严重”；二是在“德育方面，进步在民族意识与爱国精神之发扬，退步在社会道德之堕落，影响青年之思想行动”；三是在“体育方面，进步在养成吃苦耐劳习惯与劳动服务精神，而退步之处在战时营养不良，卫生习惯不能养成，以致学生体格多不健全”；四是在“智育方面，学生课业虽呈普遍退步现象，但战时学生因生活经历多从解决实际问题而来，对于社会人生之认识、现实状况之了解，实较战前学校教育大有进步”。对于战后学校复员，他也提出了“精神复员”“学校复员”“延续学校历史”（学校历史最为宝贵，历史愈久，其贡献愈大，古今中外的学府莫不皆然）、“奖励学校成绩”“扩充学校，发展教育”“教育走上建设之路，必须实现教育专业化”，即“由专家或专门人士主持教育”等重要思考。[2]

这些评价或思考，显然对战前教育的反思、战时教育思想的总结和战后教育建设的战略思考都有重要参考价值。

①②李蒸．今后教育建设之路（1945-11-28 于陪都）［J］．国立西北师范学院季刊，1946（2）：1—4.

第三节 李书田的工程技术救国思想

李书田早年为留美工学博士，归国后相继任北方大港筹备处主任、交通大学唐山土木工程学院院长、北洋工学院院长、西北联大常委、工学院院长、黄河水利委员会副委员长等，有着丰富的工程技术实践和工程教育实践，是我国现代工程教育的奠基人之一。其“国家危亡之挽救、中华民族之复兴”“尤其以应用科学为国家富强枢纽”的救国抱负；“内求生存之自给，外御强暴之侵凌”，工程教育当“出其工程学术以解决之”“出其所造就者以担当之”“设计创置并厘定运用之方”的战时教育方针；“深厚的科学基础”“实际的工程技术”“组织与管理能力”“创业与刻苦的志气”“研究中国实际问题的兴趣”之“五端”树志模式等重要思想，无论是在争取民族独立解放的世界战时科学教育研究史上，还是在我国现代科学教育研究史上，均具有重要的意义。

一、救国抱负：“国家危亡之挽救、中华民族之复兴”“尤其以应用科学为国家富强枢纽”

“九一八”事变后，李书田曾指出：“当国家危急存亡之秋，大学之责任愈大，国家危亡之挽救，中华民族之复兴，罔不依大学师生之如何振奋而定其命运，尤其以应用科学为国家富强枢纽之我工程学院所负之使命愈大，则我国历史最久之北洋工学院所负之使命，更非新设之工学院可同日语，今后我师生应如何尽此重大使命，即是书田所愿与诸师众生所共勉者。”① 在此，对于大学促进国家中兴的社会责任感和使命感跃

①李书田．所愿与本院师生共勉者［J］．北洋周刊，1933（57）：371—372.

然纸上。

他强调工程学术应致力于服务世界和平，而不应沦为侵略之工具："余企盼工程学术永为控制天然物力、利用厚生之学术，而不为摧毁文明之工具。如果万国工程技术人才一致结合起来，不为人类战争直接与间接服务，余深信世界和平，当永远可以保持。"① 他还指出工程师应以造福人类为己任："（工程）应由吾人善为因时势之转移，助长之或控制之，俾其永远福益人类，而无时济人类之祸害。苟万邦工程人才，不受摧毁人类文明者所驱使，而且善为控制工程学术之应用，庶几自然物力，尽为人类福利所利用，而世界大同之理想，不难实现于后世。"② 在目的与手段的关系上，李书田强调工程技术应得以善用方能为人类造福，而在中国当时的形势下，只有致力于发展工程教育与工程学术，方能与国民政府提出的抗战与建国并举的政策相契合，为救国图存贡献工程学者之力量，并为世界和平做出应有之贡献。

在中国土木工程师学会《会务月刊》发刊词中，他再次明确了工程教育服务于国家建设的宗旨："本会以联络土木工程同志，研究土木工程学术，协力发展中国土木工程为宗旨。……会务中接受公私机关之委托，研究及解决关于土木工程上一切问题，及协助会员介绍职业，皆所以为完成本会之第三宗旨'协力发展中国土木工程建设'也。"③

李书田在主持北洋的17年中，始终自觉践行工程救国的理念，与广大师生勉力兴学，开展的工程教育与科学研究始终围绕着服务国家工业化这一主题，并为国家建设切实解决了很多实际问题。无论是北洋初创时期，还是抗战爆发之后，他所主持开展的工程教育与科学研究始终贯穿着救国强国的主线，以挽救民族之危亡、促进国家之建设为己任。如在西安临大工学院矿冶工程学会迎新大会上的讲演中，他指出："现值国难严重，同学应加倍努力，万不可因敌机之威胁而自馁，须知全国各地，均非绝对安全之区，目下既有机会求学，自应潜心攻研，培植能力，以

①李书田．中国之工程教育［J］．北洋周刊，1935（85）：4—7.

②李书田．工程与世界和平［J］．北洋周刊，1936（106）：1—2.

③李书田．中国土木工程师学会《会务月刊》发刊词[J]．北洋理工季刊，1937，5(1)：7—13.

备异日担负复兴与建设大业之重任。”[①]

1935年出版的第52期《北洋周刊》中，《国立北洋工学院研究事业之进行状况及其成绩》一文记述了李书田和其他教授取得的一些重要科研成果，均与国家建设密切相关。如1929年11月，他代表中国工程学会赴日本东京出席万国工业会议，在会上宣读了《铁道工程与运用》等4篇英语论文，被收入《万国工业会议论文集》；初次创立“对数图解河水流量计算法”，创立简便的“图解梯形重心之二十四原理及其画法”，发表《隧道之功用》《关于为河北省农田水利开发自流井之调查研究》等论文，编写《中国水利问题》《水力学》，审定《机械原理》等。[②] 这些成果在当时均关注国家工程建设之急需，致力于解决实际工程问题，体现出他的工程报国思想。此外，他还发表过《关于水利之提案九则》[③]《中国工业服务社与中国工业之前途》[④]《西康宁属经济建设之水电动力问题》[⑤] 等学术论文，无一不关注中国之实际建设问题。

他认为教师的作用应表现在四个方面：“教员的职责，是要极透彻地教授学生以各学科之理论、技术、实验、设计；督责学生求学，鼓舞其求学兴趣，锻炼其推阐思想，严加淘汰不及格之学生，以资提高程度；以师长之尊严，与其精神道德，或因嘉言之发抒，或借懿行之习现，而表率诸生；埋头实验室或研究室中以阐明、整理、论评，或发现学术之精微，而助长学术之进步，并领导高年级学生研究之风尚。”[⑥] 可见，教师不仅要对教学极为精通，而且要引导督促学生积极求学，为学生树立良好的榜样，同时致力于开展科研解决国家建设中的实际问题。他对教师提出的这些要求，无一不是与当时抗战形势的发展和国家对应用科学的急需相对应的。

①李书田．在西安临大工学院矿冶工程学会的讲演［M］//姚远．西北联大史料汇编．西安：西北大学出版社，2012.

②编者．国立北洋工学院研究事业之进行状况及其成绩［J］．北洋周刊，1935（52）：4—9.

③李书田．关于水利之提案九则［J］．中国建设，1930，1（4）：105—119.

④李书田．中国工业服务社与中国工业之前途［J］．北洋理工季刊，1936，4（4）：14—31.

⑤李书田．西康宁属经济建设之水电动力问题［J］．西康经济季刊，1945（10）：21—25.

⑥李书田．院长教员职员的职责［J］．北洋周刊，1935（87）：1—2.

对教学与科研的关系，李书田在《训练水利建设人才刍议》中也有论述："已有水利工程之知识，需要整理与编撰，未定水利工程之学说与理论，需要实验与研究，水利工程之著述与发明，更应提倡与奖励，俾期水利人才之培植，与水利学术之进步，相辅相进。"① 这明确提出了教学与科研是工程教育发展不可或缺的两大支柱。为鼓励教师开展科研工作，提供成果展示的平台，李书田主办了《北洋理工季刊》，5 年间共出版了 5 卷 18 期，刊发了 170 余篇学术论文（1937 年 7 月因战乱停刊），还曾主办《北洋周刊》《康专校刊》等刊物。在这样的工程救国、兴学图存思想之导向下，教师完成了很多与战时工程实际相关的研究项目，如"广东云浮及紫金铁矿研究""华北煤炭低温蒸馏研究""内燃机实际能率分析研究"等；教授们大都潜心钻研并取得了一系列成果，如张润田的《道路曲线及土方学》，方颐朴的《地形测量学》《大地测量学》《实用天文学》，高步昆的《构造理论》《钢筋混凝土理论》，谭锡筹的《矿物学》《岩石学》和译著《世界矿产与国际政策》，丁绪怀的《高等化学》，王子祜的《试金学》等②。

由此可见，在民族危亡之关键时期，李书田以工程救国为己任，开展工程教育与工程研究，为国家培养专门人才，强调教学与科研应并举共进，取得了一批国家建设所急需的科研成果。作为一位高级知识分子，他始终不忘自己的时代使命，以脚踏实地的努力，推动了当时工程教育与工程研究的发展，而且为抗战建国贡献了力量。

二、战时教育"内求生存之自给，外御强暴之侵凌"

抗战时期，国民政府决定以"战时须作平时看"为办学方针，"适应抗战需要，固不能不有各种临时措施，但一切仍以维持正常教育为其主旨"③。据此方针，1937 年 9 月西安临大成立，北洋工学院开始西迁入

①李书田．训练水利建设人才刍议［J］．水利，1936，11（4）：189—194.

②王杰，张磊．以建设中国现代大学的视角，认识李书田的教育思想与实践［C］// 何宁．西北联大与中国高等教育Ⅱ：纪念西北联大汉中办学75周年．西安：世界图书出版西安有限公司，2014.

③袁武振．论抗战时期大后方高等教育的发展及其经验［J］．西安电子科技大学学报：社会科学版，1999（4）：60—63.

陕。随着战事逐渐危急，1938 年 3 月西安临大开始迁往陕南汉中，同年 4 月改为西北联大，开始其在汉中 8 年之久的办学。李书田在此期间以西北联大常委之身份一直负责工学院工作，一度执掌或创建了西康技艺专科学校、贵州农工学院、泰顺北洋工学院、北洋工学院西京分院等院校。在辗转办学的过程中，他积极开展战时教育，兴学致用以求救国图存。

1937 年 12 月，李书田在《适应抗战期间之生产建置与工程教育》一文中指出："吾人生当此伟大时期，全国动员抗敌，精神之贯彻，智力之运用，战士之补充，物力之供给，在需要人人尽其最大智能，以'内求生存之自给，外御强暴之侵凌'。"① 为此，他提出了战时生产建置与工程教育的四个方面的要求：

"第一，……迅分在内地各安全区域，就物产人工之所宜，建置若干临时厂矿中心，并逐渐由临时而永久，昼夜加速增加生产，俾前方器材所资，给养所需，与后方生活所必不可缺者，悉能自给自足，夫然后适应长期抗战之生产条件，与充分做到物力动员之前提。

"第二，……专门工矿人才之培植，自必须加速进行，并予以适应时需之特殊训练，俾运用物力动员之智力源泉，永无涸竭之虞，全国各大学工学院之专门教授，责任綦重，应如何以最经济之时间，与极贫乏之设备，为最有效之训练，是乃工程教育家最值得筹思而力行者。

"第三，大学工学院教授，在平时因宜专心致力于学生之教练及学术之研究，在战时应环顾全国物产动员之推移，到无人能以负起物产动员责任之紧急时期，须能立即领导设计创置并运用各军需与非军需生产部门，工程学术工程教育……遇新问题之发生，则出其工程学术以解决之；遇人才匮乏，则出其所造就者以担当之；遇生产部门之待加强增置，则设计创置并厘定运用之方。

"第四，……战事时期一切军需工业与军需交通及运输之支撑，固端赖工程人才奋力以赴，而吾人更应远瞩高瞻战后之复兴建设。倘不于此时预储多量之工程专门人才，则战后复兴建设之大业，势必不克迅速观

①李书田．适应抗战期间之生产建置与工程教育［C］//姚远．西北联大史料汇编．西安：西北大学出版社，2012.

成。……故抗战无论至如何困难关头，工程教育亦应维持其繁荣滋长，驯至国家财政至极度艰难之顷，办理工程教育者应率同教授学生从事一面生产一面教学之非常措施，‘半工半教半读’，‘自给自足自存’，纵使经费停拨，仍能维持弦歌于不辍，延续工程教育于无穷。”①

该文较为全面地阐明了李书田的战时教育思想，明确了战时工程教育内求自给、外求御侮之总体目标，并以此为核心提出了全面而具体的应对措施，尤其可资后人借鉴。这些思想的提出，不仅明确了战时教育的目标，使师生共勉而勠力同心，而且体现出李书田脚踏实地、学以致用、兴学救国的报国情怀。

在西北联大辗转迁移的艰苦过程中，李书田仍不忘因时因地对学生进行战时教育，并把学校迁移本身作为帮助学生认识社会、锻炼学生实践能力的契机。例如，由西安再迁汉中时，他“回忆这次迁移所费达一个多月的长久时间，全体师生徒步近千里的路程，过渭河，越秦岭，渡柴关，涉凤岭，从事这样的长途旅行，在我们学界，却是破天荒的大举动。我们对于沿途各地的风俗习惯，得有详细调查的机会，对于自己的身体健康，亦得到不少的益处”。这种苦中作乐的革命乐观主义精神感染着联大师生，使他们虽身处艰苦的环境，却反而愈发奋进向上，“汉中迁徙”“七星灯火”② 等早已传为佳话，当时的很多毕业生也均成为国家建设之中坚力量。

西北联大南迁汉中后，李书田结合地方生产建设需要对各学院的设置进行了全盘考虑：“医学院设于南郑，因该地居民较多，可便利民众的诊病，农学院设于沔县（今勉县）武侯祠，利用汉水开掘沟渠从事灌溉。体育、地理、土木三系及高中部均设于古路坝，利用大自然的形势和环境，研究地理，实地测量及锻炼身心。”③ 可见，在李书田心中大学不是关门办学的“象牙塔”，而是与地方经济建设紧密结合的，因地制

①李书田．适应抗战期间之生产建置与工程教育［C］//姚远．西北联大史料汇编．西安：西北大学出版社，2012.

②彼时由西北联大分立的西北工学院在七星寺设置分院，学生怀着抗日救亡之心情分秒必争、刻苦读书，开夜车成风，“数百只蜡烛，光焰闪耀彻夜不熄”，远看星星点点，被誉为“七星灯火”。

③姚远．西北联大史料汇编［M］．西安：西北大学出版社，2012.

宜、因时制宜地将课堂教学与实践教育相结合，在战时以知识和技能为国家建设和人民生活出一份力，是他的办学思路之一。

为了适应战时需要，确保师生的人身安全和教学秩序，西安临大时期制定了《国立西安临时大学防空警备办法》《本校防空灯火管制办法》，西北联大时期则于1938年通过实施了《本校军事管理暂行办法》，决定对全校学生施行军事管理，并具体规定了组织、请假、外出、操场、野外、值日等细则，以利战时之需。[①] 同时，西北联大还结合战时需要对学生全面展开军事训练，专门培养军事工程人才："集特殊军训队学生于同一宿舍，编定榻位，整顿内务，限制携带行李件数，严守起居作息时间，一切生活，有如军队之住营房，整齐朴素，殆已做到。"并安排学生入伍见习："此类见习于学生生活改进不少，使其了然于下级士兵实际情形，艰难困苦，无不备尝，然后知兵役于人生之价值与'好人应当兵'之真谛。"[②]李书田深知前方战事愈发危急之时对学生进行军事训练的必要性，因而会同其他常委结合西北联大的具体情况提出了行之有效的战时军事教育策略，并着力推动实施，为确保联大教学秩序、培养熟悉战时环境和具有基本军事技能的工程人才奠定了良好基础。

此外，西北联大还组织学生积极开展抗日宣传和慰问活动，以实际行动支持前方将士。傅恒志院士曾回忆道："从沦陷区逃出来的学生和随着学校西迁的师生，在西安组织了各种各样的抗日活动。西安一下子变了样，街上到处是演讲、活报剧、墙报、标语、募捐……激发他们无穷的爱国心、无穷的救亡图存思想，这就是思想，就是精神。"[③] 当时的师生们同仇敌忾，群情激昂，西北联大以学生为主体成立了宣传队、救护队、慰劳队、抗战剧团等，大力开展抗日宣传，以实际行动支持抗战，"将西安闹翻了天"。教师则在教学中开设社会科学方法论、政治经济学、苏联政治等课程，宣传马克思主义，启迪和教育一大批进步学生走上了追求真理的道路，许多青年学生还投奔延安参加了抗日队伍。成立抗战后援支会、为抗战将士募捐棉背心、教师扣薪捐助前方将士、师生

①②姚远．西北联大史料汇编［M］．西安：西北大学出版社，2012.

③天下杂志社．以卓越铸就辉煌：傅恒志院士谈西北工业大学的优良传统［J］．天下，2012（2）：48—49.

共同为伤兵募捐、义卖作品捐赠抗战将士鞋袜、为前线捐款等活动，将后方师生们的心与前方将士紧紧联系起来，不仅增强了师生的抗日信念，也为他们奋发学习、以学报国增添了动力。

三、树志模式："三立""五端方针"

李书田在1935年即指出："人生当先树志，树志要不外立德、立言、立功。一人之品、学、能允许德、言、功，备立尚矣，否则亦宜树志其一二。……一个工程学者最低限度应当：一、办一两桩工程学术事业，以继往开来，或办一两桩工程建设事业，以厚生利用；二、著述一两本工程书籍，以流传现代工程学术至于将来，方不负前贤之以昔日工程学术由著述而传之现辈；三、贡献一两篇关于工程学术之创作论文，以增益人类之知识；四、完成一两件关于工程技术之创作发明，以裨益人类之福利；五、促进人类相互间之道德，以期广大人之所以为人。斯五者果能兼善，则一个工程学者之立德、立言、立功备矣。"①

他认为："学工程者的工作，可以说是'运动物质资本能力，以求建筑物、制造品的精良'。"其所必须具备的资格是："服务社会，造福人群之仁；艰苦卓绝，忍痛耐劳之勇；善用'物质、资本、能力'之智。"②

对于工程学者和学生而言，他始终认为"树志"是头等重要的大事，只有树立起远大的志向，才能以此为目标不懈努力，脚踏实地地切实发挥作用，从而为人类带来福祉。无论是从事工程学术研究还是工程建设事业，乃至著书立说、创造发明，无不应以福益人类为最终依归，从而明确了工程之服务于人类幸福的社会属性，使工程教育中渗透着浓厚的人文精神。这在当代也是应该引起我们充分重视的问题，即只有明确了工程教育的社会属性，以造福人类为己任，才能确保其沿着正确的轨道不断发展，不致误入歧途。

为此，李书田进一步明确提出："关于工程教育之方针，余以为应注意以下五端：即（1）培养深厚的科学基础；（2）训练实际的工程技术；

---

①李书田．工程学者所应树志之标准［J］．北洋理工季刊，1935（3）：139—139.

②李书田．一个工科的大学生应受的训练与应有之努力［J］．工商学志，1935，7（2）：142—144.

（3）训练组织与管理的能力；（4）培养创业与刻苦的志气；（5）培养研究中国实际问题的兴趣。俾资能充分适应我国物质建设之需要。”这一方针不仅明确提出工程教育应与中国实际相结合，用以解决中国的实际问题，促进国家的物质建设，而且展现出他宽阔的研究视域，即采大工程观解读工程教育，强调知识结构之全面系统。“学工程者的目的，就在‘控御自然，以为人用’八个字”。他指出工程师与科学家的区别主要在于前者致力于应用已发现的真理，后者在于追求自然界的真理；前者要“控御自然”，后者旨在明了自然；前者在“对物研究”的基础上还需要管理的知识和主持的能力，后者则是单纯的“对物研究”；前者在求如何应用已证明的定理，后者在求证明各种理论。①

李书田很早就意识到工程师在专业知识的基础上尚需要具备多方面的综合素质，因而工程技术人才的教育与一般的科学教育有所不同。他本身就是一位工程技术与工业管理兼通的双料专家，在美国完成的博士论文《铁道管理的工程经济》就具有交叉学科的特点。他提出工程教育是在科学与技术之上的包括社会、经济、文化、道德、环境等多方面的教育。他说：“工程师与科学家不同之点，不仅在科学家专研求自然现象之所以然，与工程师要应用科学家所寻出之自然界真理于人类之福利，实在科学家只研究物而不涉及于人事，而工程师必须于善于利用物力之外，更明了为其工作之工人的心理，及如何管理物料与人事，如何奖惩勤惰，以获得最高之工作效率，同时并顾及工人之福利。”② 可见，工程师的工作不是仅仅与物打交道，局限于专门的技术范围去格物致知，而是直接关涉经济社会的发展，他们应自觉关注人类福祉，具有心理学、管理学等方面的必要知识储备，并心存善念，注重人文关怀。这就把单纯的工程教育与人类社会联系起来，将其置于社会大环境之中进行考察，从而得出结论：“工程师与社会科学之关系，殊为密切。”③

为了使工程教育切实按照自己理想的“树志模式”开展，使培养出

---

①李书田．一个工科的大学生应受的训练与应有之努力［J］．工商学志，1935，7（2）：142—144.

②③李书田．土木工程学术之领域及其研究方法［J］．北洋理工季刊，1936，4（3）：1—6.

的工程人才符合“五端方针”的要求，能够独立自主地主持工程设计与工程建设实践，李书田特地制定了周详的培养计划，倡导因材施教与才尽其用，并取得了良好的效果。以他最为关注的水利人才培养为例①，首先明确了培养目标“兹特就水利建设人才之训练，试举一整个办法”，并把水利人才分为不同层次：“甲、倡导水利事业之领袖人才；乙、协助推行水利事业之普通人才；丙、水利工程之高等专门人才；丁、水利技术之中级职业人才，庶可资以适应各种水利建设事业之任务。”②

在此基础上，他指出，这些人才根据其才干可以担任不同的任务，且训练各有其“必要之条件”，即针对不同的人才层次，分别开展适应其需要的工程教育。例如：甲类人才“对于水利知识，不必专精，但须悉其梗概，要具高瞻远瞩之识见，要富牺牲服务之精神，要有热心公益之美德，要有组织能力，要能排除困难，要能消释众疑，要能百折不挠，要长于口讲及笔述”。丙类人才则必须具有“（子）丰富的科学基础，（丑）水利工程的实际专门技术，（寅）管理指挥的才干，（卯）经济及农业的常识，（辰）研究试验的能力，而后始能担起计划实施与改进水利建设事业之负责任务”③。可见，对于不同层次的工程人才，他有针对性地提出了具体的知识和能力要求，这正符合因材施教的准则。与此同时，他还强调才尽其用、适材适所：“我国今日固缺乏水利高等专门人才，同时更缺乏中级水利职业人才，如聘用大学土木工程系或水利工程系组之毕业生，以充任中级水利技术助理职务，不但不经济，而往往不克久于其任。”④

“树志模式”及其“五端方针”均强调实践训练与组织管理能力培养，李书田所开展的战时工程教育正是始终以实践为导向，强调理论与实际紧密结合，同时注重培养学生的工程组织管理能力。仍以水利工程教育为例，他指出：“水利机关之实际工作训练，所以增加熟练，所以补

①除刊发于《水利》外，该文曾以《水利人才训练方案》为题刊发于《华北水利月刊》1936，9（7/8）：1—77；《北洋周刊》1936（117）：1—4；《北洋理工季刊》1936，4（4）：6—14，略有修改。由此足见李书田在水利方面的研究旨趣和对国家水利建设与水利人才培养之高度重视。

②③④李书田．训练水利建设人才刍议［J］．水利，1936，11（4）：189—194.

专门教育与职业学校教育之不足。在水利高等专门人才及中级水利职业人才，单独负责工作以前，此层训练，至数必要。”① “应择学绩优良，身体健强，最有希望者，予以特殊训练，每数月至半年易其工作，由绘图而测量而水文测量而设计而施工，以期于二三年之内训练成一全才，俾克单独负责工作。”② 以实践补课堂教育之不足，并通过岗位轮换使工程人才尽快熟悉相关领域的工作，培养能够独当一面的全才，正是李书田对学生寄予的厚望，他希望这些学生能够真正学有所成，在毕业后立即投入抗战时期的国家建设中，以实际行动报效祖国。

他特别指出，高等水利专门人才的训练“所关最为切要”，并从 10 个方面详细提出了培养方案，如：“高等水利专门人才，非二年或三年毕业之专科学校所能达其目的，必须大学或独立学院之土木工程学系，特设水利工程组，于第三四年级，增授水像学及水文测量、河工学、防洪学、灌溉及排水学等水工设计，经济及农业科目，水利行政及水利法律科目，亦须注重授习，并辅之以水利工程实地练习。”③他还强调学生的组织管理能力：“当学工程者离开学校，踏进社会去服务的时候，他的专业往往包括一个很大的范围，所以在分工合作方面，或是在工作勤惰方面看，都必须要有组织上的知识和管理的能力，才能使范围内各方面都按照规矩，顺利进行。”④

由此观之，李书田提出的“树志模式”从总体上明确了战时工程教育的要求，尤其强调了要注重工程建设内蕴的人文精神，以关注人类福祉为己任。而“五端方针”则可视为工程教育具体实施过程中应予贯彻始终的主线，强调了工程教育应与中国实际相结合，注重知识结构的全面合理，通过因材施教塑造具有宽厚工程知识基础、丰富实践经验和较强组织管理能力的工程人才，为抗战和建国贡献力量。

总之，大力推进高等工程教育发展，着力培养工程技术高级专业人才，经世致用以工程实践救国报国可以说是李书田一生的追求。作为执掌中国最早的现代大学——北洋大学时间最久的校院长，李书田在其时

①李书田．训练水利建设人才刍议［J］．水利，1936，11（4）：189—194.

②③④李书田．一个工科的大学生应受的训练与应有之努力［J］．工商学志，1935，7（2）：142—144.

代取得了令人瞩目的成就。他在长期的学习和实践中形成了自己对工程教育的深入认识和独到见解，尤其是在西北联大时期，辗转办学与多方磨难促使其工程教育思想进一步发展成熟，并经历了战时办学实践的检验，从而为中国高等教育留下了很多宝贵的财富。

正所谓人如其名，他既饱读诗书，又躬耕于田，“耕”与“砚”不曾偏废之：不仅在高等教育上有所建树，而且为国家解决了很多实际工程问题；不仅传授工程知识，而且注重工程实践；审时度势、工程救国、辗转办学、从严治教，或可从某种程度上概括李书田的工程教育人生。

第四节　刘季洪的“战时特殊使命”说

一、“战时教育”问题提出的背景

1937年“七七”事变爆发后，我国教育陷入停顿，失陷地区和战区，如东三省、三特别区、河北、平、津、沪等地，至当年10月已经全部停顿。全国大学及专科以上学校110所，学生43 000人，停顿60所，学生34 000人，失学者占全数的2/3。

刘季洪认为，我国战时教育的最大问题是“实科教育的进展未免和需要相去太远。战事发生以来，医科、工科的人才极感缺乏，而一般大学的理科学生又多不合实用，各大学的理工设备，更不能协助战时用品制造的工作，所以实科教育的幼稚，实是过去教育的一个大缺陷。其次，民众教育和妇女教育都感觉到太不发达。中国现在对外的战争，需要以动员的人数众多制胜，前方需要战斗人员，后方需要工作人员，已被侵略的区域更需要破坏人员”。那么，战时教育应如何开展呢？“在战争期间，学校事业必须维持，教育是集团的活动，集团的生活停止，非但教育的作用难以发生，就是其他临时的工作，也失掉支配鼓励的便利”。因此，他认为“教育的贡献有两点：一为国民民族精神的发扬，一为学生服务精神的提高”“教育的作用，在于陶铸国民的意志”。①

二、“战时特殊使命”“就是提高西北文化的水准，领导西北学术的研究”

刘季洪论及西北大学的使命时，指出：“本校原来是个规模庞大的大

①刘季洪．战时的教育（1937-10-04）［J］．教与学，1937，3（4）：5—7.

学”“我们的特殊使命”“就是提高西北文化的水准，领导西北学术的研究。我们每系都要尽到这个责任，要侧重西北问题的研究。比如历史系除研究一般史学外，要注意西北边疆史、中俄外交史的研究；地质地理系除一般地理地质科目外，也要特别研究西北的地质地理，这样才能负起我们特殊的使命。其次我们要研究华北各省的复员问题。我们的同学大多来自河北、河南、山东、山西、察、绥等省，这些省份现在大多沦陷敌手，我们的行政机构教育机关均已解散，将来失地收复，我们如何恢复机构，补充人才，在目前应当来未雨绸缪。我们家乡的问题，应当由我们同学密切注意，认真研究，这也是我们达成战时特殊使命的一端”。

西北大学“设在我国的西北，因为这一带完整大学的稀少，所以在这广大的地区，甚至在华北的各省，它都占有相当重要的地位；地位重要，使命也就来得特别重大”①，它为“西北唯一之大学，故对西北文化之建设，西北问题之研究，实负有不可推卸之责任”。之后，他常常提到这种使命，在 1944 年又指出“唯吾校既决定设立西安，则今后毕业同学之散布西北各地者，自当与日俱增，而建设西北，改造西北，自亦吾毕业同学责无旁贷之使命”；要求同学们“通力合作，互勖互勉，以发扬过去之光荣，完成未来之使命”。②

在研究方面，刘季洪指出：“西大前身为国立北平大学及师范大学，历史悠久，优良师资萃集其间，唯因迁移仓促，图书仪器未及运出。加以战事时紧，情绪不安，故学校更需对于教学研究工作尽力策划鼓励，以谋学术空气之保持。当时经常与各院系商讨，除加强课业讲授及考核外，并在可能范围内，因地制宜，注重西北地区资料，进行研究工作。如：中文系研究西北方言及民歌；历史系搜集陕、甘、宁、青、新疆等省史料，成立考古室；教育系与陕西教育厅合作，利用各中等学校投考试卷，作改进国、英、数三科教材、教法之研究；此外，生物系作秦岭植物调查，地理系作汉中盆地地理调查，经济系作西北经济调查，并编制物价指数及工人生活指数。抗战胜利迁校西安后，对教学研究设备更

①刘季洪．勖本届毕业同学［J］．国立西北大学校刊（复刊），1944（14）：1.

②刘季洪．回顾与前瞻［J］．国立西北大学校刊（复刊），1944（4）：1.

是极力充实。一方面，拨经费在京沪及国外购置图书仪器，一方面就美援物资中分得大批理科仪器与医科仪器。回忆本校迁移西安，在种种困难情形之下，能于一年内将全部校舍布置就绪，建立永久基础，实为全校同仁共同努力之结果”“承社会人士之扶掖，赖全校员生之努力，虽当艰困环境，仍能逐渐成长”①，“深信我毕业校友出身之母校，必巍存于汉唐故乡，而将继续发展扩大”②。

三、“世界上有地位的大学，都是因为能在学术上有特殊的贡献”

刘季洪指出：“世界上有地位的大学，都是因为能在学术上有特殊的贡献。一个学校能在学术上有所贡献，并不是偶然的，必须由教授领导，经年累月，埋头研究，然后方能有所成就，”故必须向教授们提供充足的“研究资料”。他认为“在研究过程之中，一定积累若干重要资料，这些研究资料如能随时整理保存，务使这个大学能有特殊重要的宝藏。例如英国伦敦经济学院所以被人重视，就是因为它有若干教授工作在四五十年以上，将他们研究结果或整理出来的资料一齐保存在学校里，这些资料为其他学校所无，其价值远在普通图书之上”。只有“使本校学术资料日益增加充实，则本校学术地位，方有日渐提高的可能”③。

他认为：“大学之使命，固为保存民族文化，研究高深学术，而文化学术亦必附属于独立国家，始有意义，环顾当前局势，必先捍卫国家，效忠民族，然后始能言学术之研究，文化之保存。”他进一步指出：“大学之使命，不仅在教育青年使知研究之门径；尤须本身能致力高深学术之研究，俾有创获，造福人群。以故国内外著名大学，莫不设置研究所，网罗人才，搜集资料，锲而不舍，朝夕以赴；吾校虽为西北最高之学府，但以近年人事迭有变更，致未尚遑及此。今后自应添设，以为西北学术

①刘季洪．校庆献辞：本校之现在与将来［J］．国立西北大学校刊（复刊），1945（17）：1—2.

②刘季洪．为西北建立高等教育基础［M］//杨德生，崔智林，姚远．西北大学教育理念文选［M］．西安：西北大学出版社，2004：55—57.

③刘季洪．在开学典礼的讲话（1944-09-25）［J］．国立西北大学校刊（复刊），1944（1）：3—5.

研究之中心。”①

他进一步指出：“努力学术研究”是学校未来发展的六项重大事项之一，“大学之任务，除聚集员生从事教学外，尤须致力研究，期于学术上有所创获。本校近年已注意及此，先后设置考古室、西北文物研究室、边政研究室，搜集资料，开始研究。今后自当力图扩充，于短期内成立各科研究所或研究室，延揽专才，分头进行。再本校既设于西北，则对西北之自然与社会，自应加意探究，一面实地调查考察，搜求各地文献；一面分请教授，研究各项问题，将所获资料，一一保存，分别整理，相机发表。如此穷年累月，积聚自富，对国内外学术界，或不无贡献也”②。

①刘季洪．回顾与前瞻［J］．国立西北大学校刊（复刊），1944（4）：1.

②刘季洪．校庆献辞：本校之现在与将来［J］．国立西北大学校刊（复刊），1945（17）：1—2.

第五节 陆泳霓的国难时期的大学教育

此文原载于1938年2月7日出版的《西安临大校刊》第8期篇首。其实为西安临时大学这所战时西北规模最大的大学的办学指导思想。

一、"吾国古代政治与教育合一"和现代的分离

陆泳霓[①]认为："吾国古代政治与教育合一，故上古明堂与太学设在一处。明堂为出政事之地，太学为讲教化之地，二者不分，其意深矣。周人战胜外族，必在太学受俘，汉人国有大政，亦下大学议奏，比古意之犹存者。""清末京师大学监督直接朝君，专折奏事，其地位亦甚重矣"。然而，到了现代，"吾国近时政与学隔离太远，盖以政治为官僚之事，而以学术为学校之事，二者界限务求隔离，故官僚不必读书研究，而学校则不许干涉政治。由是政界之人鄙视学术，而学界之人漠视政治，积习所至，非一朝一夕之故矣"。"民国以来，大学校长地位降低而教授又如学校之雇员"。由此，导致"吾国各大学人才不足，设备不完，故对于现代战争之物质的贡献，无可表现。教员、学生又非自幼受过二年的正兵训练，故投营从军，亦难有成绩"。

陆泳霓对民国时期的用人制度亦提出批评，说："吾国各大学多有二十年以上之历史，其所造就，固不乏一技一能之人才，而能如汉太学之李、杜，宋太学之陈、欧，则未之见。政府对于造就人才从前亦不必重视，因其用人另有他途故也。盖吾国用人，既不采欧美之公开考试，又

---

①陆泳霓，生平不详。1917年4月，以私人名义曾参加国葬黄兴。西安临大、西北联大文理学院历史系讲师。

不采汉魏之乡里选举，而其方法乃是一种‘私人请托’制。既由私人请托，则全视亲友之势力如何而定，而大学资格之有无，原不足轻重矣。孔子曰：‘三年学，不志于谷，不易得也。’古时如此，今人尤甚。得谷与否，既不在自己学业，而在亲友请托，于是在大学者，不过等候文凭，另求他路，而多不肯用力于深切艰苦之学术研究。此其败坏学风、败坏人才之责任，又非大学本身所能负，而当由政府负之者矣。国难日迫，人心危惧，于是在大学者无不思改革课程，以应时局之需要，然亦未易言也。”

陆泳霓由南开大学张伯苓校长“日人能炸毁南开之物质，不能炸毁南开之精神”的立意说起，认为“吾国各大学除不完备之物质外，多无精神之可言”①。这应该是对战争初期我国大学精神缺失的一个很严重的判断。

二、欧美各国大学“如何唤起民众”

陆泳霓认为：“欧美各国之大学教授，或兼政府顾问，或兼政府各种专门委员，其中央及地方有新问题、新建设，多交大学代为研究，此犹是吾国古代之遗意也。”他尤其对德国教授“能唤起民族精神之复活”一事，极力推崇，多处提及“德国柏林大学有一费虚特教授，而能唤起民族精神之复活，吾国有其人乎。此无他，环境不同故也”。

他进而认为：“欧战时代，各国大学对于战争之贡献甚大。新器械出现，则研究如何抵制。旧原料缺乏，则研究如何代替。至于如何唤起民众，如何统制经济，如何增进运输效率，如何改善防御工作，无不由大学研究，以贡献于政府，其大学教员学生之从军者，有暇则聚众讲演各种问题，故有‘随军大学’之称。”另外，欧战时代的一个重要特点是一方面有军队作战，而另一方面有大学研究。美国总统威尔逊称欧战为“科学的战争”，其故在此。

欧美各大学也尤为注意参与民众教育，“即对于大学以外民众教育之

①陆泳霓．国难时期的大学教育（1938-02-07）［J］．西安临大校刊，1938（8）：1—3.

辅助的教育工作。在战争时期内，此项工作之活动，尤为显著也”①。

根据我国古代政治与教育合一或分离的教训，以及欧美各国大学唤起民众，参与社会动员、社会教育的经验，陆泳霓提出了国难时期我国大学教育的责任和使命。

三、“国难时期之大学”“任何课程皆须集中思想于救国”

鉴于此种状况，陆泳霓提出：“在可能范围以内，设法补救，以为对外战争之精神的补助。”比如，“减少教室工作，使教员多作公开演讲，使学生多作时事研究，此等尚不难做到也，譬如各处之防御工程，工作劣而费钱多，工科学生即可为之研究。前线之伤兵到站，医生少而药物缺，医科学生即可为之调护。又如食物缺乏，如何补救，物价增长，如何调剂，药料不足，如何制备，此皆大学应作研究者也”。另外，“时事问题讲座，大学内尤须设置，例如战事如何开始，平津如何退出，南口如何失守，雁门关为何放弃，上海如何沦陷，南京如何撤退，黄河长江布防何以失利。又如同一购买枪炮，何以日本的枪炮猛利，而吾国的枪炮不猛利。诸如此类之各种问题，非但民众不能了解，即大学生亦甚少认识，固非有讲座为之研究不可。盖失败不足忧，失败而不知其所以然，斯足忧也”。

再如推进社会教育，也是补救战时教育的有效措施。陆泳霓指出：“吾国未行国民教育，致汉奸甚多。然则对大众之演讲宣传，亦大学之责任也。某省当局对人言：‘该市共有人力车夫八百七十三人，而汉奸居其八百。’其比例之数，实可惊矣。余在九月间过山东，尚见山东省政府取缔抗日会，并改抗日会为抗敌会。盖官吏军人误以此次战争为局部战争者不少也。余曾遇难民团甚多，及问其遭难之原因，而皆不能答。内有老者安然告余日：‘这都是劫数。’此见不明了此次战争之意义者多矣。大学固应负演讲宣传之责任，而演讲宣传亦须有相当之训练。拿破仑时代之德国，其腐败衰弱，与吾国无异，幸有柏林大学费虚特教授尽力于

①陆泳霓．国难时期的大学教育（1938-02-07）［J］．西安临大校刊，1938（8）：1—3.

国民演讲，虽积劳损躯，其演讲集有德文、英文传本，此吾人所宜取法者也。”

陆泳霓还以孔门弟子“冉求、樊迟参加军事，子贡游说吴越，终能破齐而存鲁”的故事，激励学子积极参加抗日救国。他指出：“昔孔子设教于洙泗，盖亦私人大学之类也。及齐人伐鲁，孔子谓门弟子曰：‘国危若此，二三子何为莫出？’于是冉求、樊迟参加军事，子贡游说吴越，终能破齐而存鲁。杜预因此而称‘仲尼弟子忠于鲁国’。此亦因孔门弟子不但有救国之热心，而实有救国之能力。然其所以养成救国之能力者，其教法自必切于实用故也。国难时期之大学，除基本课程外，自应注重实用，而任何课程皆须集中思想于救国的研究。如能以各大学为中心，而放映此种活动于所在区域之各地，则吾国有救矣。”①

①陆泳霓．国难时期的大学教育（1938-02-07）［J］．西安临大校刊，1938（8）：1—3.

第六节 马师儒的战后教育思想

一、战争对中国教育的影响“较任何交战国都为重大”

马师儒指出：“在人类的文化史上观察，战争对于社会上一般的影响虽然很大，但是也总外不了这有利或者有害的两途”：其一是认为“战争为社会进化之原动力，它可以将社会上多年的恶习，以及一切所有的积弊洗荡净尽，实为最彻底之革命方式”；其二是认为“战争是摧残人类文化之进步和发展的”。然而，“在人道上、在科学上和在国际和平的立场上观之，实在还是应当设法消弭战争，永杜人类彼此互相屠杀之悲剧才是”“战争是摧残文化，并且损害人类幸福的，它可以使人类精神的和道德的文化，再降落到原始的自然状态和残暴的动物状态以内”“战争的结果，实在不仅是物质遭受破坏和损失而已，在教育方面，战争的影响尤大，因为在战争期中，时局的动荡，精神的不安，物质的缺乏，人员的消耗等，都可以使每一个人均不能专心致志从事学术的研究，致使科学的发达因而大受阻碍，甚至于完全陷入一种停顿的或退化的状态”。[①] 因此，我们要极力避免战争，或在万不得已时立即参加战争。

中国在这次大战中遭受了重大损失，而且“是比较任何的交战国家都为重大，不仅教育之大部设施破坏无余，即人才方面损失亦大；当战争爆发之际，沿海教育发达诸区域，均先后陷入敌手，多数教育机关，亦均迁至后方，临时设置校舍，开课讲学，幸使弦歌未辍，但是设备上

①马师儒．复员期间我国高等教育上所急需之补救办法［J］．国立西北大学校刊，1947（30）：1—5.

难免因陋就简，图书仪器亦散失殆尽，且在战争中，国家经济支绌，无力指拨巨款，充实各校设备，致使教学上发生了极大的困难，一切文物的损失，几乎不可以数计，此其一也”①。至于人才方面，或因流离转徙，中途牺牲，或因故转业，离开了清苦的教育生活，或年已衰老到工作无人继承。此外，有形无形之损失，实不可以数计。

敌人有预谋的高度破坏，给高等教育的复员造成了极大障碍。他指出：“此次敌人侵入我国，并非一时偶发的盲目冲动，实则处心积虑，经年累月，早已具有一种最狠毒之计划和极详密的阴谋的，试观田中奏折中所述并吞中国，称霸东亚之所有一切条陈，即不难窥出日寇侵略中国之极大的野心；后来“九一八”事变的发生，侵占东北，入寇长城，此即为日本先发制人之试探，亦即妄想实现其大陆政策之先声。敌寇的居心，总欲使我中华民国亡国灭种，永远陷于万劫不复之地，永久成为日人之奴隶牛马。”的确如此，当敌人占领天津期间，不仅平民惨遭屠杀，而且夙意要迫害我国高级知识分子，并且破坏所有的一切文化机构，如派人携带燃料，彻底纵火，焚毁南开大学即其一例。

二、战后教育宗旨当“本简单、明了、实用三原则”

他认为：我国经过长期战争，社会政治经济文化各方面均有极大之变迁，教育既须适应社会潮流，自当亟谋改进。“我们目前极应抱残守缺，继续发展、力求充实，第一先恢复旧观，然后再逐渐进步。凡此种种，均为吾辈受高等教育者，对于国家民族当前极重大的一种使命和任务。”其改进的主要内容有②：

一是战后“所定教育宗旨，非失之过度抽象，流于空洞，即失之过度具体，胶柱鼓瑟”“颁行虽久，绩效未宏。今后似当调和二者之间，本简单、明了、实用三原则，易过于具体之列举为概括而抽象之列举，至所改定之条文亦应与宪法相符合”。

二是认为“欲使教育渐趋完善，则逐年逐项，大小预算之确定，现

①马师儒．复员期间我国高等教育上所急需之补救办法（1947.6）［J］．国立西北大学校刊，1947（30）：1—5.

②马师儒．现今中国教育改进上之重要问题（1948-12-20）［J］．国立西北大学校刊，1948（40）：16.

在仍然还是很迫切而需要的，因为计划、预算、准备这三者，是必不可缺少的，直到现在，实际上也还是迫切需要的”“大学之经费分配与特殊补助，应尊重宪法均等精神，以谋各地区教育之均衡发展”“推广边地教育，大抵一国之独立统一，全赖国内各宗族间在文化上有共同基础。我国边地教育素称落后，欲树立文化上共同基础，非积极发展教育予以特别扶助不为功”。

三是改进训育制度，“各级学校训育方法应彻底改革，使训导与管理从此能发挥相得益彰之功效。大学生之德育基础大致已形成于中小学之教育生活中，唯社会习俗与环境风尚亦有左右之人心之力量。外铄式之强制管理，在中学阶段已非至善之策，若施诸大学，尤非所宜。盖大学生之理智生活自较中学时代益为强烈，其在理智方面应有之满足亦更为需要。训导属于人格感化问题，重在人与人间道德人格之接触，有伟大之人格，即可影响整个之行为，有良好之诱导，即无繁杂之章则，仍能培育优良之学生。为教师者，应以身作则，且须确实了解青年心理，使其于潜移默化之中收人格感化及人格陶冶之功效。我国一般学子，大率缺乏自治自助之精神，仅重摹仿与接受，少有自动与发明，传统训练教师方法之不良实为重要原因。故今后教师主要之任务，应为指导与鼓励学生能做自动之学习，自发之行为，并具有自行组织之能力，以养成其独立的自治的自主之格”。

三、战后中国高等教育“必须解决自己本身的问题”

马师儒认为，这些问题包括四大方面①：

其一，是“力求质量兼顾”。“现今的高等教育，决不可以只注重量的增加，尤宜注重质的提高，因为高等教育，不比普通教育，它是培养专门人才的教育，这一种专门的人才，它将来要负担社会上专门的任务，若滥竽充数，势难胜任，必先本身健全，方可任重致远，收到取精用宏的教育效果。”

其二，是“适应自然的社会需要”。“在现今的高等教育上，无论学

①马师儒．复员期间我国高等教育上所急需之补救办法（1947.6）［J］．国立西北大学校刊，1947（30）：1—5.

区的划分或院系的区分，必须与自然的环境相配合，再来适应社会的需要”。他举例说，如兰州大学设立兽医学系，山东大学设立海洋系，即是为了适应社会要求和配合自然环境的，将来在重工业区或农业区或畜牧区，都应在普通的大学之外，更特设各种专门的学院，以宏造就。

其三，是“主张合理的分配”。“中国过去高等教育之分配，不合道理，这是事实，人人所知的，现在我们主张不但校址之分布，应求均衡，即院系之分配，亦须要向多方面发展，决不可再集中在几个热闹的地点，总要为全国的文化教育着想，不应有丝毫的成见、偏见和私见。”

其四，是“要建设西北，必先奠定西北高等教育之基础”。“我们观察中国高等教育之发展情形，知道中国固然不如英美等国，而西北之高等教育更远不如沿海沿江的各省，吾人应于建设西北之大目标下，先使各种的文化事业都有均衡的发展，更需要使高等教育专门学校，有特殊的大进步，然后西北、西南、东北、东南，都可以在高等教育上，彼此互相配合起来，成为一个健全而完美的系统”。

第四章 社会教育是大学义不容辞的任务

1937年12月间，已经入冬，一支由国立西安临时大学董守义、罗根泽、佘坤珊、徐佐夏、王同观、郭俊卿等著名教授带领的80余人的学生宣传队正在秦岭深山之中实施社会教育和抗日宣传。各组初到一地，即着手测验当地民众知识水准，如询问小学生及不识字之成年人：“中国目前是否仍有皇帝?”“我国首都在何处?”等问题。前者均答为“有皇帝”！后者则答为“南郑”①（今汉中市汉台区）。

---

①本大学下乡宣传队近讯（自汉中寄）［J］．西安临大校刊，1938（7）：8—9.

这时距辛亥革命、民国肇造已有25年，但距离陇海铁路不过200公里之遥的秦巴山地人民仍然“少不出关，壮不入川”，仍不知今夕是何朝，首都在何方？其“一般人多习于怠惰，不事生产，富源虽多，均未开发，吸鸦片者遍地皆是，街头巷尾之商肆中，无它物，唯有烟斗而已。语音近川音，成语不甚通行，盖人民多不识字故也”。①

为此，西安临大的师生们在凤县、留坝、褒城（今撤销，划入勉县等）、沔县（今勉县）、南郑（今汉中市汉台区）一带，宣传和动员社会力量抗战救国。他们利用县城、乡镇的集市，集会演讲、化装表演、奋斗性游戏、体育竞赛、教授军歌、讲故事、谈话等形式进行宣传，并携带小册子、图画发放给民众。其讲演宣传内容，以汉中龙岗寺的讲演为例，主要是：“史地常识（疆域、国耻史）、时局报告与分析、我国必获最后胜利的原因、惨痛故事（如日本残杀我同胞）、爱国故事、民族英雄故事、拥护领袖、我们的责任、军民合作、矫正错误思想（矫正流言）、国家观念与民族意识、防空常识、服兵役与服工役、铲除汉奸。”此外，宣传队还协助地方筹划农村俱乐部、协助地方办理壮丁训练、保安队体育训练、社训军官之体育指导等，目标为“锻炼强壮之身体，启发奋斗之精神，培养爱国之思想，增进抗敌之力量，以挽救国家民族之危亡”。这就是典型的社会教育。

1938年10月，西北联大李蒸常委出席全国高级师范教育会议期间，教育部划定的师范教育区中，西北联大的师范教育区面积最大，地区最广，包括河南、陕西、青海、甘肃、宁夏、新疆六个省份，并要兼办社会教育。为此，西北联大实施了多种形式的社会教育，也形成了丰富多彩的社会教育思想。国立西北大学校长刘季洪“社会教育是大学义不容辞的义务”的思想也正是在此实践中逐渐形成的。

---

①编者．本校学生宣传队第三队第二次报告［J］．西安临大校刊，1938（2）：15—16.

第一节 李蒸：以“传教的精神”办理社会教育

社会教育是20世纪初从日本传入中国的一个教育名词，广义的社会教育基本等同于“教育”，可以包括一切的教育设施在内，即使大学生也是社会教育的对象，狭义的社会教育是针对失学民众的补习教育，其目的在于使全国人民都能达到健全国民的最低标准。这里所讨论的社会教育仅限于狭义的范围内，但是如果结合战时全国不识字的民众占到全国人口总数80%以上的实际国情，就能感觉到狭义的社会教育就已经具有非常重要的意义。抗战时期，为了谋求中华民族的解放，唤起国民的爱国意识，动员全国人民奋起抗日，对于大量的失学民众施以社会教育成为当务之急。西北地区作为全国抗战的“策源地”和大后方，在抗战中发挥着举足轻重的作用。这一时期，为了指导社会教育实践活动，在全社会掀起了社会教育研究的热潮，西北联大也因此对社会教育活动进行了较为深入的研究，形成了具有西北特色的社会教育思想，指导开展了一系列具有一定影响力的社会教育实践活动。著名教育家李蒸就是这一教育的大力倡导者和实践者，他结合自身民众教育的学术背景、国民政府社会教育的管理者和大学主政者的工作经历，形成了对社会教育的独特而深入的理解。他早年对民众教育及乡村教育的研究深刻地影响了其在西北地区推行社会教育的办学实践，在他的积极奔走之下，西北联大结合自身优势和各地实际条件大力推行社会教育，不仅使联大学生得到实践的机会，也对当地社会文化及教育水平的提高起到了重要的作用。从“教育部训令本大学兼办社会教育成绩，尚属优良，特予补助国币一千元，作为充实社教设备费用”① 可以看出，西北联大践行社会教育是颇有成效的。

一、抗战时期“社会教育的重要较其他各种教育事业更加明显”

中华民国教育宗旨及其实施方针中指出，社会教育必须使人民认识国际情况，了解民族意义，并具备近代都市及农村生活之常识，家庭经济改善之技能，公民自治必备之资格，保护公共事业及森林园地之习惯，养老恤贫防灾互助之美德。社会教育，就是在学制系统以外，由政府主导，民间和社团推动，为提高失学民众和全体国民文化素养和技能，利用和设置各种文化教育机构和设施，所进行的一种有目的、有计划和有组织的教育活动。通俗教育、民众教育和平民教育是不同阶段对社会教育的称谓，在社会教育发展的不同阶段，这几种教育是对社会教育渐次变化的不同形式的表述，并且交叉出现。社会教育是与家庭教育和学校教育并列的现代教育体系之一。开展社会教育，不仅可以补充学校教育的不足，另一方面还可以供给失学民众继续学习的机会，进而提高全社会的文化水准。在抗战时期，原有的各级学校受战争的持续破坏而大量减少，许多失学青年必须以社会教育的方式予以补充，因而，李蒸指出，“抗战时期社会教育的重要较其他各种教育事业更加明显”②。在 1938 年 3 月召开的临时全国代表大会上通过的《抗战建国纲领》中明确规定：训练青年俾能使其服务于战区及农村，训练妇女俾能使其服务于社会事业，以增加抗战力量。其中“训练青年”和“训练妇女”主要就是针对社会教育而言，因为社会教育可以在短期内训练出大量的有为青年，以增强抗战的实力，“中国人口四万万，不识字之民众竟占人口总额百分之八十以上”的国情也显示出社会教育的紧迫性和重要性。

①编者．本校社会教育推行委员会第三次会议记录（1939-06-15）［J］．西北联大校刊，1939（18）：10—12.

②李蒸．大学兼办社会教育的方法［J］．教育通讯周刊，1938（23）：1—16.

二、“社会教育关系于全民的政治生活，特别是民主政治，至为重大”

社会教育的目的可以简单地分为物质层面和精神层面，培养失学民众获得生活所需要的知识与技能可以看作是短期的物质层面需求，而其最终目标是培养正确的人生态度与优良的生活习惯，以养成国家观念与民族意识，从而成为一个健全公民，这也是精神层面的终极目标。政治生活也是个体精神追求的一个重要方面。李蒸从公民教育、文字教育、生产教育和康乐教育四个方面总结了社会教育工作，提出“社会教育关系于全民的政治生活，特别是民主政治，至为重大”①。所谓民主政治，在李蒸看来，是“能够让人民自主管理其社会，进而建立良好生活之基础的一种努力，也就是任人民自治以达到人人能享受丰富生活之境地的一种努力”②。民主生活当然是一种最理想的生活状态，但是，在最大多数仍为文盲的中国怎样去实行民主政治？如果民主政治必须实施，又该如何开展？要做到这两点，必须积极促进教育工作的开展，特别要大力提倡社会教育。

同时，我们也应该看到，向来以民主著称的英美等发达国家，实际上其真正的民主政治也未能完全实现，而是处在不断的民主政治的训练过程中，这种民主政治的训练就是社会教育的任务之所在。李蒸将这种政治训练的内容概括为四个方面③：一是自我实现或个性发展方面，要养成求知或学习的欲望，能清楚而有条理地讲说本国语言，能有效率地阅读本国文字及应用本国文字，能计算数目及解答算题，能懂别人讲演并能观察事物而获得了解，有关于卫生及疾病的基本知识，努力改进公共卫生，有兴趣参加或参观公共娱乐活动，有兴趣欣赏艺术并能善用闲暇，能指导自己过闲暇的生活。二是人与人的关系。在朋友与近邻的关系中，要重视处人之道，能享受丰富而多变的社会生活，能与人共同合作及共同游戏，能遵守社会礼节与风俗习惯；在家庭关系中，要了解家庭为社会机构之一，能保存家庭的传统理想，有家庭管理的技能，能维持民主的家庭关系。三是经济效能方面，作为生产者，能认识优良成品

①②③李蒸．社会教育与民主政治［J］．教育与民众，1946，11（3—4）：10—12.

并有制造能力，了解各种职工之需要与机会，能选择职业并能保持改良，认识自己职业的社会价值；作为消费者，能计划自己的经济收支，规定自己的消费标准，有选购物品的知识技能，能保护自己的产业与利益。四是公民责任方面，能感觉到人与人之间不同情况和见解的存在，能改革不满意的现状，了解社会机构与社会程序，能发挥防范宣传作用，尊重不同的意见，注意国家的资产，求得科学在人生幸福方面的贡献，信守民主的理想。从中可以看出，民主政治的训练涉及个人生活的方方面面，社会教育事业的广泛性也正好能够满足民主政治的要求，因而，社会教育的开展正是对广大民众实施的民主政治训练，持久而有效的社会教育也是实现民主政治的重要保障，也体现出社会教育满足政治性要求的一面。

三、“大学兼办社会教育要各尽其最大的努力”

总体来说，社会教育的推行通常有两种类型，一种是设置独立的社会教育事业，如由各级政府建立的民众教育馆、图书馆、博物馆、教养院等专门从事社会教育工作的固定场所，另一种是由各级学校及社会机关兼办的社会教育事业，如一些大学开展的各种短期训练班、各种识字班、各种讲习会、各种宣传队、各种展览会等。至 1938 年 5 月，教育部制定的《教育订定之各级学校兼办社会教育办法》中更是明确规定各大学必须兼办社会教育，并且要各校当局认识学校应与社会沟通及学校应为社会服务，要求专科以上学校应尽其财力至少为数省或一省服务。①因此，办理社会教育也成为大学的一项重要任务，也是另一种形式的人才培养。对于大学兼办社会教育工作，李蒸总结了四类易于办理且易于取得成效的途径：一是办理各种讲习班、讲习会和补习学校；二是办理函授班、通讯研究班或个别通讯教学；三是与地方政府机关、社会团体合办社会教育事业；四是组织宣传队、展览会、讲演会等活动，这种方法可以说是使用最多、也最实用的途径。② 以上四类社会教育事业的方法对于大学而言都是很容易实行的，只要能在社会教育推行委员会的指

①李蒸．教育的力量及其使命［J］．三民主义半月刊，1946，8（4）：9—11.
②李蒸．大学兼办社会教育的方法［J］．教育通讯周刊，1938（23）：1—16.

导下认真执行，就能为社会教育工作的推进做出重要的贡献。

抗战时期，多数大学从北平、东南沿海等大都市迁移至西北、西南等偏僻的乡村，由此为大学提供了开展社会教育事业、为农村服务的最好时机，由知识分子深入民间领导开发和建设，能够很快地提高人民生活水平，促进各项事业发展。对此，李蒸提出："各大学行政当局要按照政府的指示，认识清楚服务社会的责任，对于推行社会教育要各尽其最大的努力"。[①] 无论在北平主政北平师范大学期间的乡村教育实验区、平民学校，还是在城固主政西北师范学院期间的乡村社会教育施教区，李蒸对社会教育的重视始终未因时局和环境的变化而有所减退，一直把办理社会教育作为大学的一项重要职能，这项工作也获得了社会的广泛好评并产生了深远的影响。在他心目中，"如果不能赴前线杀敌，就应当尽自己最大的责任与能力在后方服务以增进国家的抗战的力量，而服务的方式以兼办社会教育为最简单易行，这也是大学同人报国的最好机会"。[②]

李蒸之所以大力提倡大学兼办社会教育，目的不仅在于提高全民知识文化水平，同时，通过各种形式的社会教育还可以为大学生提供一个接触社会的实习机会，从而"乘此时机利用环境为大学教育方式开辟一个新的纪元"。对此，他进一步解释道："战时的大学教育不要完全在大学校园内，关闭在图书馆与教室中，高谈学理。应当分出一部分时间或一年的时间到社会上去，一面工作，一面学习，根据由做而学做的原则，办理切合实际生活的教育。大学三四年级的学生，在抗战时期，都要离开学校，由教授带领到社会上去做实习生，政府方面不但要全部予以实习的机会，并且要利用这一大批人才加速完成西南、西北各省的铁路与公路，以及工商业的开发与国民教育的普及，等到抗战终了后，这一批大学生再回到大学来完成学业。这样，大学不但尽了兼办社会教育的责任，同时也改进了自身教学的方式，岂不是一举两得的好事"。[③]而这些，也正是李蒸"教育社会化"和"社会化教育"教育哲学思想的深刻体现。

---

①③李蒸．大学兼办社会教育的方法［J］．教育通讯周刊，1938（23）：1—16.

②李溪桥．李蒸纪念文集［M］．北京：中国社会科学出版社，1996.

四、社会教育事业难以取得显著的成绩受制于“社会原因”和“本身的局限”

北伐战争胜利后，社会生活暂时处于相对稳定的状态，在国民政府和教育界的大力倡导下，社会教育取得了一定的发展。仅 1928 年到 1929 年一年的时间，全国教育机构从 10 773 所增加到 64 232 所，教育经费从 3 632 466元增加到 13 030 337 元，教育人员从 14 495 人增加到 101 203 人，这些数字真真切切地反映出社会教育不断扩充的事实。① 但是，仅从国家 4 亿人口中 3.2 亿人不识字这一事实来说，无论这些社会教育办理成效如何，其推进教育的效果可以说是微乎其微的，社会教育设施之数量和国家之需要还有非常大的差距。在另一方面，从学习效果而言，一个人在民众学校学了 1000 个字是事实，但能确保他都能应用吗？一个人在讲演会上听了一篇讲演或在展览会看了许多展品，这能够对他的日常行为产生积极向上的改变吗？一个人学了一些基本的技能和一点普通的科学常识，这能够提高他的生产力吗？更何况，从事社会教育事业的人又有多少受过专业的训练？事实上，各省、市、县办理社会教育的人多半是普通教育界的人或从来没有从事过教育工作的人。②社会教育的实施机构本来就少，再加上办理社会教育的人又多无专业的基础，可想而知，社会教育质量的效果实在难以保证。以至于时常听到有人批评社会教育的路是走不通的，更有甚者说社会教育机关是养老院，导致许多人对于社会教育不满意，甚至有了成见，这又反过来成为推行社会教育的绊脚石。

对于社会教育难以取得令人满意的成绩，李蒸认为，这其中既有社会原因，也有社会教育事业本身的局限，着重表现在四个方面③：一是社会教育本身的困难，表现在实施范围大、实施标准缺乏、对象复杂控制不易；二是人才方面的困难，表现在教育人才的极度缺乏和培养方法的困难；三是经费的困难，国民政府实施“裁厘改统”以后开展学校教育的经费都已无法保障，再要想使各省、市、县的社会教育经费达到

①②李蒸．社会教育改造之途径［J］．中华教育界，1934，21（7）：73—77.
③李蒸．社会教育的进展［J］．文化与教育，1934，（18）：2—4.

10%~20%的标准更是难上加难；四是很难引起一般人重视社会教育，成年民众自我怀疑而不能主动去接受教育，教育人士对社会教育存在偏见而消极诽谤，政府官员因社会问题太多而不能专门顾及，这些困难导致的结果就是社会教育只能是消极的维持现状。

五、社会教育改造“必须以行政的力量积极推行”

社会教育以社会及全体民众为对象，以促进社会的不断进步为目的，范围广泛，责任重大，而且是特别适合于国情的教育事业，它是用最少的金钱在最短的时间内收到最大效果的事业。因而，面对特殊时间的特殊国情，社会教育的重要性和迫切性要求必须对现行的社会教育进行全面的改造，才能求得民众生活的丰富和社会理想的实现。对于如何改造，李蒸根据教育工作所面对的实际困难指出了三条途径[①]：一是国民政府要承认社会教育是完成训政与实现三民主义的重要手段，必须以行政的力量积极推行，只有中央重视，各省市地方才会遵照执行，政府全力提倡并大力支持，社会教育才有可能被民众接受，才能有进一步发展的基础；二是教育行政机关上自教育部下至省县教育厅局，必须将社会教育列入学制系统中，使普通民众认识到社会教育与学校教育有同等重要的地位，同时规定各项设施原则，使固有的社会教育事业与地方实际和民众需要发生密切的联系，使得民众产生浓厚的学习兴趣，使一切教育生活化，一切教育社会化，就能取得社会教育第一步的成功；三是中央及各省市必须训练社会教育的专门人才，各省市应当设置培养社会教育人才的机关，这种机关单独办理或由大学、师范学院兼办都可以，可以抱着实验的态度先以办理短期班入手以应急需，然后根据本省的实际需要和办理经验逐渐延长训练年限，直至达到完全学院的地位为止。这三项被看作是改造社会教育的基本条件，如果做不到，就无法改变当前的消极维持的状态，即便取得成绩也只能是枝枝节节，根本无法满足国家社会的迫切需要。

六、积极的社会教育需要“传教的精神”

由于社会教育事业的办理不得其人或不得其法，民众参与度不高，

①李蒸．社会教育改造之途径［J］．中华教育界，1934，21（7）：73—77.

无论是通俗教育馆还是公共图书馆，给人总体的感觉都是生趣不多、气氛沉闷，整体呈现出一种让人被动接受的景象，“结果成了社会上的一种点缀”，因而，对于民众产生的影响也就十分有限。李蒸在分析改造社会教育途径的基础上，提出要努力创办一种积极的社会教育，这种教育形式必须具备两个必不可少的条件①：一是办理社会教育的人要养成一种“传教的精神”和“接近民众的态度”，这两种东西是社会教育事业成功的秘诀，所谓传教的精神就是要求办理者要有一种甘于牺牲奉献的精神，任劳任怨，勇往直前，要具有欧美传教士最初到外国传教时的那种兴趣和责任心，接近民众的态度，就是要对一般民众诚恳谦恭和气，以平等的地位对待普通民众并能尊重他们的想法，要让人民感觉到教育者也是他们中的一分子而不是他们的上司，如果办理社会教育事业的人没有这两种东西，无论他的学问怎样好，经费怎样充足，也无法做出成绩来；二是办理社会教育需要一定的“技术”，社会教育工作成功与否取决于前两种精神和态度，而成功的大小与快慢则受制于实施社会教育的技术，比如要善于“活用机会”，办理民众学校的主要目的在于教给民众识字读书，但除了教授知识技能外还可以对参与民众所关注的和兴趣所在的问题予以解答，无论是家庭问题、社会问题、国家问题，甚至休闲娱乐的问题都可以加以讨论并帮助他们解决，这样不仅充分利用了每一次机会，而且这种根据实际需要开展的教育也能够引起成年民众参与此类教育活动的兴趣，博物馆的功能也可以不仅限于是一个陈列馆，可以随时根据民情风俗节令举办相关的展览会或演讲会而设法吸引民众实施教育，这样的博物馆也就变成了一个积极意义的教育馆。有了内在的精神和外在的技术，社会教育事业的兴旺也就是水到渠成的事情。

总的来说，要构建一种积极的社会教育，就要实现社会教育的生活化，教育内容要能够适应当地社会的需要，适合民众的生活需要，使民众意识到这是他们自己的事业，对自己的生活改善大有裨益，这样的教育才能引起民众的参与兴趣，才是一种积极的社会教育。如果做不到这些，社会教育事业就只能沦落为一种社会事业，必然无法完成其肩负的

①李蒸．积极的社会教育［J］．师大教育丛刊，1931，2（1）：27—34.

重要使命。

对于乡村教育的热衷和社会教育的推广是李蒸作为一名教育者一生的追求，他原本出生于望族，世代书香人家，对于农村和农民的关注源于他在美国期间留学的艰辛生活。原本是官费留美，但后来由于国内时局的影响，官费不能按时汇到，穷困便开始困扰他，一度甚至连衣食都发生问题，在这种情形下，李蒸不得不在暑假期间前往乡村去工作以便赚取生活费用，耕地、种菜都是他在乡村的主要活动，如此一来，李蒸便与农村和农民结下了不解之缘，进而他的研究兴趣也集中在乡村教育方面，四年之后，他以《美国乡村小学教育之研究》顺利取得博士学位回国。回国后面对国内民众 80%以上的文盲的状况，更加坚定了他从事社会教育、提高全民文化素养的决心，无论担任教育部社会教育司司长，还是担任北平师范大学、西北师范学院的校院长，在他的倡导和推行下，社会教育事业风风火火。虽然成效有限，但是他所形成的一整套的社会教育理念成为后世宝贵的精神财富，并且对今天的成人教育等也有重要的借鉴意义。

第二节 刘季洪：社会教育"必须是以国民道德的培养为其重心"

我国立国数千年，古时的孔子游学和皇帝圣训可看作是早期社会教育的雏形，发展至晚清民初西方新式教育的传入，以及军阀战争和抗日战争对家庭教育和学校教育的持续破坏，促使更多的教育家开始关注对失学及普通民众的教育。这种教育在不同时期虽有不同的名称，比如平民教育、乡村教育、民众教育、社会教育，但其目的都是唤民醒民、救国强国。著名教育学家刘季洪①就是一位致力于推广社会教育的教育家。他出生于晚清、成长于民初、就职于抗战，目睹不同时期国家、社会和普通民众的生存状况，从一个大学校长、教育部社会教育管理者和教育研究者的角度形成了对社会教育独特而深入的理解。

一、古代社会教育的发展"受制于阶级思想的存在"

我国正规的社会教育一般认为始于清朝末期举办的各种新式教育。但是，文献记载中关于教育民众的表述最早可见于《尚书·舜典》："帝

---

①刘季洪（1903—1998），江苏丰县人，著名的教育家，1921年考入北京高等师范学校，1930年在美国西雅图华盛顿大学学习教育，后入哥伦比亚大学读教育哲学，又在英国牛津大学研究英国教育，回国后于1935年6月至1938年9月任河南大学校长，随后任国民政府教育部秘书、教育部社会教育司司长。1944年，任西北大学校长。1948年，当选为"国大代表"。1949年后，历任台湾师范大学、政治大学教授兼教育系主任、文学院院长、教育研究所所长，正中书局总编辑、总经理、董事长。1959年，任政治大学校长。1973年任"考试院"副院长。1978年任院长，后被聘为"总统府"资政。国民党第9届候补中央委员，第10届、第11届中央委员。主要著作：《教育统计学》《各国成人教育》等。

曰：契，百姓不亲，五品不逊，汝作司徒，敬敷五教，在宽。”其中“五教”指的就是五种道德规范教育，即父子有亲、君臣有义、夫妇有别、长幼有序、朋友有信。此后，历代典籍中关于教育民众的记载逐渐增多，在措施上也有共同之处，刘季洪将其归纳为以下四个特点：“第一是政教合一，中国历代政治设施常与教育合二为一，政府对于民众的一切生活干涉较多，也因此处处尽力加以教导；第二是以礼约民，历代政府统治多以儒家思想为根基，而儒家以礼教为治国之本，因此礼教也成为教育民众的工具；第三是正上率下，就是高高在上的统治者树立榜样以供民众学习模仿，这种以身作则、人格感化的教育方式可以不依靠任何设施就能达到教育民众的目的，是过去实施社会教育的一种极好的方法；第四是崇贤导众，魏晋以前养老之礼和历代选举的制度，都是通过嘉奖贤德，借以鼓励社会、振作人心，从而达到教育民众的目的。”①

中国历代还有讲学、流传图书和颁行圣训等其他一些类似社会教育的活动。讲学之风当然首推孔子，他和弟子们当时就是有教无类、随处施教于人，发展至唐以后，书院逐渐兴建，为儒者的讲学提供了固定的场所，这些都是古代传播文化、启发民众的社会教育事业。在图书方面，历代政府收藏整理的图书仅供少数人查阅而起到的教育意义十分有限，但也有一些特例，比如晋代的孙晋、五代时的罗绍威、明代的毛子晋等都曾将个人收藏的书籍公布于世人，这相当于早期的公共图书馆，对于社会民众的教育有重要意义。含有社会教育意义的圣训也有规范教育民众的意味，比如明洪武帝颁行的《圣谕六训》、清康熙帝颁行的《十六训》等，对于这些圣训，朝廷指定各地有德望的人于每月朔望约集民众进行宣讲，这也是早期的社会教育方式之一。

由以上可知，在举办新式教育以前，我国已经有了早期形式的社会教育，其功效仅仅在于使广大民众浸润于礼教之中，孝悌力田、崇正去邪、奉公守法。因而，其缺点也非常明显，不能尽量发展民众的智能，使其富有创造性，以促进社会继续进化。而阶级思想的存在是造成这个缺点的主要原因，因为当时社会对最底层的一般平民并不希望他们有充

①刘季洪．中国旧时社会教育的特色［J］．教育通讯周刊，1939，2（42）：8—10.

分的知识能力，只希望他们能够各安生活、遵守礼法就够了，从而也限制了社会教育向更深层次的发展。①

二、社会教育的重心“应以培养国民道德为最切要”

清末民初以来，各种新式学校逐渐兴起，社会教育的形式和途径也多种多样，特别是北伐战争胜利后，社会逐步趋于稳定，社会教育在组织形式和教育效果方面都有了较大的发展。各类社会教育主要围绕以下五个目标开展，即提高民众知识、增进民众职业技能、训练民众熟悉四权、注重国民体育及公共娱乐和培养社会教育的干部人才。② 但是，社会教育是一个庞大的教育体系，涉及教育主体、教育对象、教育方式等等各方面的问题，即便有了这些宏伟的目标，但实际从事社会教育的人还是常常感到千头万绪，找不出一个工作的重心。从何处着手确是世界范围内从事社会教育的一个棘手问题。一些人从社会问题入手，针对社会上“愚、贫、弱、私”的普遍问题提出了四大教育，即文艺教育、生计教育、卫生教育和公民教育，但是实施下来，还是感觉范围广泛且不易取得效果。斯宾塞把人类的活动分为五大类：（1）于自身存在上有直接关系的活动；（2）以生活的必要于自身的存在上有间接关系的活动；（3）关于种族繁殖的活动；（4）关于维持社会及政治关系的活动；（5）闲暇时期以满足兴趣感情的活动，据此提出生计、语文、健康、公民、休闲的五种教育。巴比脱又将人类活动分为语言文字的、职业的、公民的、健康的、家庭的、社会交往的、休闲的、普通技能的、智力的和宗教的十大类，于是就有语文、生计、政治、健康、家庭、社交、休闲、艺术、科学和精神十大类教育，这种方法的初衷在于针对每一类活动都给予教育的机会，但是在实施过程中还是苦于找不出它的重心和着力点。

针对这个问题，刘季洪结合中国古代的社会教育思想和社会教育发达国家的先进经验，指出：“社会教育的设施应以培养国民道德为最切要者。”③ 道德是行为的规范，人类一切行为的决定，一切生活方式的倾向，都取决于道德的观念。德性可以决定行为的结果，也可以评定一个

---

①刘季洪．中国旧时社会教育的特色［J］．教育通讯周刊，1939，2（42）：8—10.
②李华兴．民国教育史［M］．上海：上海教育出版社，1997：697.
③刘季洪．社会教育与国民道德［J］．教育与社会，1942（1）：21—24.

人的善与恶。所以，刘季洪认为："社会教育之于道德的培养极为重要，而且人的德性的培养仅需下一次功夫便能终身用之不尽，其他的知识技能只能运用于一处，而道德观念的运用可以决定人的一生的生活方式和生活态度。因而，社会教育的设施必须以培养国民道德为扼要，只有树立了良好的国民道德素质，民族才能复兴，国家才能富强。"① 纵观国外可以发现，欧美各国无论国家是民主还是集权，他们的社会教育和民众训练都非常注重道德的培养，英美各国以文化的陶冶为主，辅以文学、哲学、史地等学科来培养国民生活的高尚；民众教育最发达的丹麦则通过文化的熏陶来塑造国民的道德；德、意、苏等国家的社会教育也是特别注重于国民精神的训练。中国的教育自孔孟以来也是历来注重道德和精神的塑造，但是鸦片战争后，外族的侵扰和列强的压迫使得原有的道德体系崩溃无遗，而旧有的通俗教育、平民教育和民众教育也未能给社会教育立下一个根深蒂固的道德基础，因而，当前的社会教育要以此为重点。教育部部长陈立夫也明确指出："社会教育应以德育为重心，并详细阐述了家庭教育、学校教育和社会教育与德育、智育、体育之间的关系，即学校教育应以实施智育为其本分，由此而及于德育和体育；家庭教育应以体育为其本分，由此而及于德育和智育；社会教育应以实施德育为其本分，道德是为组织的灵魂，由此而及于智育与体育"。②

道德本身也是一个十分宽泛的概念，社会教育要培养的国民道德应该着重哪些方面？有没有一个统一的标准呢？基于这些思考，刘季洪结合历史背景、国民性和时代的适应性，进一步指出，可以将"青年守则"作为国民道德的共同标准。青年守则内容包括：忠勇为爱国之本，孝顺为齐家之本，仁爱为接物之本，信义为立业之本，和平为处世之本，礼节为治事之本，服从为负责之本，勤俭为服务之本，整洁为强身之本，助人为快乐之本，学问为济世之本，有恒为成功之本。他认为："这十二条青年守则是我国固有道德的精华，世界其他各国对于德性的标准也大都不能出于这十二条的范围，我们以此确定为国民道德的标准，基于此

①刘季洪．社会教育与国民道德［J］．教育与社会，1942（1）：21—24.
②刘季洪，高明．战后我国高等教育实施计划［J］．复兴关，1945，1（5）：35—73.

而开展的社会教育必能促使人民的生活和国家的事业蒸蒸日上。”① 总之，社会教育的施行，无论机构的多寡和方式的多样，重要的一点必须是以国民道德的培养为其重心。

三、社会教育的发展“需要政府运用行政的力量加以推进”

对于社会教育事业的推进，不能单靠教育机关和社会团体的力量，也需要一些政治的力量。对此，刘季洪指出：“政治本就是管理众人的事的，社会愈进化，人事愈复杂，政治的范围也会随之逐渐扩大，现时的政治下，凡是有关公共福利的一切事业及活动，莫不依次归诸政治管理范围之中。所以，现实社会中的任何一项事业，只要发展到足以影响众人生活的时候，政府就应当加以行政的管理，或者这种事业虽未发展，但为群众生活所急需，政府则应当运用行政的力量把它倡导起来。”② 中国的社会教育俨然已经成为社会上一种巨大的事业，更何况社会教育的推行，早已经成为提高人民生活水平和抗战建国的当务之急。③

在运用行政手段推进社会教育发展的演进过程中，中国在世界各国中的表现毫不逊色，甚至可以位于先进之列。早在明洪武、清康熙及光绪期间颁布的圣谕广训就已经含有社会教育的意味，而且都是应用行政的力量自上而下来推行。清末创办的各种社会教育大部分也都是在奏请获准以后由政府颁布办法并通令施行，例如宣统年间的简易识字学塾、图书馆、实业补习学堂等，都是由行政方面倡议并推行的事业。到民国成立以后，社会教育在行政上的地位更为重要，教育部设立社会教育司，教育厅设立普教及社教一科，各县劝学所职责中也有负责推行社会教育的规定，并且这种行政系统一直到民国十六年（1927）都没有大的变化。这段时间社会教育虽然具备了完备的组织，但是其效率实在是微乎其微，其根源就在于太缺乏行政上的努力。直至民国十六年（1927）北

①刘季洪．社会教育与国民道德［J］．教育与社会，1942（1）：21—24.

②刘季洪．谈社会教育行政［J］．政治评论，1935（134—135 合刊）：127—131.

③截至 1935 年 1 月 1 日发表此文的时间，社会教育机关总数达 70 166 处，社会教育职员人数达 110 178 人，社会教育机关学生及观览人数达 1 104 187 人，各省市及地方社会教育经费总数达 17 969 808 元。

伐成功，实践让执政者更加认识到完成革命必须运用教育的力量以唤起民众，因而，一场自上而下的社会教育事业大发展拉开序幕。在行政组织上，教育部设置社会教育司，教育厅设置社会教育科，教育局设有社会教育课，此外，其他政府组织和社会机构对于一般或特殊性质的社会教育也负责推行。在行政实施上，中央政府和各级省市政府积极制定社会教育纲要目标，设立民众学校及其他民众团体，以至在全国 70 166 处的社会教育机关中有 53 844 处都是由各地政府所举办。在这期间，社会教育因行政方面的努力而有了长足的发展。但是，即使如此，刘季洪还是认为："现有的社会教育设施，无论在质和量的方面都还无法满足真正的需要，因而，社会教育的进一步发展还需要政府运用行政的力量加以推进。"①

对于如何利用行政力量推进社会教育工作，刘季洪从四个方面进行了阐述：

其一是根本政策的决定。即"任何一种公共事业的进行，必须根据当时的社会环境确定执行政策，作为共同前进的目标。教育方面虽然有全国性的教育宗旨和三民主义教育实施原则，但这是所有教育事业发展的最高目标，而在社会教育的具体实施过程中还有许多重要的政策是亟待政府决定的，比如，社会教育应注重乡村建设还是城市发展？或是二者并重？这是一个非常重要的问题，行政方面必须尽早确定政策，以免具体实施中徘徊歧途，影响社会教育事业的整体推进。此外，比如政教的关系、社教内容的注重点、社教的主要对象等等，都是涉及社会教育发展的根本性问题，需要有一个明明白白的规定。"

其二是行政力量的联络。即"社会教育和整个政治的关系比较密切，各种政治设施要用社会教育作为工具，社会教育也可以利用各种行政组织作为推行的动力。例如，教育部与实业部共同举办劳工教育，不仅给予实业部不少的方便，教育部也可以从中得到不少的帮助。因而，在一个更大范围内，可以把各种政府机关、各民众团体、各产业组织、各文化团体及各级学校，尽量联络起来，分别尽力于本身有关或力之所及的

①刘季洪．谈社会教育行政［J］．政治评论，1935（134—135 合刊）：127—131.

社会教育活动，这种层面的发动、联络和计划，其责任当然只能由各级社会教育行政机关担负起来。”

其三是视察制度的改进。即“教育行政的作用大部分发生于视察工作中，法令的推行、事业的改进、成绩的传布、经费的补助等，都有赖于对事实的视察。对于社会教育事业的视察可以从两个方面改进。在制度方面，除教育部对于体育有专门视察人员外，各级教育行政机关对于社会教育的视察都委之于一般督学，而社会教育无论在理论上还是方法上都有一定的特殊性，所以在视察方面，也应该有其特殊的地方。在方法上，一般的视察都偏重于主观的决定，社会教育形式繁多、成绩难以评判，因之更容易受到视察人的主观影响，为消除这种偏见起见，可以应用一种成绩考察分配表，来作为视察民众教育机关的工具”。

其四是经费补助的实行。“任何事业的发展都离不开经费的补助，在教育方面，中央教育经费占国家全体经费支出的比例很少，社会教育事业更是微乎其微，各省各县的教育经费支出彼此差距也很大，社会教育经费能达到所规定10%的地方也是非常少。”① 刘季洪建议这种经费和补助应主要由中央承担，并认为这种补助不仅可以帮助社教事业的发展，也可以从一定程度上规范社教事业的发展，经济力量的支配较其他任何政治方法的管理都为有效。

除去以上几个方面外，如人才训练的办法、各种法令的补充等，从行政方面也可做进一步的努力。社会教育是一种发展和改革社会的宏大事业，需要全社会积极地创造和发展，才会达到预想的目标。

四、社会教育的推动“需要更加切实可用的教材”

无论是发展学校教育还是社会教育，首要的事情必须是建立制度、筹措经费、储备人才和编制教材，然后教育事业才可以顺利发展。新式的学校教育在参考西方模式下有了较为完备的发展，但是社会教育则兴废无常，发展困难，不仅表现在社会教育经费在中央、省、市、县各级教育经费预算中不过5%，更是在全国范围内缺乏通盘计划教材的创制与试用。刘季洪认为：“适用的教材不是只需专家的创造力就能产生的，而

①刘季洪．谈社会教育行政［J］．政治评论，1935（134—135合刊）：127—131.

是必须在编成以后经过多次的试用和修正，才能达到适用的程度，而且编制教材的人必须具备丰富的教学经验，编成以后除交付各处试用外，编者自己最好能亲自试用，这样更能发现教材的优劣，进而自己研究更正，这样形成的教材会更加切实可用，才能真正深入推动社会教育的有益发展”。①

实施社会教育应用的教材门类很多，刘季洪从广义的教材定义出发，将其大致分为八类并逐一进行评述：第一是教科书。社会上关于民众学校初级班和高级班的教科书虽然已有数十种之多，但是真正适用的极度缺乏，原因在于编写者和审定者在时代需要与失学成人的学习能力之间不能兼顾，表现在注重时代需要而忽视学生的学习能力。因而，他主张编写者、审定者和试用者能够合作编制一套切实适用民众学校的教科书，教材内容至少包括公民训练团、国语、算术和乐歌四种。此外，各级补习学校的教科书，特别是职业补习学校的教科书，包括农业、工业、商业、外国语、应用科学、社会科学、国文等各科，都需要有相应的书籍，才能确保教育达到预期的目标。第二是补充读物。例如在推行政令前，可以把立法的用意用浅显的词句写出来印成小册子分发于民间，如果想宣传革命的历史和意义，就可以用革命知识和抗战故事编写成浅显、生动、有趣的小说而让人民喜欢上这种读物。这些读物以另外一种人民群众喜闻乐见的形式进行教育，也是对传统教科书的有益补充。第三是民间礼俗。在这一方面，可由国立礼乐馆的专家研究制定相关的习俗，就能使人民的日常生活走上轨道，而四维八德之教也就能获得具体的表现。第四是礼制乐章。这两者是配合运用的，不同的礼制当然要配上不同的乐章，乐章之外，更要有激发民众陶冶性情的各种歌曲，再把其中最好的歌曲灌制成唱片，从而以雅正之音正声感人。第五是戏剧剧本。戏剧可以陶冶德行，转移风俗，也最能吸引更多的民众观看，因而要努力创作更多更好的戏剧作品，其中话剧最能把握时代特征，借现实的题材施教于广人民众，可以借此来深入推行戏剧教育。第六是影片。它是实施社会教育的各种工具中最敏捷、最有效的宣传手段。战时因器材的困难

①刘季洪．社会教育之教材问题［J］．社会教育辅导，1943（1）：9—10.

而难以大力发展，战后中央一定要储备大量的人和器材，编制出更多有意义的教育影片，把电影教育全面地推行。第七是通俗科学教材。由于科学的复杂性导致科学通俗教材的编制也是一件颇费心思的事情，究竟物理化学中的基本定律应该选取哪几条、配上哪一些仪器设备来制作通俗的科学教本？农业科学教材、天文气象科学教材、地理地质科学教材、生物科学教材等等，应如何选取相应的知识内容？应该如何让内容通俗易懂，都需要相应的科学家的努力。第八是体育卫生教材。城市和乡村不同环境的民众应该如何讲求体育卫生？穷苦的民众怎样讲求不花钱的卫生？都是关系民众切身的问题，也是社会教育的一个重要内容，这方面的教材也要继续编制和统一规划。①

五、社会教育的实施“是大学义不容辞的艰巨任务”

大学兼办社会教育的历史最早在1873年由英国剑桥大学开始，随后各国大学相继仿效并取得了一些成绩，我国教育部门也曾就此制定了各级学校兼办社会教育办法并通令推行，所以大学兼办社会教育已经是义不容辞的工作，也是大学发挥社会服务职能的一个重要手段。但是，大学办理社会教育首先要面对四个重要的问题：“一是行政组织，大学本身原有人员各有其职，使之兼管社会教育，难免影响原有工作，如果另行增聘人员，专负其责，则又增加学校负担；二是经费来源，大学每年编制本身预算常常感到不足，若再划出一部分经费作为办理社会教育之用十分困难，至于另外增加预算或借征收学费维持，又为学校事业发展所不允许；三是事业范围，社会教育范围广泛，其中轻而易举的工作，比如民众教育、通俗演讲等，由大学举办让人觉得非其所宜，其他重要工作，比如农业推广、合作运动等，又存在与政府机关及其他团体联系的困难；四是实施方法，社会教育的对象为一般民众，施教办法也需要有专门技术的训练，大学人员未必均能轻松胜任，饱读诗书的教授能在教室及研究室做高深学术的指导，但或许不能担任公共演讲，优秀的学生或许热心教导民众，但或许不知道民众实际生活的需要。”② 以上这些问

①刘季洪．社会教育之教材问题［J］．社会教育辅导，1943（1）：9—10.

②刘季洪．大学如何兼办社会教育［J］．教育通讯周刊，1939，2（2）：12—14.

题本来很琐碎平凡，但却是各大学兼办社会教育未能十分踊跃的主要原因。

对于以上困难，刘季洪结合自身的工作实践和英、美等发达国家大学开展社会教育的经验和教训，进行了充分的讨论并给出了相应的解决办法。①

第一，事业范围。大学兼办社会教育的行政组织、经费来源及实施办法等问题，要根据所办事业的范围如何来决定，因而，事业范围是首先要解决的问题。各国大学对于社会教育的实施以英、美两国最为发达。英国大学所办社会教育以推广讲演及辅导学校为中心事业，推广演讲的目的在于为普通民众提供较为高深的知识并启发研究学术的兴趣，辅导学校的目的在于为有志研究学术的民众提供受教育的环境并予以有系统的指导，两者都是重视一般文化的修养，因而教学内容主要有文学、哲学、历史、地理、自然科学、社会科学等。美国兼办社会教育的大学达到400多所，所有关于社会教育的各种团体教学、个别指导、职业训练、社会改进以及其他教育机关的辅导等等是其事业范围，可谓五花八门，无所不办。而我国的大学数量较少、师生数量及经济能力等均不如发达国家，据此实际情况，我国大学兼办社会教育的范围不能效仿美国的无所不包，而应该向英国那种有所侧重。我国大学及专科学校教学内容也不外乎文、理、法、商、农、工、医及师范各科，因而为发挥各自的特长，文、理、法及师范各科应该做一般知识的教学，农、工、医、商各科可以做专门知识的指导。在此原则下，大学农学院及农业专校可专办农业推广，医学院及医科专校可专门从事医药及卫生指导，工、商学院及专校可注重工人及商人的职业补习教育，文、理、法及师范各院可注重学术演讲及各科进修的教学。如此这般，则工作集中，收效必宏，而且这几种工作在社会教育事业中都占有重要的地位，如果各大学及专校能够负责推行，办有成效，对于兼办社会教育的责任也就无愧于心了。

第二，行政组织。关于大学办理社会教育的行政组织，各个国家的各个大学都有自己的办法。就学校内部组织而言，在美国，有些学校仅

---

①刘季洪．大学如何兼办社会教育［J］．教育通讯周刊，1939，2（2）：12—14.

有少数教职员兼负责任而不另设组织；有些学校则为此设立专部或专科，但人员多由学校教职工兼任；有些学校则使其完全独立，教职员也是全部专任。在英国，大学针对社会教育都设置了独立部门，并设置委员会主持相关工作，只是各校对于这种部门的名称和组织规模各不相同。在学校内部组织之外，有时会因为工作需要而与政府机关或其他社会团体共同组成一些专门机构。例如，在美国，由农业大学、农业部、地方政府和农民团体共同组成推广部而负责农业的推广工作，在英国，大学经常与工人教育协会合组辅导学校联合委员会以便事业的联络进行。此外，各大学为共同推进社会教育事业，常有联合组织的成立。例如，美国各大学推广教育部组织成立全国大学推广教育协会，作为社会教育工作的调查、研究、联络和指导的中枢，英国也有中央辅导学校联合指导委员会及大学推广教育协议委员会的设立，前者由与大学推广教育有关的机关代表组成而注重行政上的联络，后者则由各推广教育机关职员组成而注重事业实施上的研究。我国各大学过去试办推广教育，大部分由教育学院或教育系主持，特种的推广教育，如农业教育则由相关的学院主持。现在，大学各部对于举办社会教育都应参加，所以关于这方面的行政，大学和专科学校都要有一个完备的组织，名称全部采用教育部所定的《社会教育推广委员会》，委员会的组织内容各校不一定完全相同，但大学的教务长和各学院院长以及专科学校的教务主任和各科主任，以及训育主任、图书馆主任等都应该参与其中，并且应当以教务长或教务主任为主任委员。委员会之下还应设专任职员数人负责具体实施，对于各院单独举办的事业，如农业推广、卫生教育、职业补习教育等，则可以设分组委员会，由各学院院长任主任委员，系主任或前后期主任担任委员，分组委员会下也应该设置专任职员一二人，负责实际工作。这是学校内部应有的组织，至于校外政府机关或其他团体，遇有工作需要时，也设立共同工作的联系组织。例如教育部、内政部和实业部所定的农业推广规程中，对于推广工作可能涉及的相关机构和组织的联络办法做出了明确的规定。此外，各校对于所办社教事业有一定程度的发展之后，也有成立联合组织的必要，这样可以多方面讨论遇到的实际问题和困难，可以让更多的组织和人员参与其中，共同发展社会教育事业。

第三，经费来源。英、美各国大学办理社会教育事业的经费主要来源有四个方面：中央政府补助费、地方政府补助费、产业组织及民众团体补助费、学费收入。我国大学举办社教事业之初，民众主动学习的志趣不高，倘若收取学费势必影响事业的发展；至于民众团体，其经济能力也都极其薄弱，也是爱莫能助；产业组织如工厂、商店等虽有一定的经济实力，但也不能对其有过高的奢望。这种情形下，大学举办社会教育的经费还是不能不求之于政府。中央政府在各大学开始创办教育事业之初应当予以补助，以资鼓励，地方政府对于各校所在辖区内举办的社教事业也应予以补助，以资维持，各大学也应当于各学院经费下划出一部分用于学生开展社会事业实验、练习及培养服务精神。等到将来事业有一定程度的发展之后，社会能够感觉到社会教育的重要性了，经费来源自然也就不成问题了。

第四，实施方法。大学办理社会教育的主要问题是工作人员的分配和训练。各国大学推广教育运动开始之时，工作人员大都是少数热心的教职员和学生。英国剑桥大学最初举办推广教育时，各地演讲工作多是由教授司徒雅主动担任，牛津大学在伦敦东部贫民区创设教育分社，也是由少数学生轮流寄宿担任工作。及至事业发达以后，各种工作才由训练有素的专人负责，本校师生退居协助的地位。我国提倡大学兼办社会教育，当然也是希望尽量利用学校的设备和人员，以求工作的便利和经济，基于此，就希望有更多的教师和学生能够热心参加这种工作，这不仅可以有效地推进社会教育工作，而且对于大学本身来说，也可以借此了解社会的实际情况而充实学校的教学和学习内容。大学各学院无论其教学研究的内容如何高深广泛，其最终的目的还在于学以致用，特别是一些应用科学，就可以规定一部分的工作与时间用于社会服务，以求实际的验证与练习。如果能做到这一点，则大学教师、学生和大多数人都有参加社会教育工作的必要，从而可以缓解社会教育工作人员的缺乏。至于工作技术的训练，在大学各种教学研究中已经有相当的获得，必要时可成立讲习会、研究会等随时就社会教育中遇到的问题进行商讨，以提高工作效能。

六、社会教育的改进“要和社会生活的改进融为一体”

至 1946 年时，社会教育已经推行许多年，但是实际的收获却很少，这是什么原因导致的呢？刘季洪认为："长期以来，传统的社会生活阻碍了社会教育的进展和取得成效，并且抵消了社会教育的力量，因而，今日社教运动还抵不过社会生活的反教育。"①

杜威曾说教育即生活，教育应该与生活打成一片，但是，要实践这句话却是非常困难的。社会生活如果有理想的生活，那么，教育循着这途径进行便不会有问题，但是我国的社会生活在连年的战争中愈趋杂乱，愚贫弱私成为社会的弊病，更谈何有理想的生活，长此以往，将会对国民生活道德精神产生巨大的影响。所以，刘季洪指出："今日的社会生活大有改进的必要，而后使社会教育的方向和社会生活的改进配合着走，使两者融为一体，打成一片，这样的社会教育才能收得实效。"②如何改进和建立一个理想的社会生活，刘季洪指出，建立理想社会生活的方式有三种："一是确立一个有理想的政治制度，然后社会各方面循此理想的政治制度的方向走，即先有计划的政治，然后教育、经济配合着这种政治制度开展；二是在社会变动中找出社会发展的趋向，使教育跟着这种趋向走。美国曾汇集五百名专家学者开展社会调查，其目的是对近50年来民众的社会生活习惯做深入的调查分析，从中发现决定生活改革的趋向，教育便顺着这种趋向开展；三是根据专家对社会的了解和理想看法走，这也是世界各国大都采用的方法。英国的工党在50年前就发表了他们所抱有的社会理想，执政以后他们的所作所为都是根据过去所发表的理想而行事，这少数专家的社会理想便影响了整个社会的生活改革和教育内容与做法。教育要循着社会生活的演进，只有这三个道路可以选择。"③总之，社会教育的开展无论走哪种道路，必须以改进社会大众的福利为前提，要使衣、食、住、行、娱乐五个方面的生活为大众需要而设，这就要先改变过去不良的社会观点，而社会观点的改变本身就是社会教育的问题，也是社会教育成功的先决条件。所以，真正的社会教育应该把合理的生活意识灌输给民众，使每个人都能了解生活、融入社会、改进社会，社会教育也就会随之达到理想的目标。

---

①②③刘季洪．社会教育与社会生活［J］．教育与民众，1946，11（9—10）：16—17.

七、民众教育馆在国民教育中的积极作用

在近代中国实施社会教育的各种机构中，民众教育馆是社会教育系统中最重要的核心机构，对于其他教育机构具有领导和统筹协调的功能，同时，民众教育馆还是所在地的社会教化中心和文化教育活动中心。由于民众教育馆事业事关重要，并且数量逐年增加，1932 年，教育部制定《民众教育馆暂行规程》，规定各省市及县市应分别设立民众教育馆作为实施社会教育的中心机关，省市及县市民众教育馆应举办关于健康、文字、公民、生计、家事、社交、休闲各种教育事业，必须设立阅览部、演讲部、生计部、游艺部、陈列部、民众学校、出版部等机构，办理各项社会教育事业。但是，1940 年国民政府行政院发布《国民教育实施纲要》，规定国民学校和乡镇中心学校设立民教部，开展初级管理教育班和高级补习班，全面推行国民教育计划。1942 年，国民政府要求尽量利用宣传劝学等方式，与当地士绅和乡、保负责人联络，采取劝导和强迫相结合的方式，对适龄失学之民众要严格强迫入学。在这种背景下，社会教育的一部分对象被强迫入学进入国民教育系列，因而，民众教育馆的地位和作用如何发挥受到了社会人士的怀疑。全国各地那么多的民众教育馆是否还有存在的意义？民众教育馆在社会教育和国民教育之间的作用如何权衡？民众教育馆又如何在国民教育中也发挥出重要的作用？

对于这些疑虑，刘季洪经过思考，认为可以从国民教育发展的两个阶段入手来发挥民众教育馆的积极作用："一是在开始推行国民教育时期，民众教育馆可以开展两项工作，宣传国民教育的重要性和协助计划国民教育的推行，这样不但可以得到从事国民教育的人的尊重和信服，民众教育馆本身也会成为推进各县教育的重要力量；二是在已经推行国民教育时期，民众教育馆的工作可以从八个方面开展，分别是图书的供给、播音的设置、电影的巡回、戏剧的巡回、卫生的指导、合作的指导、社团的组织和展览的提倡。"① 只要在国民教育开展的两个阶段，民众教育馆能做好以上的这些事情，其教育的积极作用就可以得到更大的发挥，其社会教育的中心地位也可以进一步的稳固。

---

①刘季洪．推行国民教育后民众教育馆的使命［J］．社教通讯，1941，1（2）：8—11.

第三节　通过推行民众教育“化除学校与社会之界限”

一、黎锦熙：“注音汉字是社会教育和民众组训中间的桥梁”

抗日战争是全面的、长期的，首先必须帮助国民树立民族意识和国家观念，然后民众才能自愿参加到民众组训中去，进而做到：（1）后方的民众，确知国家是整个的，不以暂得安全为侥幸，极速准备，参加民众组训；（2）战区的民众，确知国家是靠自己来保卫的，不只做逃离避兵的打算，踊跃参加民众组训；（3）失地的民众，确知国家不是暴力可以征服的，只要自己不屈服，不做顺民，乘机图恢复，秘密进行民众组训，才算是全面的抗战；（4）全国的民众，都能深信国家是不会灭亡的，确实了解“抗战到底”“抗战必胜”的真正意义，不希望讲和，不愿意苟安，父昭其子，兄勉其弟，继续努力参加民众组训，才算是长期的抗战。黎锦熙认为，只有具备了这四个心理的条件，民众组训的工作自然能够普遍而顺利地进行，并且事半功倍，切实而有效。

那么，民族意识和国家观念是什么？应该如何建立呢？这只需看一看抗战期间，知识分子和不识字的老百姓之间不同表现就可得知。全国受过教育的青年，为什么大都自愿去做前线或后方的抗战工作，原因就在于民族意识与国家观念之深浅有无而已。这种意识和观念就是建立在平时的看报学习等过程中，或者至少每天打听一点战事新闻，这种活动无形而逐渐地把这种意识和观念培养起来，不识字的小老百姓们，大多数连日本在哪里？本国有多大？等等事情都不知道，他们的民族意识和国家观念从何而“有”？单靠政府的社教团、学生的宣传队、小空间的容纳、短时间的听受，一时兴奋，逐渐忘怀，所见所闻，更无此物，试问他们的民族意识和国家观念从何而“深”？尽管实行强迫入学的办法，但是有机会直接听讲受教的民众也还是极少数，那么，这种社会教育又从何而“普”？所以，黎锦熙认为，社会教育要办得经济，减轻“用力难而收效少”的困难，最重要的一个目标就是要急速办到人人能够自动地读书阅报，至少人人能把看一张通俗小报当作每日生活中一种不可缺少的成分。①

社会教育，应尽量利用“注音汉字”刊物，以缩短学习期限，增加阅读效能，使民众对于民众之组织与训练有真切的认识与信念。社会教育中的识字运动已经帮助教育者认识到“缩短学习期限，增加阅读效能”的必要，但却把1935年特为“缩短学习期限，增加阅读效能”而铸造推行的“注音汉字”不能继续推行利用。为切实有助于民众组训和提高社会教育的工作效率，黎锦熙从“汉字注音”这一角度提出了四条建议。一是1936年教育部编印出版的“民众学校课本”，就是按照教育部颁布的“促进注音汉字推行办法”执行，所以今后民众课本，无论部编、自编或出版者所编，以及其他一些民众刊物，继续以此为例，将所有文字完全用“注音汉字”印刷。二是1935年由教育部支款2万元铸造之“注音汉字”铜模，是印刷此种课本及一切刊物小报的唯一的工具，应设法从北平上海两地运出，统制推行，赶铸铅字。三是关于“注音汉字”的主旨和教学方法，应避免教育界的误会而重点参照国语推行委员会的解释，即注音汉字是以注音辅助识字，在训练师资时只要汉字旁边所标注的注音符号之读法、拼法没有错误即可，对于声调等不必依照国音标准的声调教学，因而，不会增加民众识字运动的负担；注音汉字以辅助识字为主要目的，而以统一国语为附属目的，在师资训练时只要对于汉字旁边注音符号拼读无误，即能自行利用注音符号以拼读本地方言，遇必要时可同时标注本地读音和国音，前者用于教学以适应本地儿童及民众，后者仅用于显示全国语言统一之路。四是严令全国社会教育人员

①黎锦熙．社会教育的推进与注音汉字的利用［J］．中国教育，1940，1（1）：8—9.

的训练机关，必须严格按照“社教督导员训练班”要求做起，必须以最少之时间，一律将注音符号之读法和拼法练习，按照上述两条之主旨，以能读出“注音汉字”旁边所注之音为限即可，便于在推进社会教育工作时能尽量使用“汉字注音”的刊物。

总之，应使全国皆知，“汉字注音”在社会教育的推进中，“贯彻辅助识字之主旨，实收扫除文盲之全功，缓急轻重，适当其时，是名副其实的社会教育与民众组训之间的一座桥梁。”①

二、王镜铭：“推行民众教育是大学与抗战发生联系的一种方法”

王镜铭将推行民众教育视为“大学与抗战发生联系的一种方法”②，并从重要性、必然性、实施方案，具体办法等视角做了论述。

（一）抗战阶段民众教育的重要性

抗日战争进入持续阶段以后，国民政府通过了总动员法案，开始了“持久作战，必获胜利”的作战策略。在此背景下，王镜铭提出，欲争取最后胜利，尽量缩短抗战过程，首应加紧与充实民众动员工作，发扬广大民众潜在力量，以支持长久抗战。所谓的动员民众的最高目标，是使民众成为直接的或间接的、武装的或非武装的战斗员，在物质资源方面，应设法使食材及军用原料生产增加，同时减少不必要的浪费，才能有“取之不尽，用之不尽”的物质供给；在战斗力方面，应设法加强民众组织，提高民众战斗情绪，才能有前仆后继的兵员补充与后援工作。但是，在实际的民众动员过程中缺陷殊多，仅应征服兵役一项就常有逃避顶替的事情发生。究其原因，由于各国教育普及，民众平时就有组织训练，一旦战争爆发，只要加强统制，严密组织，民众动员的力量就能立即显现，而国内义务教育不普及，文盲占到民众的大多数，知识落后，组织涣散，教育既未普及，征兵的困难也就在所难免。因而，面对持久的抗战，应迅速普及失学青年及成人教育，加以严密的组织和训练，以增强民众抗战建国之智能，才可能做到“全民动员”“全民抗战”。所

①黎锦熙．社会教育的推进与注音汉字的利用［J］．中国教育，1940，1（1）：8—9.
②王镜铭．战时大学推行民众教育意见［J］．西北联大校刊，1939（15）：24—29.

以，动员民众是抗战中的重要工作，而民众教育又是重中之重。

（二）战时大学推行民众教育的必然性

所谓的民众教育，对学校本位教育而言是社会性教育，对儿童本位教育而言是成人教育，对中国传统教育而言是新兴的革命教育。民众教育既是抗战中的重要工作，作为实施教育的最高机关，战时的大学从事民众教育工作，“尤含必要性质”。王镜铭从以下五个方面阐述了大学实施民众教育的重要意义。

从学校与社会沟通方面，大学开展民众教育，可以在学校与社会之间架起一座沟通的桥梁，学生与民众可以为友，学校教育也可以满足社会的需要，民众对学校提倡的各项革新事业也能乐意推行，从而改变了之前教育与社会隔绝的重大缺陷。

从大学教育宗旨方面，大学开展民众教育可以使师生深入乡村，把握社会问题的本质所在，用课堂上所学的理论知识克服现实生活中的实际问题，以教育的力量推动社会进步，大学教育与最大多数农民生活发生联系，农村的生产教育自治等问题就可以解决，从而大学的理论教学也可以走向新的前程，并改变以往研究不能实际应用，培养的人才无法适应社会的弊端。

从训练学生高尚的人格方面，大学生深入农村，亲眼所见农民的各种疾苦，亲耳所闻农民的悲痛呼声，自然能想到一餐一饭来之不易，一丝一缕来之艰辛，而且往来农村不避寒暑，辛苦耐劳的习惯也能随之形成。同时，目睹农民的辛苦劳作和生活的艰辛之后，也就能理解“劳工神圣”的内涵，进而树立为生产大众服务的思想。

在锻炼学生工作技能方面，大学推行民众教育可以使师生有机会共赴农村从事实际工作，教师在“做上教”，学生在“做中学”，促进教学合一的实施理念，这种从实践中的学习的机会不仅能引起学生的学习兴趣，也可以锻炼学生的实际工作技术，从而解决了“心中觉醒，口中讲说，纸上敷衍，不由身习，皆无用也”的教育弊端。

从抗战建国中教育任务方面，抗战建国纲领中所谓的“训练青年，俾能服务于战区或农村”，广义地讲就是民众教育工作，服务战区或农村不外乎宣传、组训，而这些工作都是民众教育的职责所在。此外，大学生从事民众教育工作，在工作中考察民众未能动员的原因所在，用科学的方法加以研究，这样就能将有系统的组训技术提供给政府，这与科学物质上的发明具有同等重要的价值。

（三）大学推行民众教育的实施方案

在阐述大学推行民众教育的重要性和必要性之后，王镜铭指出，民众教育并不只是民众教育馆的专利，而是各级教育机关都应实施的教育任务，其具体实施方案要注意三点。一是教育原则。要坚持教育与农村合一和政教合一的原则，前者是要将教育送进农村，将知识灌输给农民，这才是民众教育的真正使命；后者是指民众教育要与当地政府合作推行，是学术机关与行政机关在一个统一的计划下推进工作，这样会有事半功倍的效果。二是民众教育施教区的划定。推行民众教育之前应当划定确定的施教区域，确定明确的工作范围，以县还是以区为单位要根据人力财力确定，施教区域确定后可使得施教对象相对固定，这样开展教育可以具有一定的系统性和连续性，也能收到良好的效果。三是施教区的工作。大学施教区内，其工作内容与其他施教区有一定的区别，除了推行相关的民众教育工作外，还要在社会生活中研究学术、在实际工作中培养干部。大致可以从事的工作有社会调查工作、研究工作、实验工作、辅导工作、干部训练和民众训练工作等。

（四）大学推行民众教育的困难及克服办法

民众教育工作本身是一项十分艰苦的工作，大学既非民众教育的正式机关，又有教育经费的困扰，因而，在实施工作中面临很多难以想象的困难，但是，民众教育既然确定为抗战时期的重要工作，大学“即当咬紧牙关，抱定决心，克服一切困难”。王镜铭从政府、学校和工作本身三个方面对面临的困难进行了总结，并提出了相应的解决办法。面对政府方面的困难，首推政教合作的推行，这样既可以打消政府认为越权的疑虑，民众教育在这种政教连锁之下进行，可以收到巨大的合作效果。学校方面的困难主要来自经费的困难和人力的困难，在经费方面，大学推行民众教育工作相对民众教育馆而言，不需要庞大的组织，不用无工作的冗员，不做点缀修饰的工作，如能将经费做有计划的支配，可以达到用一分钱做两分钱的事业。在人员方面，教师学生都有明确的教学任务和学习时间，但是详细考察师生上课及自修时间可以看出其工作尚未达到饱满的程度，课余休闲，礼拜例假，寒暑假期都可以加以充分的利用，如果能合理支配这些时间，让教师和大量学生从事乡村工作，人力问题也可以部分的解决。最后是来自工作本身的困难，对于这个问题可以首先举办农村干部训练班以树立工作基础，接下来举办有益农村发展的教育事业以引起民众参与的积极性，最后对民众教育工作中的阻力要能忍耐并积极劝服，化阻力为动力，“以教育为先锋，以政治为后盾”，政教力量双管齐下，民众教育工作的困难也就能迎刃而解。

三、高振业：充实民众教育，“使学校成为社会教化之中心”

民众为抗战之基础，预达到最后胜利的目的，唯有充实民众教育，发动全国民众，一致参加抗战之阵营，而后胜利才有保障。然而，民众教育范围广泛，意义亦复含混，在高振业看来，中国之民众教育与欧美之成人教育有所不同，欧美之成人教育，率皆锦上添花，“为一种知识上之消遣与游戏”，而中国之民众教育，则为普及教育（或基础教育）之一大部门，与义务教育同权并重，故主张民众教育与义务教育为普及教育之两大部门。义务教育之对象为6岁至15岁之儿童青年，民众教育之对象则为16岁至50岁之广大民众，既无性别职业之区分，亦无资产身份之限制。民众教育本身即为民族自救之工具，在抗战期间更应充分达到量的扩张和质的改善，以达到抗战建国之目的。在高振业看来，民众教育的实施机关可分三类，一是教育体系，有学校式和社会式两种，前者如民众学校、妇女学校等，后者如民众教育馆等；二是军政体系，如社训队、义壮队等；三是救亡团体，如各界抗敌后援会等。

在阐述社会教育相关理论知识的基础上，高振业以抗战期间的城固县为考察对象，提出了民众教育应有的实施方案①。

一是健全组织。组织为推行计划之动力，即便有完善的计划，如果没有健全的行政组织，也是难以收到实效，因此，他认为可以从统筹规

①高振业．抗战期间城固县之民众教育［J］，西北联大校刊，1939（11，13）：29—39，42—50.

划和视察指导两个方面改良和健全行政组织。在统筹规划方面，教育局内应设民众教育督导员一人，协助局长处理关于民众教育方面一切事务。此外，还应设置民众教育委员会，一方面可使有关机关通力合作，另一方面方便民众有参与之机会，便于引起兴趣。在视察指导方面，可设置“行政视导”与“教学视导”，以便对缺乏专业训练的教师进行组织和指导。行政视导以县教育局之民众教育督导员为主，直接视导之对象为各中心民众学校，中心民校分区设立，其校长负责视导本区一切教育事业。教学视导则以民众教育馆馆长为主，在民众教育方面做专业之领导，直接视导之对象亦为中心民校。民众教育馆内部也可分为辅导与教学两组，前者协助馆长辅导乡村中心民众学校，后者在固定区域内兼施固定的与流动的教学，以示范为目的并兼办电化教育。

二是统制设学。保学为推行基础教育之场所，其设立全国应有通盘计划，对于民众学校等其他学校，必要时也要有统一设置的相应办法，与其到处滥设消耗固有公共产业，不如集中力量通力合作。

三是整顿教师。在调查研究的基础上，高振业指出现有教师中合格者仅有 1/5，其余人员都是滥竽充数，其状况堪忧，因而必须及时清理整顿，具体方法如下：登记现有人才、登记战区教师、举行教师检定、举办保学师资训练班、举办在职教师进修组织、实行教师分等、提高教师待遇等步骤。

四是强迫就学。普通民众不愿入学，既有客观原因也有主观原因，主要表现在：民众为生活所迫，不劳动即不能得食，其劳动所得之“目前利益”较所受教育者为高，因而愿意劳动而不愿就学；民众教育受以往教育之麻醉，形成了“不识不知顺帝之则”的思想，对于教育不感兴趣；以往民众教育大多以失败告终，未能给予民众以实惠，失去民众信任；受壮丁训练之影响，使民众将兵役与民众教育混为一谈，为避兵役而不愿就学。但是，从国家角度而言，普通民众之教育与其衣食住行等具有同等重要的作用，“故非强迫其就学不可”。在调查摸清失学民众的基本情况后，根据实际需要分批入学，对入学人员给予各种优待政策，对于入学人员不能按时就学者给予相应的惩罚，最后，已入学民众因事搬迁时携转学证明书到迁移所在地继续学习。

五是广筹经费。充裕的经费是开展民众教育必要的条件保障，在县地方教育经费方面，除保证基础教育经费之外可酌情分配民众教育一部分经费，还可以通过征收戏捐、募集教育资金等方法增筹经费；在各保自筹经费方面，可通过整顿公共田产、改良保税办法和增加事业收入等手段筹措经费。

六是充实内容。民众教育的目的在于造成现代国家所需之公民，平时如此，在战时更需如此，培养健全之公民以增加抗战之力量是民众教育的最重大的意义。要想实现此目的，不仅需要增加教育的课程内容，更要注重民众实际生活之指导，不仅是在校的生活，更要指导其一生之生活。民众教育的成功与否，“端在对民众生活指导在切实与浮泛耳”。所谓成功的生活指导，在于根据民众的实际需要出发让民众自愿主动地去改善提高生活，在抗战时期，也要根据民众本身的需要以满足抗战之要求。

总之，高振业认为，国民政府颁布各级学校兼办社会教育办法其主旨亦在于化除学校与社会之界限，而使学校成为社会教化之中心。所以理想之学校，为改良社会之中心，理想之教师，不仅是教室内学生之教师，而且是社会上一切实际活动之指导者。补习教育之内容，不以识字教育为限，乃以“生活上必须之文字为工具，借以培养民族意识，激发爱国思想，并获得公民必备之基本知识与技能”。

第五章

切实提倡尊师重道的精神

西北联大尊师重教，提出了一系列论述教师的独到见解：李蒸提出“良师兴国，首先要培养大量的优秀师资”和“切实提倡尊师重道的精神”；刘季洪提出“教师为学校组织的重心”；马师儒提出“欲使教师能以教育英才为最高快乐，首须尊重其人格与地位”；李建勋以“天地君亲师说”强调“师之重要”，并提出健全人格、职业道德、专业精神、科学头脑、专门知识、领导能力等从事教师职业的六大条件；唐得源提出教师的责任在于“表率群伦，改造社会”“唤起民众”和“辅导政府，改良政治”；李蒸提出教师对“国家的复兴是负有重大责任的”“复兴民族，责任在办教育者的身上”，国家的出路“在全国一致精诚团结决心抗日”，教育工作者的社会责任就是“用教育的方法使社会逐渐健全起来，使人民的知识增加起来，实力充足起来”。同时认为，“全国需要之国民学校师资为数甚大”“与实际需要相差甚远”，因此必须加强教师的专业训练。全国师资训练机关应努力为国家培养青年导师，则中华民族未来之昌盛与日俱增，世界大同之目标才有可能达到。

第一节　良师兴国

一、“良师兴国，首先要培养大量的优秀师资”

李蒸在为《国立西北联合大学师范学院毕业同学录》所撰的序言中指出：“现阶段的教育，以抗战建国为中心，国家民族之危难日亟，各级教师之责任愈重；教学成功，训育尽职，不过责任之一部分，欲完成救亡复兴之大业，必须训练全国民众，团结而组织之。如何灌输民众常识，指导民众训练，使全国同胞激发国家民族之意识，充实抗敌御侮之能力，皆各级教师义不容辞之事。古人言：‘士不可以不弘毅，任重而道远。’教育救国，良师兴国，皆赖此弘毅之精神，以达到任重道远之目的，诸君宜服膺先哲名言，身体而力行之。”①

他进一步指出，“良师兴国”首先要培养大量的优秀师资。为此，他对国立北平师范大学寄予无限希望：“本校为全国唯一之高级师范教育学府，亦为全国师范教育之渊源，创始于前清光绪二十八年（1902）京师大学堂附设之师范馆，旋改为优级师范科及京师优级师范学堂。民国元年改为北京高等师范学校。十二年（1923）改为国立北京师范大学。十六七年（1927—1928）之间，政局递嬗，学校改组，本校隶属屡更，名称迭易。至十八年（1929）政府明令本校独立为国立北平师范大学。二十年（1931）本校奉令与国立北平大学女子师范学院合组为国立北平师范大学，至是全国造就高级师资之机关集于一校，一切规模浸浸乎渐

①李蒸．国立西北联合大学师范学院毕业同学录·序［M］．城固：国立西北联合大学，1938-06-01.

臻完备。不幸倭寇侵凌，摧毁我文化教育机关，无所不至，本校始迁西安，继移汉中，虽组织稍有变更，而各系教育课程之教学，参观实习之注重，仍保持原有专业训练之精神，以期培养抗战建国之优良师资。”

他最后强调，国难时期，优良师资最重要的特征就是“尤须有此坚苦卓绝之操守”①。

二、“师长不仅是灌输知识技能的人，而且是伟大人格的现实模范”

李蒸认为：“政府当局与社会人士必须尊师重道，为学生树立楷模。我国自古有尊师重道之风。但自‘五四’以后，学生误解自由之说，每有罢课辍学之书，师道陵夷，士习嚣张，而今日之为人师者亦有不知自尊，甚或利用学生争夺权位，学风败坏至于不可收拾。挽救之道，端在政府当局视教育为神圣事业。慎选教师、尊重教师、信任教师、扶助教师，庶几表正影直，风气丕变。教育为国家之命脉，在复兴民族之大时代中更见其重要，政府不但不应以普通职工视教师，亦不应以普通公务员视教师，政府为民族子弟择师，虽不必如昔日学生家长之礼拜私塾先生，但必须尊崇其地位，保障其生活。社会人士都是学生家长，尤须在心理上及行动上尊重教师在社会上之地位，为子弟示范。今日之教师未尽健全，固系实情，但此为个别问题，不可使其影响一般教师之尊严地位。教师之人选标准与尊师重道之风当有连带关系，但终不可因少数教师之欠缺，影响整个教师地位所应得之尊崇”。②

赖琏强调：“我们要加强读书空气，首先要切实提倡尊师重道的精神。所谓读书的广义解释，就是德体智群四育的平衡发展。在大学里，我们要把读书当作第一件事……大家都养成重视读书的风气……非仅所以保持师长的尊严，亦所以维系国家的纪纲。”这一切，又以训导和导师制度予以落实，即“训导工作和导师制度，自然是树立人格教育的基础。我们为人师表的，更要兼有严父慈母的态度，以身作则，推己及人，才

①李蒸．国立西北联合大学师范学院毕业同学录·序［M］．城固：国立西北联合大学，1938-06-01.

②李蒸．三十年度新生训练讲词（1942-03-15）［J］．国立西北师范学院学术季刊，1942（创刊号）：1—6.

能收事半功倍之效。”作为教师，“一为传道，二为授业，三为解惑。”这就是说：“师长不仅是灌输知识技能的人，而且是伟大人格的现实模范。”我们从事教育者，不但要把传道为己任，并且当到人欲横流义利不分的时候，更要提起卫道的精神，来和一切恶势力斗争，来为国家民族奠定百年树人的基础。他进一步强调：“现在国命危殆，不绝如缕，我们一定要动员教育界的同人来卫道，来求仁义，来寻真理。希腊哲学家所谓‘我爱生命，我更爱真理’；我国先哲谓‘杀身成仁舍生取义’，应该成为我们从事教育者的人生哲学”“得天下英才而教育之，对人引为第一乐事。”同时，他认为我们当教师的，一面在谆谆教人，一面又在孜孜求进，世界唯有这种职业，是伟大神圣而又利人利己的。孔子所以能够发愤忘食，乐以忘忧，不知老之将至，正是因为他诲人不倦，而又学而不厌，我们从事教育者，实在应该以孔子的精神为精神。他还特别指出：“我们办教育，不但天天在学问上用功夫，并且天天和青年学子接近，我们教他们，也有不少的地方，可以受他们的影响。他们勇敢，他们激昂，他们有热忱，有幻想，他们富有前进的精神和创造的能力。我们不能因为青年一时的错误而厌恶他们，正要时时受着青年精神的激励，站在时代的前面，领导他们，走向成功之路”。①

三、“欲使教师能以教育英才为最高快乐，首须尊重其人格与地位”

马师儒在国立西北大学校长任上的一次演讲中指出：必须“充实各级师资，安定教师生活。近年师荒问题极为严重，揆厥原因，皆由教师待遇菲薄，终年劳碌所得，不足供个人温饱，遑论仰事俯畜，是以中途被迫改业者比比皆是。欲使教师能以教育英才为最高之快乐终身不愿脱离教育事业，首须尊重其人格与地位，使其精神上先有极大之慰藉；复予以物资之救济，以安定其生活”。他还强调：“文教机关紧急之建筑与积极之设备，政府应早拨巨款使其能迅速完成，以奠定文化基础，以改善教育环境，经年累月，自可收获圆满效果。”

为求确立这种制度化的“师道尊严”，形成教师乐教，学生乐学的

①赖琏．教学与卫道［J］．国立西北大学校刊，1942（2）：1—3.

风气，他提出一系列改进意见：一是“根据教育理想确定教育宗旨”，确定教师地位，过去“所定教育宗旨，非失之过度抽象，流于空洞，即失之过度具体，胶柱鼓瑟，是以颁行虽久，绩效未宏，今后似当调和二者之间，本简单、明了、实用三原则”；二是“实施宪法中关于教育之规定”，从宪法上保障教师的待遇、生活和工作，如“教育科学文化之经费，在中央不得少于其预算总额的15%，在市县不得少于其预算总额的35%，大学之经费分配，应注重各地区教育之均衡发展”；三是“各级学校训育方法应彻底改革，使‘训导’与‘管理’从此能发挥相得益彰之功效”；四是“为教师者，应以身作则，且须确实了解青年心理，使其于潜移默化之中收人格感化及人格陶冶之功效，我国一般学子，大率缺乏自治自助之精神，仅重模仿与接受，少有自动与发明，传统训练教方法之不良实为重要原因，故今后教师主要之任务，应为指导与鼓励学生能做自动之学习，自发之行为，并具有自行组织之能力，以养成其独立的自治的自主之格”。①

四、教师为“学校组织的重心”

刘季洪在国立西北大学1944年9月25日开学典礼的讲话中指出：“学校为教师职员同学所组成，我们必须先认识学校组织的重心，然后一切举措施为，才能轻重合度，如网在纲，而不至于舍本逐末。我们为明了学校的重心所在，可以回溯一下过去私塾的情形。当时为家长的延聘教师，教育子弟，家长因为想子弟读书有成，所以对于教师特别尊敬，学生对师长更为恭谨。因此，教师也就以诲人不倦的精神，对学生传道授业解惑，使学生获有成就。所以，私塾的重心是在教师。后来学校制度成立，政府就委派人员代替学生家长来延聘教师。一个学校的成功与否，依然是在教师身上。假使一个学校不能认清这一点，不能为教师布置适宜的研究教学环境，不能使教师在乐道安贫的生活中，得到精神上的安慰，必使学校受到莫大的损失。这是我们应当注意的第一件事情”。②

①马师儒．现今中国教育改进上之重要问题［J］．国立西北大学校刊，1948（40）：16.
②刘季洪．在1944年9月25日开学典礼的讲话［J］．国立西北大学校刊，1944（复刊1）.

第二节　师道论

一、师之重要

李建勋[①]论及“师之重要”时指出：“无论古今中外，师，是看得非常重要的。就中国论，在科举时代，有‘天地君亲师’一说，天地亲主养，君司管卫，师掌教，一般人看得至高无上。闻南方诸省，各家多有‘天地君亲师’之牌位，推崇之深，可以想见。”[②]

到了近现代，“教育虽收归国有，而实行国家教育政策，及训练所需之公民，仍唯教师是赖。若考诸外国，教权无论掌自教会或国家，目的无论在读《圣经》或作公民，教师地位之重要，则为有识者所公认。观普之胜法，日之胜俄，他们不归功于参加战争的英勇的官兵，反归功于小学教师，可了然矣”。

然而，师虽重要，却也有其难，即“人师难求”。李建勋就其原因指出：“一则恐其自足，学问不能进修；一则视人格较学问为尤重。盖以师生关系，如影随形，师有丝毫的错误，许多后生都随之错误，小则牺牲青年前途，大则影响国家社会，必学问与道德兼备，始可以为师也。中国除孔、孟、程、朱、陆、王外，合乎理想师资之条件者，殊不多觏。即就西洋论，对于师资的培养已有二百余年之历史，然考其训练目的及方针，虽屡有改进，但仍不无缺点，师资之难，于此可见矣。”

①李建勋（1884—1976），河北清丰人。1908 年毕业于北洋大学（今天津大学）师范班；1921 年任北京高等师范学校（今北京师范大学前身）校长；中国教育行政研究的拓荒者。1937 年起历任西安临大、西北联大、西北师院教育系教授兼系主任。

②李建勋．师道论［J］．教育通讯周刊，1940，3（7）：1—7.

二、师之条件

师既重要，师亦难求，那么具备什么条件的人才能为师呢？

李建勋认为，其条件：一是健全人格；二是职业道德；三是专业精神；四是科学头脑；五是专门知识；六是领导能力。

健全人格包括：

第一，“要有儒家的气节，存乎心则为浩然之气，孟子曰‘其为气也，至大至刚，以直养而无害，则塞于天地之间’，又曰‘其为气也，配义与道，无时馁也’，发于事则为富贵不能淫、贫贱不能移、威武不能屈，教师为社会之先知先觉者，必须具有此气节，始能养成社会成仁取义之习尚”。

第二，“要有国家思想、民族意识，人不能离群而独立，群之组织，以国家民族为最有力，教师负有维护国家生存，促进民族文化之使命，若无国家思想、民族意识，自然不能称职”。

第三，“要有健强体格。教师为一种艰苦事业，而且责任重大，如身体不强健，则内不足胜职业之繁剧，外未能御敌国之侵侮，不但事业难成，亦无以做学生表率”。

职业道德包括：

第一，“教师与学生和社会的关系，即学校不应作为宗教的或私人的宣传处所，教师固应享受其公民一分子的一切权利，但他对于各种足以减低其教师地位的争端，应当避免；教师不应利用其教育业务来参与政治的活动，图谋个人的利益，或作其他各种自私自利的宣传”。

第二，“教师和业务的关系，即教师的私人生活，应表示教育的尊严；教师不应当利用报纸的宣传及其他不合正当职业行为的方法，来图谋学校或个人的利益，并须避免对于继任或前任者的讥讽，或批评”。

第三，“教师和同事的关系，即除为学校福利计，向学校当局正式陈述意见外，教师须避免对于其他教师的不良批评，但是有关学校福利的事件，如不向有关的负责当局报告，这也是一种违背职业道德的行为；教育行政当局和教师应保持合作的态度，这种合作，应建立在彼此同情的基础上。教师应遵守行政当局的领导权，而行政当局也应当承认教师的自我发表权，教师和教育行政人员与其部属处理公务时，也应保持一种职业上的谦和；一种契约既经签订，在双方未曾同意解约前，双方应忠诚地遵守不渝，如遇意外事件发生，双方对于这种契约，应加详细的考虑”。

专业精神包括：

第一，“敬业”，对于教育要有崇高的信仰。在此抗战建国期间，教育负有重大使命，为教师的应当负起这个舍我其谁的责任，进行抗战建国的工作。

第二，“勤业”，就是对于所学，始终不懈努力求进步的意思，盖以学术日新月异，求学如逆水行舟，不进则退，夏禹之惜寸阴，商汤之勤昧爽，孔子之学而不厌，均是勤业的榜样，精进的良法。教师更不可不勉。

第三，“乐业”，教育事业，虽云清苦，如能深入，自有真乐，孔子之诲人不倦，孟子之乐得天下英才而教育之，即形容此中况味者也，近人之做教师而不感乐趣者，殆未深入乎！

科学头脑包括：

第一，“以事实为根据，不轻信，不盲从，不武断”；

第二，“对于一切问题，用分析的方法，以慎思明辨”；

第三，“铲除偏见，不为感情所诱惑”；

第四，“寻求真理，重视证据”。

其中最重要的是“对于一切事物，以科学的态度及方法处理之谓也”。

专门知识包括：

第一，专科学力，即指各系专习的课业；

第二，教育知识，即指专业的科目。

其关系为：“无前者则学无专长，自难胜教师重任；无后者则教育原理不明，教学方法不精，亦不能为优良教师，必二者兼备，始为全才。”

领导能力包括：

第一，就职业上言，教师不应教育少数学生遗弃社会；

第二，就地位上论，教育界尽属知识分子，社会所推崇，故领导社会之责任，不能推辞。

三、何以满足师之条件

师资训练是满足“师之条件”的重要手段，包括：

第一，课内训练，即：一曰修养科目，如哲学、伦理学、政治、经济、文化史等；二曰基本科目，如国文、外国文、生物、社会、伦理学等；三曰专业科目，如教育概论、教育心理、教学法、教育测验与统计、中等教育等；四曰专门科目，即各系之专习科目。对此四类科目如能分配适宜，教学合法，则应具备之学力，不难获得。

第二，课外训练，是说“教育不仅限于课内之教学，而课外活动尤关重要，惜吾国对此甚少注意，故其成绩亦无可观，倘能照上述条件，确定其目标，健全其组织（如导师制），规范其行动（如精神训练、体格锻炼、学会组织、艺术陶冶），并能以身作则，认真实施指导、督促、考核、奖惩各办法，则今后师资必能改观，师道庶可树立也”。①

李建勋的“师道论”②是贯通古今中外的一篇优秀教育学论文。他从师之重要、师之困难、师之条件，直至师之条件的满足，对师道做了全面阐述，尤其是从健全人格、职业道德、专业精神、科学头脑、专门知识和领导能力六个方面对教师条件的概括，提出了教师必备的“儒家的气节”“国家思想、民族意识”等重要认识，至今仍有其现实意义。

①②李建勋．师道论［J］．教育通讯周刊，1940，3（7）：1—7.

第三节　教师的社会责任

一、教师社会责任的界定

唐得源在国立西北师范学院的一次演讲中，提出了“教师的社会责任”的命题。

他认为：“近数十年来，在中国教师的责任已一天天地扩大。首先我们从学校内部说起，最早教师的责任只在于灌输知识，后来渐从灌输知识扩大到教学生做人；到了今日，教师除教书与指导学生做人之外还要参与学校的行政。再进一步，教师的责任不但要教育校内的学生还要教育校外的成人。换言之，教师的责任从培养未来国家社会的主人翁——儿童，进而扩大到培养目前国家社会的主人翁——成人。他的责任不断扩大，不但要把学校办好，还要把社会改好。”

那么，何为教师的社会责任呢？唐得源从三个方面做了论述：

第一，教师的责任在于“唤起民众”。

第二，教师的责任在于“辅导政府，改良政治”。政教配合，自古已然，书曰：“天降下民，作之君，作之师。”礼曰：“能为师者，然后可以为之长，能为长者，然后可以为之君。”现在政府更明文规定，特别在中心学校，规定校长由乡（镇）长兼任。其教员亦均为基层政治建设之干部。严格地说来，他们不仅是辅导政治，而且是直接地参与了政治。大中学校虽无规定，但将来一切实施须与政治配合，那是毫无疑问的。

第三，教师的责任在于“表率群伦，改造社会”。教师应该领导社会，造成良好的社会风气。所谓良好的社会风气：一是“崇尚气节”，如孟子所谓“富贵不能淫，贫贱不能移，威武不能屈”的意思；二是

“注重操守，即知廉耻，不苟取的意思”；三是“尽忠本分，即明地位，负责任的意思”；四是“舍己为群，即牺牲个人利益，成全大众幸福的意思”。

其中，“政教配合”的社会责任，甚至达到“校长由乡（镇）长兼任，教员亦均为基层政治建设之干部”的现象，可能仅为战时权宜之计，不具有普遍意义。

二、教师领导社会的方法

唐得源就此提出了三种方法。

第一，“要以身作则，就是一种正当行为或风气，教师先要躬行实践，作为表率，社会风气便可受其影响而逐渐改良”。汉《郑玄传》载：“玄归乡时，道遇黄巾贼数万人，见玄则拜，相约不敢入境。”贼本恶徒，具有德者，尚不敢为恶，教师行为对社会之影响，可以想见。

第二，“要多做善意的批评与建议，有的教师对于政治社会，不加闻问，只顾埋头教书；但另有一般教师，只管批评，不察事实的真相，甚或出之恶意，不以政治社会的改造为目的。这都是两种各走极端的不当的态度。我们认为教师应有批评与建议之责，是因为教师的知识丰富，品格高尚，态度公正，抱负远大，而最富同情，因此他们的批评是公正的，他们的建议是正确的。政府正需依靠这种正确公正的舆论，以衡量施政的好坏。如果教师不问政事，不加批评与建议，那便是放弃自己的责任。不过教师的批评与建议，应该是客观的积极的和一般的。因为必须如此，一切的批评与建议，才能发挥一种指导作用而不致引起误会与反感”。

第三，“教师间要有密切的组织与联络”，这样，一方面可互相讨论以收集思广益之效，另一方面集体的批评或建议，自然要更为有力，且可避免私人间的纠纷。

第四，在政府方面，“应该多方延请教育界人士参与政治，以使为之师者为之长，如此政治乃能清明，廉洁风气乃能建立；多予教师以发言机会，并尊重其言论；切实做到政教合一，在大学应以大学区为单位，联合该区内之政治当局，及大学教授，组织研究设计之机构，以期对于政治、经济、教育共同讨论，借供实施之参考”。

唐得源最后强调："将来的教师，只有知道自己责任之重大，而知所以警惕，积极准备，以肩负将来之重大任务""今天的教育家，应该自认为冲坚折锐的前线战士，应该自认为移风易俗的社会导师，应该自认为筚路蓝缕的开国先驱；应该自认为继绝存亡的圣贤英杰，这是我们为教师者应有的认识，也是我们应负的责任。"①

三、"教师应以社会和民族为立场"

教师是社会的一分子，是人类文化知识的继承和传播者，在社会的延续和发展中不可或缺。李蒸就此认为：教师对"国家的复兴是负有重大责任的""复兴民族，责任在办教育者的身上"。②

教育与社会有着紧密的关系。社会上存在的社会病态，均与教育相关。我们的社会和民族，会因此而衰落，因此教育是为国之大计，"教育是将社会上固有的文化传给下一代儿童，使其不致断绝，并且日渐发展的一种程序"③。李蒸认为："从事教育事业者，更应认清教育与社会国家之重要关系而加强信心。教育者的任务在为国家培育人才，绵延及发展民族固有文化与吸收现代科学，责任之重大，无与伦比。"④

正因为如此，教师学识与教学方法固然重要，而品格修养尤其要紧。李蒸认为，"师大学生一人之操行将来可影响千百人，集数千百师大学生之操行，可转移一民族之风气。"⑤

1938 年，李蒸又进一步提出："以教育为职业者，与他种职业以生活为满足者异，须以社会和民族为立场，而不以个人为立场，着眼于千百世之后，而不以目前利害萦诸胸怀，具有淡泊高尚之志趣、刻苦勤学之习惯、诚挚温厚之感情，庶几言传身教，立己立人。"⑥

李蒸目睹自"九一八"和"七七"事变以来日寇铁骑对中华大地的践踏，思考教育工作者如何抗日。为此他写了《国家的出路与教育》的

①唐得源．教师的社会责任（1940-04-30）[J]．国立西北师范学院校务汇报，1940（41）：1—3.
②编者．新生谈话会（1936-09-26）[J]．国立北平师范大学校务汇报，1936（163）.
③李蒸．国家的出路与教育[J]．师大月刊，1933（4）：1—6.
④李蒸．教育与社会的关系[N]．民国日报（星期论文栏），1944-08-20.
⑤⑥李蒸．国立北平师范大学整理计划书[J]．师大月刊，1932（1）：1—10.

论文，首先分析了中国社会生活和社会力量的现状，指出：

“国内到处都发现社会的动摇与不安定的现象，更有许多地方可以看见污秽、黑暗、萧条、伤心、残目、绝情、悖义之事实。至于毒品蔓延，许多农村已成黑色恐怖之状态。以上的情形我们要很勇敢地承认是现时的社会病态。我们感觉这种病态还不是不治之症，只要我们不肯自暴自弃，一定可以想出一个自救的办法。要知道天赋于我民族的生存条件是很完备、很丰富的。我们拥有伟大的天然富源，生产丰富的物产，气候温和，河流湖泊散布全境。再加以 5 000 余年的长久历史，有许多的发明创造，对于世界文化贡献甚多。所以，就国家环境、民族智慧来说，我们可以称得起是一个可以有为的伟大国家。只是因为教育的不普及与教育的不得法，遂成就了一代比一代的衰落，受外人欺侮也就一代比一代厉害。”①

因此，国家的出路“在全国一致精诚团结决心抗日”，教育工作者的社会责任就是“用教育的方法使社会逐渐健全起来，使人民的知识增加起来，实力充足起来”。②

①②李蒸. 国家的出路与教育［J］. 师大月刊，1933（4）：1—6.

第四节 加强师资培植

一、“补救高级师资缺乏之恐慌”

马师儒在国立西北大学教育学会1947年6月的一次演讲中，就战后高等教育师资严重缺乏问题，提出了自己的看法和建议。

他指出：一是“补救高级师资缺乏之恐慌，战后因学校较前增多，师资缺乏已成为普遍现象，今虽设法补救，仍难抵补损失，添足缺额，故必须想出迅速而有效的补救办法，始可以解除高等教育上师资缺乏的问题，我想第一要加强师资的培植，第二要扶助师资进修的机会，并增派留学生出国研究，以应目前的需要，并且从根本上解决高等教育上现在极严重的‘师荒’问题”；二是“安定一般员工生活，由于物价之飞涨，公教人员待遇菲薄，生活困窘已极，自难安心服务或从事学术研究，在教员之外的其他员工，在现今的生活状态中，亦多人人自危，求其能安心服务，增加效能，实大不容易，调整追随不上物价，问题终究还是解决不了，学校是一个大的团体生活，大的问题固然应当先行解决，小的问题随后也得想个解决办法”；三是“防止改业和转移的趋势，就本校言，教授中之转业者，现已不少，化学系即可以为例，现在因交通不便，一动不如一静，尚有大部分肯留在此间服务，但是欲使教育界人士能在一个地方好久不动，安心从事本行工作，必须给以相当满足的生活，尤其服务边远省区，高等教育机关的这许多人员，政府尤应特别优待，如此方可使教师安于教学，边疆的高等教育，才有发展之可能”；四是“教授进修之必要，现在科学进步，日新月异，我们受战事的影响，已经不知落后了多少，若不急起直追，更不知落伍到什么程度，教授如果没有机会进修，即无法增授新知识，以追赶科学之新的进步，必须教员先有进步，然后学生才可以随之而进步，所以要先有先生的进修，然后再期望学生的进步，现今出国的学者，多系游历考察性质，于事无补，所以必须有专门的进修，方可以有更大的贡献，如果仅靠英美选派，实不如由本国选派为妥当，并且体制上也光荣多了”。[①]

二、“振发教师之专业精神”

就此，萧廷奎[②]指出：“教育为建国基础，乃恒久事业，其有无进步，缘由故多，而师资之是否健全实为主要因素。试观泰西列强之大中小学教师，因曾受专业训练，故咸能秉其学不厌，教不倦之精神，以研究学术探讨真理为依归，培育英才奖掖后进为职志，匪特个人于学术上可获成就，而教授生徒，亦能化雨广被，人才蔚起，科学因以昌明，国运因以隆盛，铁证在前，诚堪借鉴。”

他进一步指出：“我国自孔子杏坛设教以来，历代固尚尊师重道之风，然抱‘学能优则仕’之思想者亦不乏人，近受功利主义之煽惑，益形加厉，抗战军兴后，以物价高涨，待遇菲薄之教师，劳碌终年所得不足供个人最低限度之过饱，遑论仰事俯畜，是以中途迫而改业者比比皆是，不唯造成师资普遍之恐慌现象，而学风日弛，师道陵夷，诚教育前途之大隐忧也。”

因此，“教师之优否及有无专业精神，影响于教育及国家之前途”。他以国立西北大学理学院化学系张贻侗教授为例，“溯自北伐以前，军阀割据，政局不安，教育经费，时常拖欠，教师以难于果腹，多弃学就商，或夤缘仕进，而先生虽生活艰窘，箪瓢屡空，然仍执鞭授徒，未尝稍离岗位，迨抗战后，教师生活益为困苦，习科学者相率开工厂，营实业，而先生仍留学府，诵声得以不辍，其安贫乐道之精神又如此，先生服务教界虽久，而研究之精神益坚，对新出版之科学书籍杂志，靡不悉心披

①马师儒．复员期间我国高等教育上所急需之补救办法［J］．国立西北大学校刊，1947（复刊30）：1—5.

②萧廷奎，安徽和县人。国立北平师范大学毕业，曾任中国地理研究所助理研究员。1944年8月到国立西北大学任教。历任国立西北大学校长办公室秘书、地理系副教授等，在地理教育方面颇有造诣。

览，故思想见解，与时俱进，未尝后人”。张贻侗教授自 1921 年到 1945 年连续 25 年从教的事例，说明“振发教师之专业精神”的重要性。只有大家都像张贻侗教授一样，安贫乐道，尊师重道的社会风气才能形成，教育发达之日也才能指日可待。由此，他呼吁：“抗战已获胜利，建国之工作亟待展开，推进教育尤为当前之急务。社会人士对为国育才不慕荣利之教师，应一改过去之漠视，养成尊师重道之良风。政府应制订法令，保障教师之职位，提高教师之待遇，安定教师之生活，奖励教师之进修”“唤起国人对教育之注意，而振发教师之专业精神；如此国人始乐于从事教育，教育之发达亦指日可待”。①

三、“师资专业训练仍为吾国教育上一严重问题”

李蒸就此指出：“现有小学教师有半数以上为受师范训练，现有之中等学校教师，除前北平师范大学有 1 000 余毕业生，及目前之各处高等师范学校共有 3 000 余毕业生服务外，其余大半数则未受专业训练之普通大学毕业生。”②

然而，“全国需要之国民学校师资为数甚大”，“与实际需要相差甚远”，因此必须加强教师的专业训练。李蒸将这种训练分为课程规定、生活训练、实习经验三大方面。

在课程规定方面，包括：

第一，修养品格，如本国文化史、西洋文化史、哲学概论、音乐、体育、军训等科目，均属指导思想，确立人生观，及修养德性，至关重要。

第二，学识技能，应分别科系，做有系统之研究，但其内容与普通学术机关亦应略有不同，如在师范学院应注重中等学校教学之实际需要，求博学而无需求专精，但在文理学院则另当别论。

第三，专业课程，即教育学科及心理学科等有关教学技术及培养职业心理学等科目。

①萧廷奎．振发教师之专业精神——为庆祝张小涵教授讲学二十五周年而作［J］．国立西北大学校刊，1945（复刊 16）：1—2.

②李蒸．师资专业训练［M］//李溪桥．李蒸纪念文集．北京：中国社会科学出版社，1996：191—193.

关于生活训练，包括：

第一，实施军训，军训教官必须有相当学识与经验，且能热心服务，处处以身作则，能够得到学生的信任。

第二，具有适当设备，使之整齐划一。

关于实习经验，要明确“实际经验之重要绝不亚于教育理论之研习，学工者必须有实习工厂，学医者必须有实习医院，学教育者必须有实习学校，此理至明”。

“师资训练确为救国建国重要政策之一，教育政策能否见诸实行，要看各级学校是否均有共同一致之信仰，以及服务教育事业之精神与能力，现有各师资训练机关应严加检讨，并策划应有之改进，各级学校教师应认识自己责任重大，随时进修。全国师资训练机关应努力为国家培养青年导师，则中华民族未来之昌盛与日俱增，世界大同之目的亦有之可能矣”。①

①李蒸．师资专业训练［M］//李溪桥．李蒸纪念文集．北京：中国社会科学出版社，1996：191—193.

第六章 学生要做顶天立地的国民

西北联大与其后继院校将教师、学生、管理者列为大学教育的三大要素之一，并在其前身国立北平师范大学时期创立了我国高等教育的训导制，在大学生做人、成才、立业方面有很多重要论述。赖琏提出学生要“安定第一，纪律至上”“国家至上，民族至上”“负继往开来的使命，做顶天立地的国民”；刘季洪提出对学生“学校不仅在灌输知识，尤须陶冶品格”；李季谷提出“大学生要负起民族复兴的责任”“应该特别看重自己，不要妄自菲薄”，“像骆驼那样任重负远，像小孩子那样天真烂漫，像狮子那样勇敢无畏”；胡庶华[①]认为“师范学生是一般青年的模范”“要准备为人师表，为人之师，为人之范”，要“以教育为救国事业，并以教育为终身事业”。其中，以学生要“负继往开来的使命，做顶天立地的国民”的说法，在中国人民历经列强欺侮的抗战背景下，尤其振聋发聩，落地有声。

---

①胡庶华（1885—1968），字春藻，湖南攸县人，国立西北联合大学常委、国立西北大学首任校长。

第一节　胡庶华：师范学生应有的认识和努力

这是1938年12月26日胡庶华常委在西北联大师范学院总理纪念周的讲演。[1] 胡庶华从6岁读私塾蒙馆起到36岁完成考察回国，读了整整30年书，再到中秀才，获博士学位，担任五所大学校长，可谓熟谙教育。他讲究“以身作则”“以身率教”“以情动人”，在西北联大时他为全校军训队大队长，每天早晨都会第一个出现在升旗台上。他一生著作颇丰，主要为冶金学论著。然而，他在此论述师范学生的通病，师范学生的责任，也有其独到的观察与认识。

一、“师范学生是一般青年的模范”

胡庶华认为：“师范教育是一切教育的基础，师范学校是各种师资的源泉，师范学生是一般青年的模范。政府早就认识师范教育的重要，对于各级师范学校，特别重视，对于师范学生比较优待，本年又添设六个师范学院以造就师范专门人才，树立师范教育高深的基础。故师范学院所负的使命极其重大，师范学院的学生，亦应当有特殊的认识和特别的努力。”

然而，他又指出青年学生存在以下通病：

1. 不能振作。浸染浪漫恶习，只顾一时生活之快意舒适，稍受刺激，则心灰意懒，或堕落不堪，或厌世轻生。

2. 不切实际。每多虚浮夸大，爱好虚荣，于学问偶涉樊篱，即夜郎自大，因此，不能有彻底的研究和特殊的贡献。

---

①胡庶华．师范学生应有的认识和努力［J］．西北联大校刊，1939（10）：31—32.

3. 不耐劳苦。平日好逸恶劳，稍遇困难环境或严重工作即感棘手，或精力不济，或意志不坚，不能克服痛苦，创造幸福。

4. 不守纪律。以破坏纪律违反规则为聪明，以服从为懦弱，以礼貌为儿戏，甚至误解自由，以管理为压迫，视法令如弁髦。

5. 不能合群。今日青年，缺乏集体生活的训练，往往只顾个人利益，不顾团体行动，如闹意气，呈私见，义务多不肯尽，权利在所必争，甚至树立派系，破坏整个团体，引起无谓纠纷。

二、"师范学生要准备为人师表，为人之师，为人之范"

在认识教师岗位方面，胡庶华指出："师范学生的岗位，是准备为人师表，为人之师，为人之范"，是一件不容易的事，孔子说："人之患在好为人师"，如果自己的学问道德体魄不能样样都行，是不容易做教育家的，故师范学生的训练，应当特别严格。当教员是一种清苦的职业，必须有"贫贱不能移，富贵不能淫，威武不能屈"的精神和"知足不辱，知耻不殆"的修养，终身为教育而服务，故其防线在刻苦耐劳与穷奢极欲之间划一巨大的鸿沟。有人说师范生必须有牺牲精神，犹之路旁植树必须牺牲一根木材以扶植之，方能端正，确有至理。

在认识师范学生的责任方面，胡庶华指出：

师范学生对于所负责任，既有相当认识，则其应有之努力亦可想见。

1. 学问渊博。师范既系专业，则所学必有专长，然除专长之外，必须多才多艺，与常识丰富，方能应付裕如，因为有时因经费或人才问题必须一人而兼数人之职，一日而作数日之事，方能适合中国今日环境的需要。

2. 乐育为怀。平易近人，诲人不倦，为师范教育家应有的精神，苟只知教人之苦而不知教人之乐，则中途改业势所不免，孟子以"得天下英才而教育之"为三乐之一，凡习师范者都应有此心理。

3. 哲学素养。习师范者须有一种革命的人生观，有远识，知树人之效在百年以后，有定力，知终身从事教育之可贵，有牺牲精神，知教育生涯确系清苦而报酬又极微薄，有责任心，知师范关系国家教育前途极巨，不敢松懈与放任。

4. 以身作则。曾涤笙先生谓风俗之厚薄，自乎一二人心之所向，此在从前书院缺席时代确有此种力量，现在的师范生每一个人都要负以身作则转移风气的责任，不仅对学生有楷模多士之能力，而对社会尤须有现身说法之精神。古人说“以身教者从，以言教者讼”，故言行不能合一者，必致以人废言。

三、师范学生要“以教育为救国事业，并以教育为终身事业”

胡庶华对“教育万能”有着独到的认识，他本是一个信仰“教育万能”的人，然而他又认为“过去的教育又不能使人相信教育万能”。他认为这主要表现在：

（一）教训不合一。学生出钱读书，教员拿钱教书，教员上课好像是开了留声机，学生领到了讲义或课本，好像是一个字纸篓，至于学生操行如何，品性如何，完全不管。

（二）言行不合一。过去有许多学校好像制造劣货的工厂，粗制滥造；又像不守信誉的商店，出门即不认货，以致毕业的学生说起来天花乱坠，做起来事事不行。

（三）学用不合一。学以致用，用其所学，乃是教育真正的目标，尤其是学师范的人应当从事教育，而事实告诉我们有许多学师范的人并不在教育界服务，而有些热心教育的人又不一定是师范出身。

他结合国立西北联合大学的教育实践，指出“以上三种弊病虽非教育界普遍的现象，却也占了不少的成分，我们为了纠正这些错误所以特别注重训育，实行导师制，增设训导处，而师范学院又特设主任导师”。

胡庶华强调，要发展师范教育，必须纠正“教训不合一”“言行不合一”“学用不合一”的弊病，推进大学训育，推进导师制，才能有师范教育发展的良好基础。“总之，师范教育为一切教育之基础，凡从事于此者必须有决心、有毅力、有勇气，方能负此重任。今当民族抗战之际，如何使将来之国民人人有国家意识、民族观念，与夫抗战建设的能力，诸生皆有共责，普胜法和俾斯麦谓为小学教师之功，日本胜俄乃本谓为师范教员之力，诸生既已侧身师范学院，应当以教育为救国事业，并以教育为终身事业，如烈女之不嫁二夫，壮士之不事二主，海枯石烂，此志不改”。①

①胡庶华．师范学生应有的认识和努力［J］．西北联大校刊，1939（10）：31—32.

第二节 赖琏："做顶天立地的国民"

一、"国家至上，民族至上"

"我们在国家至上，民族至上的大原则之下……拥护政府国策，争取最后胜利，而教育最高目的，乃在培养有人格有学识之健全国民。如果我们办学只灌输一点学问技能，而忽略了人格陶冶，这种教育就是舍本逐末，可谓完全失败"，一定要"明礼义、知廉耻、负责任、守纪律"，"当知人格修养乃为救国自救的根本"。在另一次讲话中，他进一步阐述了他在"国家至上，民族至上"原则下的办学方针，即"注重人格陶冶，加强管训工作，倡导学术精神，建立整严校风，消弭派别或地域的成见，革除过去一切不合理的现象，不用姑息政策，不谈自由主义。我们的最大目的，就是要为国家、民族，培养有学识，有抱负，能服务，肯牺牲，勇敢诚毅，有守有为的健全国民"①。

二、"负继往开来的使命，做顶天立地的国民"

国立西北工学院院长、国立西北大学校长赖琏在国立西北大学第三届毕业典礼上指出："我们处在这个动荡扰攘的世界，看见暴力日益嚣张，文化日趋摧毁，人类命运的悲惨，几非言语所能形容"，"可是，我们同时又看见四万万五千万同胞，以坚强的毅力，和必死的决心，抵抗倭寇的侵略，负荷建国的使命"，"生于此时此地的青年，既可贡献能力，革新世界，又可为国家民族尽忠效命；真可谓千载一时的机会"，"一个有志向的青年，一定要有自信力，所以不应该妄自菲薄；同时更要

①赖琏．教学与卫道［J］．国立西北大学校刊，1942（2）：1—3.

戒慎恐惧，虚心受教，所以不应该妄自尊大。学问浩如烟海，大学教育不过是研究学问的开端。你们如果保持求知欲，发展向上心，自然可以急起直追，升堂入室，在学问上有造诣和贡献”“学问正如一部大著作，诸君在大学毕业，只可算读了这部著作的序言和目录；要知书中精义，非再向前进，再往里钻不可。在现代国家，做一个健全公民，不但要有专门学问，还要具备普通常识。二者同样重要，缺一不可。诸君必须随时学习，随时补充，才不至成为时代的落伍者”，“我们在追求真理的过程中，绝对不可丝毫忽略人格的修养；因为做人是比做事更加重要的。大学教育如果只灌输了一个青年的知识，而没有培养他的品格，陶冶他的性情，这种教育就是彻底失败。况且没有道德的人，有了学问，学问适足以济其奸恶，甚至贻害国家”，“有志气有热血的青年，应该提高理想，把救国家，救民族，救世界，当作我们的终身事业”，“国家不容许你们失败，母校不容许你们失败……我要求诸君从今天起，更要保持高尚的理想，健全的人格，坚定的意志，进取的精神。天降大任于诸君，诸君应以天下兴亡为己任，用血汗和功业来报答国家的深恩厚泽！”“诸君的成功，就是母校的光辉，也就是国家民族的荣幸。”“诸君既决心以全部生命和能力贡献国家，一定要紧张不要因循，要前进不要堕落，要奋斗不要消沉，更要公而忘私，忠贞自矢，自强不息，贯彻始终；负起继往开来的时代使命，誓为顶天立地的健全国民。要是这样，我们就可以雪耻救国，就可以争取胜利，就可以完成革命任务，就可以建设富强康泰的现代国家！”①

三、“安定第一，纪律至上”

“我要叫出两个很平凡的口号：一个是安定第一，一个是纪律至上。因为我们一定要先有安定，才可以求进步和发展。一定要先有纪律，才可以纳学校于正轨，使他成为有组织有秩序的机构。诸位同学爱护母校，更关切自身的学问和事业，当然愿意把这两个口号彻底实行。”我们要“了解青年，同情青年，信任青年，因为青年是有理想有血性的。但是，

①赖琏：负继往开来的使命，做顶天立地的国民（国立西北大学第三届毕业典礼训词，1942）［J］．国立西北大学校刊，1942（3）：1—4.

青年也有许多不可讳言的短处，青年易为感情所冲动，易受环境的支配，加以社会上各种腐化恶化势力的引诱与压迫，常常造成一般青年盲从、妄动、嚣张、浮躁的习气。所以，我们领导青年，一定要加强训导与管理，我们要求全体同学遵守纪律，服从命令，因为在学校能守纪律，在社会才会奉公守法。现在能听命令，将来才可命令自己的部属或学生，既不能令又不能受命，就是世界上最可悲哀的人”。在当好守纪律学生的基础上，方可言他。为此他进一步指出：“当这国家民族存亡绝续危机四伏的时候，我愿大声疾呼，要求同学们提高理想，确立向前奔、向上进的志愿……建立服务的、创造的、进取的、奋斗的人生观。同学们虽历受战争之痛苦与磨炼，但亦同时得有千载一时的报国机会。你们对祖宗、对子孙都要尽责任，因为你们负有继往开来承先启后的使命。国家民族殷切地期待你们。父兄师长严厉地督促你们，你们一定要坚定意志，把握时机，争取胜利。我们决不容许你们失败和堕落，因为你们的成功，就是国家民族的成功！”①

针对西北大学的学潮，他强调：“同学们要同我一样有决心，共同清弭一切派别与地域的成见，我们在这里只有一个集团，就是西北大学。无论先生和学生，都要一致爱护这个集团。”“我们要深刻警觉，健全自身；一定要树立严整校风，注重人格训练，倡导学术精神，加强读书空气。读书就是求学的广义解释，就是德智体群四育的平衡发展。在大学里，只有读书重于一切，所有团体的或属于政治范围的活动，都应退居次要地位。”②如何办好西北大学呢？他指出：“我为学工程者，秉性既甚愚拙，而又好走直线。自幼即闻两点之间，唯直线最简短最经济。教育事业为百年树人大计，应无勾心斗角之必要。”

四、“把工程技术当作无上光荣的职业”

就战后工业建设与工程教育，国立西北工学院院长赖琏指出：“在过去，我们受不平等条约的束缚，国家沦为帝国主义者的次殖民地，日本人就有‘工业日本，农业中国’的口号，希望中国永远做他们的市场及

①②赖琏．安定第一，纪律至上（赖琏校长首次对全体学生的讲话，1942）［J］．国立西北大学校刊，1942（1）：1—3.

原料供给地，继续供其榨取与剥削。同时，中国教育不普及，科学不发达”，“我们最顾虑，也可以说是建国过程中最感困难的，除了资本技术而外，还是人才问题。”“我以多年办理工科大学的立场和经验”，认为“工程技术人才的培养，可以说是最重要的问题。我们一定要普遍地加速度地发展工程教育，鼓励科学的研究与发明，才可以使落后的技术迎头赶上，才可以使需要的人才，迅予补充”。其中一个重要问题是：“目前，此种需要虽极迫切，但仍不可粗制滥造。人才的质量是和数量同等重要的。所以，除了派遣大批青年出洋深造外，国内的工科大学，也要把课程标准提高，技术训练加严，才可以造就成健全的技术人才。”“我们为求民族的生存，为争国家的自由独立，只有实行实业计划这一条大道……而实业建设的先决条件，就是工程技术人才的量质俱重的严格训练”。我们要“学问以科学为第一，职业以工程为第一”，“全中国有志气，有报国热忱的青年，都要决心从事科学的研究，把工程技术当作无上光荣的职业”。①

①赖琏．工业建设与工程教育［J］．华侨先锋，1947，9（3—4）：3—4.

第三节 刘季洪："尤须陶冶品格"

一、对学生"学校不仅在灌输知识，尤须陶冶品格"

在学生的知识获取和学业进修方面，刘季洪指出："我国一般人入大学的机会甚少，大学生约占人口的万分之一，我们的同学很幸运地进入大学，假使把四年马虎混过，真是辜负了国家和自己。我们讲学的人假使不能使同学充分利用时机，加紧学习，也是扪心有愧，所以学业进修是最重要的一个问题。"在课程方面，他认为"在旧时中外都很简单，中国不外经史子集，欧西各国也不外乎文史法政哲学神学诸科。自从17世纪科学发达，18世纪工业革命开始，自然科学便被人重视而进入课程的范围。又因工业发展的结果，社会组织有了变化，社会问题渐渐发生，于是学校里又增添了社会科学的科目。课程既然逐渐扩充，人的精力有限，不能兼治各科，所以才分科研究，训练专才"。但是，这又出现了"渊"与"博"的问题，因此"分科固然可以专范，然对一般文化陶冶，每多忽略，以致关于人生缺乏普遍了解。所以，有些人又注意到广泛知识的重要，这就是渊与博的问题"。高校如何解决这一问题呢？首先应该从课程设置、教材和课外阅读三方面解决：一是课程设置上，不应就此长期在"歧途上徘徊"，而要"双方兼顾"；二是在教材上要对"必修、选修各课程的教材加以检讨，务使衔接一致，分配得宜"；三是在课外阅读方面，"每个学生倘若只读教科书，那么四年合计不过读书几十本而已，那是不够的，必须课外阅读，以作补充。假设每人每周课外读书二至四本，一年以五十周计，可能读百本到二百本，四年合计可读四百到八百本。虽然还是很少，总可补充了一些知识，而为以后终身治学的基础”。①

在品格陶冶方面，“学校不仅在灌输知识，尤须陶冶品格，讲到陶冶品格”“我们先贤早遗给我们许多道德要目，如智仁勇，忠孝仁爱信义和平，礼义廉耻，莫不可作为行为规范”。除了要有共同的行为规范以外，还“应当有实践力行的精神。我国过去教训子弟，先注意洒扫应对，就是注意实践的意思，中庸上所谓人一能之己百之，人十能之己千之，更强调了力行应有的精神。”“我们除去修己以外，还要求善群之道。现时社会人与人的关系日益增加，团体生活的训练极为重要。团体生活的主要条件，在能重组织守秩序，而组织秩序习惯的养成，则应从实行自治始”。②

二、“同学相处之道”

刘季洪认为，“同学相处之道”的关键是应有“亲切的友谊”“优良的校风”和“完善的行政”。

就“亲切的友谊”而言：一是“以仁爱存心”。“两人以上的相处必须以仁爱存心，行忠恕之道而劝善规过互相尊敬，然后才能和谐无间，亲爱精诚，德业日晋。何谓仁爱存心？大凡与人接触，我们心理上不外乎有两种倾向：一是敬爱，一是憎恶，敬爱别人的时候，态度谦恭礼貌，言行也能合度，这样与人以良好印象，别人对我们自然也会发生好感。在憎恶别人的时候，自己态度举止，不期然而然地会流露出心理的倾向，这样自然使别人对我们没有好感。所以待人接物的时候，自己存心如何是非常重要的。我们应当尊敬别人，牺牲自己，帮助朋友。人群相处，低等野蛮的阶段，总是竞争，进步文明的阶段才知道合作。我们是国民中的精华，应当修养到亲仁民，仁民爱物的境地”。二是“要行忠恕之道”。忠恕之道即“照一般的解释，尽己之谓忠，推己及人之谓恕。我们与朋友在一起，首先要尽竭自己的力量，自力进步，不要完全依赖别人，不要节省自己的精神力量，而累及朋友，到自己力有不逮的时候，

①②刘季洪．在开学典礼的讲话（1944-09-25）［J］．国立西北大学校刊（复刊），1944（1）：3—5.

朋友自然乐意帮助我们”。三是要达到“己所不欲勿施于人的境地”，即“我不愿人家讥笑我，侮辱我，我也就不讥笑人，侮辱人，这样自可杜绝一切纷争冲突，对人不满意，有误会，总要易地以处，为人着想”。四是要“劝善规过”，一般来说，“劝善的朋友比较多，因为鼓励人向上进步，别人容易接受，也乐意接受。规过比较难，做到的人也不多，因为多数人皆不能接受别人的批评。我希望我们同学在一起，遇朋友有过失，立即规勉，有过失的同学，要能接受批评，勇于认错，彻底悔改，忠言虽然逆耳，但古今能成功的人，没有不能接受忠言，博采众议的，吸取各人的优点，改正自己的缺点，才能渐向至善之途”“事业能有所成，得力于悔字者至大，所以我们遇有过失，要坦白承认，不讳不饰，友朋劝规，更要虚心接受”。①

就“优良校风”而言，“一个学校常有一个学校的校风，倘若学校有优良的校风，那么学生耳濡目染潜移默化都会渐渐走向好的方面”。优良校风的特征：第一是读书的风气，“一个学校如果读书的空气浓厚，则不用功的学生，必为同学所轻视，教授亦必以多对学术有贡献为乐事。全校师生终日在传道问学、质疑解惑之中，和谐聚处，人人均将受其陶冶，而形成好学的风气。关于日常习行方面，也有若干美德应当互相勉励而使成为公共的习尚”。第二是劝俭的风气，“劝俭的美德，即所谓勤可补拙，俭可养廉，勤快实为成功的根本。我们先祖筚路蓝缕缔造国家，而后人懒惰靡费，不知奋发，俨然成为破落户的子弟。现在大家在大学读书，必须树立风气，改造社会，勿以现时生活艰苦为可忧，而应视为应有的磨炼”。第三是运动的风气，“也应当积极提倡。现时，我国一般人体格均差，文人尤甚，所以在学校中必须扩充运动设备，用各种运动比赛的方法鼓舞喜好运动的兴趣，逐渐推广，借此养成公共注重体育的习惯”。②

就“完善行政”而言，即“人类集团事务繁多，管理众人之事，使能互助合作、共生共进……使行政系统完备，使上下关联，如身之使臂，臂之使指，然后才能丝丝入扣，提高效率，将各种事务，迅速办就”。此

①②刘季洪．同学相处之道（1944-10-02在国父纪念周的讲词）［J］．国立西北大学校刊（复刊），1944（2）：4.

外，“在执行的时候，要公正严明，不敷衍，不苟且，于大众有害的，立即取缔。于大众有利的，设法兴办，这样才能维持最大多数的最大福利，才能造成有利于同学的学习研究环境”。这就是“造成和谐安乐的生活环境的基本条件”。①

三、“毕业即始业”与“共谋本校特殊使命的达成”

刘季洪尤为推崇孙中山的教育思想：“‘要中国不亡，而且能有次序的建设，唯有振兴我们的教育，那才是根本的办法’，教育救国中兴，以人才为本。”②

大学毕业生是国家的重要人才，而“国家的隆替，繁于人才的兴衰”，因此“人才对于国家极其重要”。“在抗战期间，政府于万般困难中，仍竭力维持教育事业，务使人才培养的工作不致中辍。诸君来校学习四年，于今告一段落，在抗战的目前，真可以说最堪庆幸。我们回想一下，从“七七”事变到现在，将届八年，在这八年之中，国家艰危万状，前方无数军民喋血杀敌，保卫国土；后方千万同胞贡献财力，协助抗战；诸君在这样的一个时期，仍得到清苦不移从事教职的各位先生的谆谆教导，完成中学的阶段，结束大学的课业，这真太难得了。我们一方面固然庆幸，一方面也要珍惜这样难得的机会，而愈加奋勉！”③

对于毕业生，“西人常说‘毕业即始业’，这句话意义深长。值得我们真切体味。本来学无止境，读书研究绝没有终了完毕的时候，况且我们学习的时间至为短促，在大学里面所学的又不过是各科的基本知识及一些为学的方法而已。以短少的时间，学得片段的知识，来应付繁复的现代社会，自感不足，必须以大学所得知识做基础，继续研究，扩充知识，才可以立足社会”，所以，“今后诸君仍要在学术上继续研求”“建设现代化的国家是当前普遍一致的要求，诸君步入社会，应负起建国的任务，或从事教育事业、社会福利等事业，或倡导请求效率严密、合理的风气，以促助民主与工业化的实现。所以，诸君要认清时代，担负起

①刘季洪．同学相处之道（1944-10-02在国父纪念周的讲词）［J］．国立西北大学校刊（复刊），1944（2）：4.

②林子勋主编．教育学论集［M］．台北：中国文化大学出版部，1980：25.

③刘季洪．勖本届毕业同学［J］．国立西北大学校刊（复刊），1944（14）：1.

建设现代化国家的使命”。[1]

毕业生的质量和就业状况是衡量一所大学水准的一个重要指标。刘季洪认为：“一个学校价值的高低，不仅系于校内办理是否完善，措施是否合理，还要视毕业校友服务成绩的良窳以为断。假使各位校友在社会上都有贡献，都有成就，那么本校的地位自然会随而增高，换句话讲也就是无负它设立的使命”；学校应该根据毕业生就业状况和服务情形，及时调整办学方向，毕业生之间、毕业生与学校之间，均应“取得联系，互相观摩，携手并进”“使校内一切改进可以以为根本，以为依据；使校内研讨的学理更能与实际情形密切配合，互相印证。所以，诸君要与母校及过去毕业的校友密切联系，共谋本校特殊使命的达成”[2]。

①②刘季洪．勖本届毕业同学［J］．国立西北大学校刊（复刊），1944（14）：1.

第四节 刘季洪：大学生的“成功之道”

刘季洪在国立西北大学第八届毕业和国立西北大学医学院五年级结业典礼上提出大学毕业生如何才能成功的问题①，并将其归结为“第一要靠自己的才能，其次要靠自己德性的表现，再其次还要看所遭遇的环境，和自己控制环境的能力。简单说来，就是修业、进德和际遇的问题”。

一、“修业”

刘季洪认为：“诸位修业期满，行将毕业，在学业上已经告一段落。但是学问是无止境的，诸位在校对于学科虽然各有专得，但这在学问的探讨上，才做了一个初步工作，仅只是由他人经验的启示而获得的初步理解。这种理解还嫌空疏，不够深刻，不够精确。所以，诸位在求学修业的过程上，虽已告一个段落，而在另一方面的修业却正在开始。将来投身社会中，一方面就自己所已得的理解，用事业的实际情形来验证；另一方面从实际事物的学习中，更获得新的启发。然后，从前所修的业才真为我有，逐渐扩充成自己的知识。”

这就是说，大学生毕业以后，“在继续不断的学习中，才能得触类旁通之效，才能得潜修发现之乐。这样方能踏上成功之道。对于人类的贡献是不待言的了。假若一出校门，便认为修业的事已经完结，虽然与世浮沉，未尝不可以照旧生活，那么，人类对于他不再寄托以希望，成功也就与他绝缘了。这是我们对于学业应有的认识，也是刚毕业同学所不

①刘季洪．成功之道［J］．国立西北大学校刊，1947（31）：1.

可忽略的理解。古人常说‘居业’，居业就是生活在他所业的里面。又说：‘居之安，则资之深，资之深，则取之左右逢其源。’希望诸位同学，对于所修的业，也能‘居之安而资之深’，那么才能知道学问并不是一种死板的知识。它是我们的‘济世之本’”。

但是，单是“修业”的贯彻，对于“成功”的条件还不够，这就需要“进德”。

二、“进德”

刘季洪认为：人生受教育，“成德”“达才”是这一件事情的两面，也是教育的两种目的。假如所谓修业是偏重于“达才”的话，“进德”便属于“成德”。

刘季洪对“进德”的“德”做了具体解释，认为“谈到这一个抽象名词的德，它便是我们每一个人由于天赋所获得的资质、性能，经过人生和环境教育的过程，而将这性能发挥放射到其他的人或各种事业上，这便谓之德（所以德有美德也有恶德）。教育的效能，便是改变人的资质，以发展人们的美德的。我们对于业要修，对于德也要修”。然而，进德不等于个性的私欲膨胀，“现代教育，重视个性的发展，但发展个性，并不就等于发展自私，这是一般个性较偏的人常所误解的。我们要尽量发展我们的个性，也要修正个性上或有的缺陷。同时，更应当了解所有的人都有个性。我们一方面能用理智控制着自己个性上或有的缺陷和偏私，一方面具有理解和宽容他人个性的雅量，人们才可以和谐幸福地相处。这种理性是人类异于其他动物的地方，也是‘道德’一语所由的发生”。

那么，什么是“道德”呢？刘季洪认为：“道德是人与人的相互关系下才产生的。普通人认为道德是单独存在的事物或信条，用以管束我们的行为的。这是一种错误见解。由于我们理性的发展，以及对于人类共同生存的情怀，使得我们的个人生活在态度上表现得更为合理，便形成人与人间之‘礼节’。所以，礼节是人类的德性所表现的合理态度。这种合理的态度表现在某一民族生活习惯时，我们可以说是这一民族的礼节，也可以说是这一民族的道德。同时，也表现了这一民族的文化水准。凡是一个个性坚强，生活态度活泼，而理性甚强，共存观念最强的民族，将是世界最优秀的民族。”

如何实现“进德”呢？刘季洪认为：“进德是理性的表现，而道德和礼节，则是理性的生活。我们要进德，首先要培养我们的理智，要从修业上扩大我们的理解和认识。同时，我们的理性越强，更能增加修业的热望和成功的信心。这是我们对于进德应有的观点。古人讲恕讲仁，恕是进德的消极一方面；仁是进德的积极一方面。我们如其没有成功的决心，便不能认识‘仁’；如其没有克制自我的毅力，便不能体会‘恕’。所以，我们讲进德，要从发展理智着眼，要从改进个人性质和改善个人任性的生活着手。”

那么，“进德”以何为标识呢？刘季洪认为：“就一般的态度上讲，我们对人要宽厚，但不要失之柔懦；要刚毅，但不要失之粗暴；要方正，但不要失之迂拘；要精明，但不要失之刻薄；要豁达，但不要失之疏忽；要谨慎，但不要失之畏缩；要豪而勿失之奢，俭勿失之吝；在一般人心目中，我们将是一个：刚毅、豁达、精明谨慎、宽厚正直，而生气勃勃的青年，是一个富于正义感，而又有坚强理性的青年。这是诸位同学进德的理想。我更奢望：这是将来社会上认识我们西大毕业同学的一种标识。希望诸位毕业同学，能各用自己的热情，继续各人所修习的业；并且也能各用自己的理智，去增进个人所禀赋的德，来共同负起国家进步的责任。”

这里所说的“修业”“进德”是“成功之道”中的两个内部要件，但成功还需要适宜的外部条件。

三、“际遇”

刘季洪认为：“修业”“进德”是成功的基本条件，“是成功的内在的因，是成功的动力”。然而，要想实现成功的理想，要让他结出成功的果实，还需要一个良好而适宜的环境。这种环境，古人名之曰“遇”或是“际遇”。

什么是“际遇”呢？刘季洪认为：“古人对遇不遇的问题看得太重，好像诸葛亮不遇刘备的三顾，也就只好草庐终老了。一般人看来，际遇好像就是一种运气，没有运气，也就好嗟老叹穷。古人所以看重‘遇’

的关系，正因为世俗上靠天的观念太重了"[1]。我们现在不能不承认刘季洪所说际遇的重要，但是掌握际遇，还在自我。现在一般青年，平常对于社会只有批评而没有理解，究竟社会的病象与病因如何，他都茫然。所以，一旦进入社会，稍稍碰几个钉子，或者别人对他发表一套理论，不是堕落便就下流了。这种青年，只想在社会上生活，而没想到成功；他对社会，只有“取”而没有“予”，所以发牢骚，碰运气，甚至堕落，这是当然的。比如，诸葛亮在襄阳种田的时候，已经看得清清楚楚，在他没有到四川的时候，对于西蜀的政治情形和治蜀的方策，也都成竹在胸了。他刚出山的时候，不也是一个二十几岁的青年吗？他所碰的钉子，不也十分的严重吗？虽然从表面上看来，诸葛亮似乎际遇不错，但实际上他的这种际遇正是以刘季洪所说的“修业”和“进德”为前提的。

刘季洪进一步指出：“际遇”又包括三个要素：一是社会，即对于社会要有透彻而清晰的认识，对于社会的缺陷要有悲悯而伟大的同情，对于社会的远景，要有一远大而切合实际的理想，不能一无所知，一无计划，以不满或厌恶了之；二是社会中的人，即对于社会中的人，要以能力取得人家的信任，以品德取得人家的爱戴，才能有事业可谈；三是社会中的事，既要认清事情的因果连环性，要有综合的观察，不能因小以失大，也不能顾枝而忽叶。到此，才是你德性理智呈现最好表现的时候。

刘季洪最后总结道：“在际遇的环境中，只要事有顺于天理，合乎人情，适于世界之趋势，合于人群的愿望和需要的时候，我们便要像一个先知先觉者，决心做去，终有成功之日是。这便已达到‘成功之道’上的立德立功之阶段了”“总之，现代的事业完全靠着学问，已经不是赤手创帝业的时代了。如其想献身社会做一番事业，就应当以学问为第一。如其想研究学问，也应知各科学问，都直接间接有益于人生，它的本身也是一种事业，应当以事业为第一。只要我们不自私，不取巧，成功是必然的”。

---

①刘季洪．成功之道［J］．国立西北大学校刊，1947（31）：1.

第五节 李季谷："大学生要负起民族复兴的责任"

一、大学生"不要妄自菲薄"

李季谷①教授是"新历史教育论"的提出者。他主张：在民族危难之际，历史教育的使命就是"消除弱点，要将'自私自利''有家无国'的不良观念转为'民族至上''国家至上'的信念"。② 他在国立西安临时大学第三院总理纪念周的讲演中指出："青年的责任特别重大，尤其是青年大学生。两年前教育部有过一个统计，中国平均一万人之中，有一个大学生；十万人之中，有一个女大学生。大战发生以来，有许多大学生，因环境关系都中途辍学了；照本校的学生数目统计，约算归生只到了三分之一，是则，男同学是三万人中的一个代表，女同学是三十万人中的一个代表了。所以，同学们应该特别看重自己，特别尊重自己，不要妄自菲薄！的确，诸位都是不久的将来的领袖人物，都是社会服务的人员，也可以说，五年十年以后，中华民族的重要工作都要放在诸位的肩上"。③

①李季谷（1895—1968），原名宗武。浙江绍兴人。1917 年，毕业于浙江省立第一师范学校。1918 年，以官费生赴日本留学，入东京高等师范学校。1928 年赴英国留学，初入布列斯多大学，后入剑桥大学研究院，专攻近代史，获硕士学位。1937 年起任西安临时大学、西北联大历史系教授兼主任。

②李季谷．历史的功能［J］．新苗（北平大学），1936（1）：2—4.

③李季谷．中国青年应有之反省（1938-02-07）［J］．西安临大校刊，1938（8）：3—4.

二、大学生们必须振作

李季谷认为：“因为责任如此重大”，因此同学们必须振作。他认为，目前大学生最大的问题是“不振作”，表现在：“无论什么事情都是拖拖沓沓，都是颓废不堪，不肯积极去做。”

“对人是敷衍，对事是敷衍，甚而至于对自己也是敷衍。明明应该赶快做、立即做的事情，偏说明天再说吧、下星期再说吧。就是对于读书用功，也常常自己欺骗自己，说：下星期起，真要用功了。或者说，明日起非用功不可了。这实在就是自欺。我问你，你为什么不从本星期起，或就是今天起就用功就努力呢！须知道明天还没有到，明天还有明天，它永远在今天的前面的。我们所有的只是今日！记得德国哲学家叔本华有句名言：‘请你握住今天吧！只有今天是真正属于我们的！’这句话，真是对不振作的人们的对症良药。‘不振作’‘懒得动’‘没有什么关系’‘明天再说’‘没有法子’‘让它去吧’……这是中国一般人的通病。我希望同学们能加以反省，同时希望大家负起民族复兴的重任，唤醒全中国的人民，提起精神，各自斩绝自己的劣性！各自矫正自己的弱点。”①

三、“像骆驼那样能任重负远，像小孩子那样天真烂漫，像狮子那样勇敢大无畏”

李季谷以德国尼采说过的“作领袖的人物，须像骆驼那样能任重负远，须像小孩子那样天真烂漫，须像狮子那样勇敢大无畏”来勉励学生。他认为，有此，“三个长点，那我所说的愚诚，也就有了。诸位都是负着民族复兴重任的预备队员，我诚恳地希望诸位，无论做什么事，都从心底里冲出热情来，都以极真诚的态度去接受、去处理”。

然而，现实的情况是：“许多人做事读书，都不肯诚恳地脚踏实地地去干，常常用着一点小聪明去找一点小便宜。别人的利益，团体的利益，都不摆在心中的。人不怕聪明，但怕这种小聪明。这种小聪明，常会使一个团体受着很坏的影响，常常会失去你的朋友的同情。我所谓欠愚诚者，反过来说，也就是‘取巧’。记得日本文学家厨川白村在他的《出

---

①李季谷. 中国青年应有之反省（1938-02-07）［J］. 西安临大校刊，1938（8）：3—4.

象牙之塔》一书中说：‘小器而取巧的人太多了，所谓取巧者，就是比方许多人在火车门口挤着抢先争座位，但取巧者却笑嘻嘻地把自己的帽子从车窗上一丢，便争得位置了。’厨川白村这句话，是讥讽日本人做事不够热忱，不够真诚，但是我觉得这句话，也正是中国人的一般毛病，也够值得我们玩味的！尤其是青年时代，如果已像市侩一般地、冷冰冰地在那儿打算些小便宜，对事对人一点也没有真诚，一点也没有热情，那实在是可悲悯的。”①

李季谷教授是著名的历史教育家，有丰富的历史教育理论与实践，而且尤其擅长“采取民族精神的材料”②。在此演讲中，他随手拈来中外历史人物尼采、叔本华的名言，激励学生们提起精神，“负起民族复兴的责任”，可谓驾轻就熟。他在主持西北联大对张骞墓的发掘增修后，也很快将考古材料用于激励学生民族精神的教学之中。如其所说：“历史是批评人类经验的总成绩，亦是陶冶人性的伟大学校。”③ 在此，我们感受到了李季谷在“民族复兴与新历史教育论”方面的宝贵探索。

①李季谷．中国青年应有之反省（1938-02-07）［J］．西安临大校刊，1938（8）：3—4.

②李季谷．论历史的教材及教授法［J］．中等教育研究，1947（7）：37—39.

③李季谷．历史的功能［J］．新苗（北平大学），1936（1）：2—4.

第六节　医学生要有“医人医国”的抱负

一、徐佐夏：“须有悲天悯人之心意，医人医国之抱负”

徐佐夏①早年留学德国，专供药理，自1937年即在西安临大、西北联大医学院任教，历任北平大学医学院院长、第一次独立设置后的西北医学院的第一任院长、江苏医学院副院长、山东大学医学院院长、青岛医学院院长等，有着丰富的医学高等教育管理经验。他在西北医学院院长任内的《告本院三十年度毕业学生书》中指出：“一曰立志：夫志为吾人行为之表率，一生专业，均须先立定志愿，以求实现……欲展所学，为国贡献，自须有悲天悯人之心意，医人医国之抱负，立此为愿，坚韧不拔，不为外物所惑，不为厉害所移，始终不渝，定有功效；二曰服务：人生当以服务为目的，医疗卫生人员，尤应具有济世活人，为大众服务之决心，尽吾之所能，报效一切，无论处境如何之艰苦，生活如何之窘困，均应本此舍己为人之目标，排除万难，努力以赴，以期无负吾应尽之天职；三曰求进步，历史社会，演进不已，一切学问，日新月异，须知毕业，不过为求学之一阶段，不宜以此自足也。在校所学，终属有限，入于社会，更应随时随地，留心研讨，加意精求，使学问日臻充实，功用日益恢宏，方不至于故步自封；四曰负责任，吾国一切事业，进展迟滞，因循敷衍，推诿卸责，实为一大诟病，吾人必须除此旧习，做事切实负责，认真执行，必如此，然后效用始可宏伟，事业方有成就；五曰

①徐佐夏（1895—1971），字益甫，山东广饶人。1917年毕业于北京医学专门学校。1920年赴德留学，入柏林大学，曾任药理研究员。1937年起先后任西安临时大学医学院、西北联合大学医学院教授、西北医学院教授兼院长。

须勤劳，事医药卫生事业人员，以解除人类疾苦，增进人群健康为对象，以牺牲个人、献身社会为天职，欲使此种事业之发展，必须养成孜孜为善，吃苦耐劳之习惯，方克有济，否则滞于安逸享乐之积习，不无于事业无补，且有愧于个人之本分。”① 这可以说是西北医学院培养学生的最高目标，既反映了学院对学生的严格要求，也反映了教师教书育人的殷切期望。这正是西北医学院之所以保持高质量教育和其毕业生极受欢迎的原因所在。

二、侯宗濂论医学育人与学术研究

到了1970年代末，侯宗濂在坚持自己开展科学研究的同时，多方面指导青年教师开展研究，甚至具体到如何写文献综述，指出：“最重要的一个特点还是写综述时总是贯穿著者自己的观点，特别是成名的专家更是如此，所以我看文献综述时必须特别注意这一点。否则，如果著者存有某些偏见，我们就有可能被他引入歧途。但是，无论如何，文献综述对于我们了解某一问题最新成就是很有帮助的，他比一般的论文的论述内容丰富得多，范围涉及的也将宽得多。就是若干年前的综述，对我们的工作也是有很大用处的。”因此，“初做科研工作的同志”“研究生”，可先从写综述做起，“锻炼分析综合能力”。重要的是：由此“锻炼提出问题，分析问题，如何解决问题的能力，用一分为二的方法学习前人的经验。写综合文献的一个重要环节，就是要提出自己的观点，根据自己的观点写。这就必须把所收集到的材料精读细读，从方法学上、从理论上提出有无缺点和错误，批判地接受前人成果，这就必须进行科学分析，避免主观片面。如此，才真能达到‘古为今用’的目的，也才能在前人的基础上，进一步进行研究工作，也才能逐步提高到应有水平。当然，为了做到这一点，就必须经常锻炼，不常写不行，不能一步登天。‘世上无难事，只要肯登攀’‘知难而进’，就会逐步达到提高境地”。② 除此之外，他还撰写有《如何收集和利用文献资料》《如何整理实验材料写成

①徐佐夏．告本院三十年度毕业学生书［J］．国立西北医学院院刊，1942（22）：1—2.

②侯宗濂．如何写文献综述［M］//莱阳卫生学校《医学资料》编辑组编，临床科研参考资料．莱阳卫生学校，1979：184.

科学论文》《在科研工作中如何进行课题设计》《多问为什么，不断推动对真理的认识》《谈谈我对针灸和针刺镇痛研究的看法》等，具体指导科学研究活动。学校还按其思想，创办“侯宗濂医学实验班”，开展研究型大学本科英才教育实验，以培养未来10—20年后中国乃至世界上学术界、产业界科技创新的领军人物，成为与“钱学森实验班”同时举办的西安交通大学的两个实验班。

像侯宗濂这样既从国家的、民族的办学目标、办学使命的高度着想，又从如何搜集文献资料、如何写综述、如何设计课题这样细小的角度去指导青年教师和研究生开展科学研究，的确难能可贵。

第七章 旧的教育体系必须改革

李蒸提出："必须确立独立完整的师范学校系统"；徐诵明认为我国"中医日晦，西医未兴""保健强种"乃"当今急务"，我国医学"已属维艰之状"，亟须"检讨"改进，遂提出要用"民族的形式、科学的内容、大众的方向，改造旧大学""旧的教育体系必须改革"的命题。岳劼恒提出要用"民族的形式、科学的内容、大众的方向，改造旧大学""对于各种科学，应一体重视，不应有所厚薄""照顾国家社会的需要，习工多于习理，诚为应加鼓励与赞助者，但不能轻视理论科学，理论科学不发展，应用科学根本不能发展"。

另外，还有章文才提出的"农业研究成果，不能关在门里""要用科技让农民富起来"的思想，冯泽芳关于大学农业教育"不是教学生做鹦鹉，而是教学生做乳牛"的思想，等等，都具有革故鼎新、不同以往的理念。

第一节　李蒸的师范教育改革思想

一、“民族之托命在教育，教育之本源在师范”

李蒸是我国师范教育的奠基者之一，因此他对战时师范教育有独到的见解。他在“九一八”之后的1932年即指出：“自‘九一八’巨变以来，国事飘摇，危如累卵，忧时之士，大声疾呼，或曰救亡当自修明政治始，或曰救亡当自整顿军备始，或曰救亡当自开发实业始，而探本之论者，咸谓民族之托命在教育，教育之本源在师范学生。”这是因为“今世民族与民族间之竞争，乃构成各民族诸分子，全体文化、体格、道德各方面之总比赛，非只决胜负于疆场也”。从历史上来看，“教育之滥觞甚古，其支撑民族生命之功绩甚伟”。1929年，教育部编制的全国教育统计观察也证实李蒸对“民族之托命在教育，教育之本源在师范”的判断，以致“国人现代生活知识之获得，与文化程度之提高，大抵皆过去师范生之功也”。①

类似的论述，还有在《战后中国师范教育方针》中关于“师范教育为国民教育之母”的说法。他认为：“师范教育乃是一切教育之母。因为有师范教育而后有教育，要教育办好，必须有良好师资。学校为教育的中心，其构成要素有三：一为教师，一为学生，一为设备……但后两种基本条件的完成，大部分要具备头一种基本条件。换言之，一个学校的成功，主要的是师资的健全。就一个学校的本身来说，已经充分说明

①李蒸．北平师大毕业纪念册序（1932.8）［M］//李溪桥．李蒸纪念文集．北京：中国社会科学出版社，1996：147—148.

师范教育的重要了”。然而，师范教育的重要性绝不仅仅限于一所学校的狭窄范围，其意义要远大于此。李蒸认为：“师范教育为复兴民族之基本，必须能担负起继往开来之责任。对于固有民族文化要能承继与传递，对于世界科学思潮要能吸收与消化，并特别负有促进科学普通化的使命”“就国家民族来说，师范生实负有承继与传递本国固有文化的责任，同时亦有吸收外来文化与创造新文化的责任。我们知道文化的绵延是要国民一代一代地继往开来，而这种能力是从教师身上学习而来的。充任教师的人，必须自身了解文化，然后方能传播文化。尤重要者，师范教育近代被称为精神国防的堡垒，亦即民族精神与本国文化的保障”。[①] 此外，“师范教育”只有由“中央政府通盘筹划，大力支持，方能发挥其维护民族精神与固有文化之使命”。国家主导的“抗战时期各级学校迁到后方”“联合设校”“设置国立师范学校”，均系“战前所无者”，这是战时教育的一大特征。战后应该继续“由国家统筹师范教育”，因为“精神国防的重要性实不减于军事国防”。[②]

二、“必须确立独立完整的师范学校系统”

李蒸认为：“师范教育负培养中小学师资的重责，为整个教育制度的核心，必须确立独立完整的师范学校系统”。这是鉴于晚清民初师范教育曲折发展的历史背景提出的命题。

晚清，师范学校分高级、初级两级，高级成为优级师范学堂，训练中小学师资。省城设优级师范学堂，州县设初级师范学堂。优级师范学堂附设中小学和教育博物馆。民国初年，大致沿袭旧制，只是将优级师范学堂改称高等师范学校，并定为国立和分区设校。1918 年至 1919 年间，师范教育忽呈动摇状态。南京高等师范学校于 1918 年改为东南大学，各地纷纷随改，仅留北京高等师范学校仍袭师范性质，改为北京师范大学。然而，随即亦有取消北京师范大学的提案。师范学校随之发生招生困难问题，直至全面抗战爆发后，始有师范教育的复兴。李蒸引述余家菊等人的观点分析其原因认为：一是“由于师范教育不良，致使人

①②李蒸．战后中国师范教育方针［J］．教育杂志（中国教育专号），1947，32（1）：51—54.

根本蔑视师范教育”；二是“由于师范教育功用不明”，“多不谙师范教育之价值”；三是“教育大权落于不谙教育者”。由此，导致10余年的师范教育低潮。抗战胜利后，一度对北平师范大学是否复校，也曾波折四起。李蒸甚至为了便于影响高层，不惜屈就三民主义青年团副书记长。李蒸在国立北平师范大学校长任内，曾致函教育部指出“当此国难期间，教育救国，为刻不容缓之图，培养师资，尤为教育根本，不可一日中断”①。

抗战期间，在普通大学之外独立设置国立师范学校，或稍后的分区设置，成为“师范教育步入一新时代之象征”。李蒸特别区分了普通大学与师范学校的不同特征，即：“普通大学以学习知识及研究学术为主，师范生则除学习知识外，必须时刻记住其所学之知识，乃为传授于他人者，此中教材之选择、编辑均有特殊之处。至于研究方面，师范生必须注意教育的研究，即站在教育的立场从事科学研究之意。”另外，“师范生的责任，在培养学生的人格，所以其本人所受之训练，在发展完全人格方面，应多于知识之学习与传授知识的方法方面。因此，可知师范教育实为充任教师所必需的专业训练，非普通学校可以胜任”②。

三、师范教育的方针

进一步，李蒸提出了师范教育的方针：

第一，“师范教育当然继续由国家办理，做有计划之实施”，“师范教育应由国家统制，因其为精神国防的基础，其重要性不减于军事国防”。

第二，师范学校“以培养师资的专业精神与教学知能”为主，“普通学校附设的师资训练机构，仅可为暂时的扶助办法”。

第三，师范教育“必须能担负起继往开来之责任，对于故有民族文化要能承继与传递，对于世界科学思潮要能吸收与消化，并担负有促进科学普通化的使命”。

①李蒸．呈教育部部长朱家骅（1962.6）［M］//李溪桥．李蒸纪念文集．北京：中国社会科学出版社，1996：57—84.

②李蒸．战后中国师范教育方针［J］．教育杂志（中国教育专号），1947，32（1）：51—54.

第四，“师范教育之主旨在发展完全人格，使知识、感情、意志、思想、行动等等皆臻健全，即所谓树立做人模范之事业”，或“师严而后道尊”。

第五，“师范教育于学术的研究或科学的研究之外，兼有教育的研究精神与任务”，即“一切学术与科学的研究，皆由教育的立场而从事”。

第六，“师范学校系统应维持高、初两级制度”“除培养师资外兼负教育学术研究与实验之责”。

第七，“师范教育必须具备远大眼光、专业训练与学术研究三种要素”。

第八，“师范教育之地位必须提高，应有最充足的经费，最充实的设备与最健全的师资”“必须以全力办理最优良的师范学院与师范学校，以吸引最优秀的学生，准备从事教育事业，不可照过去办法以‘待遇’号召‘贫寒’学生”，推进国家“优待师范生的办法”。

第九，“师范大学的建立至关重要”，要给予师范大学“与普通大学的同等之地位”。

第十，“师范大学及师范学院之师资即所谓‘师资的师资’，必须集合教育学术界的权威学者，优厚其待遇，保障其生活，崇高其地位，使能安心于教育事业，为国家、民族树立千年万世之基”。①

这些基于师范教育发展历史的经验教训，以及李蒸自己执掌师范教育最高学府的切身体会而提出的认识和原则，不仅具有历史意义，也具有现实意义。

①李蒸．战后中国师范教育方针［J］．教育杂志（中国教育专号），1947，32（1）：51—54.

第二节　徐诵明的医学教育思想

一、我国医学“已属维艰之状”，亟须“检讨”改进

徐诵明早在国立北平大学医学院院长任内，就对中国医学的落伍表现出忧虑。在同仁会举行的一次留日同学座谈会上（天津市卫生局全局长、北平女产医校校长瞿绍衡、广东中山大学教授杨子骧等参加），他指出：“中国历年动乱相继，更有种种事情，遂使医学迟迟不进步。老实言之，即国立之大学，亦为战争之关系，经费已属维艰之状。其他之研究机关、学校等，不问可知也。”然而，欧美诸国在中国却不断发展自己的势力，“欧美诸国各伸羽翼于中国之学阀，汲汲发展势力，其努力大有可注目之处。譬如北平之骆克菲罗病院、协和医学校，南京之中央大学等，据美国之财源，不过数年之间，造成非常势力者，为一般所周知之事实也”①。

1941年，他对1935年6月教育部公布的已经试行6年的《医学院及医科暂行科目表》做了检讨。他认为：“医学课程，至为繁重，而医学院又为培养研究人才之所，欲将医学各类课目，在四年内讲授完毕，实为不可能之事。无论依照现行课目表，或本人修正意见所定之时数，恐亦不过述其梗概而已，甚望提高中学程度。”②

关于课目分类，他认为：“原表分课目为普通科，及基础科学类、解剖学类、病理类、内科类、外科类等，似欠妥允。医学原分基础、临症

①民国医学代表对于日本方面之希望：国立北平大学医学院院长徐诵明述［J］．东京同仁会医学杂志，1930，3（5）：360.

②徐诵明．医学院及医科暂行科目表之检讨［J］．高等教育季刊，1941，1（3）：56—57.

两大类，鄙意仍不妨以此为标准，其不能列入两类之公共卫生学、法医学、医学史、医师伦理等，则可另设其他医学各科类囊括之。至国文、外国文、数学、物理、化学、生物等科目，在东西各大学医学科目表内，殊不多见，徒以吾国高中，办理不甚完善，而此等科目，又为基础医学之基础的科学，改列为第一学年之必修科目，以期基础充实而便深造，实则皆为高中之普通科目”。就此，徐诵明提出了普通科学类、基础医学类和临症医学类三大课目分类。其一，普通科学类，包括三民主义、国文、外国文、数学、生物学、分析化学、有机化学、物理学、体育等；其二，基础医学类，又可分为三小类，即（一）解剖学类（解剖学、组织学、胚胎学、局部解剖学），（二）生理学及药理学类（生理学、生物化学、药理学、处方学），（三）病理学、细菌学、寄生虫学；其三，临症医学类，又可分为三小类，即（一）内科学类（内科学、热带病学、神经病及精神病学、诊断学、儿科学、皮肤花柳科学、理学治疗），（二）外科学类（外科学、泌尿科学、矫形外科学、眼科学、耳鼻喉科学、战时救护训练），（三）妇产科学。其他医学各科类，有公共卫生学、法医学、医学史、医师伦理、医院管理法等。

另外，他还提出了课目之增删、各课目之时数、各学年课目之分配等具体改进意见。在提及医师伦理学课程时，他强调：“吾国医师，每多不守医德，甚或与市侩无异，殊可痛心”，应将“医师伦理学”“列为必修”。①

二、我国“中医日晦，西医未兴”“保健强种”乃“当今急务”

1946年，徐诵明调任沈阳医学院院长。该院原系满洲医科大学，规模宏大，设备先进，战后接收不久，故校内颇为复杂。徐诵明到任以后，首先从学术入手，于1947年5月创刊《国立沈阳医学院医学杂志》月刊。

他在《序》中提出了一些重要认识和思想：

①徐诵明．医学院及医科暂行科目表之检讨［J］．高等教育季刊，1941，1（3）：56—57.

第一，他认为“光复伊始，百废待兴”“我国科学稚弱，振聋发聩，实望其人，兹就岐黄之术论之，中医日晦，西医未兴，吾国保健卫生之道，几乎殆矣”。以日人占领时期的辽宁医学教育为例，几乎全部为日人所把持，比如，1938 年的奉天药剂师养成所有教职员工 43 人，中国人仅 5 人；1936 年的满洲医科大学有 72 人获得医学博士学位，中国人仅有侯宗濂、刘曜曦等 11 人。国立沈阳医学院原称满洲医科大学，1945 年年底由国民党军队进驻沈阳收复，1946 年 3 月由南京国民政府教育部、交通部派员接办满洲医科大学，先改名为中长铁路医科大学，再改校名为铁路医学院，由交通部、教育部和沈阳铁路局三方代表组成董事会，交通部特派员陈延任董事长，李圣三为铁路方面代表，参加董事会，担任驻校常务董事，董其政作为教育部代表参加董事会，担任医学院院长；是年 7 月，南京国民政府教育部正式接收该校，改校名为国立沈阳医学院，任命徐诵明教授为院长。因此，无论中医，还是西医，的确百废待兴。徐诵明深感“及来东北边远之区，益感医术启发不可或缓”①。

第二，他认为“发扬学术，可以经纬人群，而磅礴寰区，行远持久”。因此，“古今学者，莫不于此孜孜也”，有志之士，皆“致力于学”“鉴于医为当务之急，久有志于专刊”，遂在接掌沈阳医学院一年之后即创刊《国立沈阳医学院医学杂志》。其目的是“图切磋传播，而于中西医药有所建树”。他亲自撰写序言，并担任发行人，主编则由原满洲医科大学毕业的博士刘曜曦担任。其创刊号载文 12 篇，两篇介绍国外进展，由日本学者记述，中国学者翻译；7 篇原创论文和临床统计论文均由中国学者完成，甚至还有 1 篇长白山药用植物的调查报告。然而，从其调查报告、介绍栏目的文章来看，毕竟还可看出日人的痕迹。

第三，襄助“勤研苦讨，夙夜求精，刊文行世，而裨人益世”的风尚，摒弃“我国医生通病，志在独善，略有所得，即沾沾自喜，为不传之秘，或开业渔利，蒙混病者，或信口高论，狂瞀睨世，不求实际，作盛大之宣传”的弊病，否则，“医者愈多，医道愈晦”，这早为识者所忧。“志在博济，医尚仁术”，这才是正道。因此，他在《国立沈阳医学

①徐诵明．序［J］．国立沈阳医学院医学杂志，1947，1（1）：1.

院医学杂志》月刊开设综说（综合评述）、原著（原创论著）、临床统计（临床医疗实践经验研究）、调查（本地医事调查报告）、介绍（国外医学新进展）等栏目，以图通过学术交流、研讨切磋，推崇世界各国医学大家等措施，根治国人“志在独善”、老死不相往来的社会通病。

第四，“尤以医学一端，为当今之急务，盖民为邦本，保健强种，胥于是赖”“政府设院兴学，法至善而意至美也”，这也就是说，发展医学教育是解决“保健强种”问题的根本途径。他谦虚地说道：“诵明滥竽中原，久主医政，鉴于医为当务之急”“将我国医学发扬而光大之，诚吾日夜以祷求也”。这正是他北上主持国立沈阳医学院的初衷所在。

三、“旧医学教育必须改革”

徐诵明既有在民国时期参与国立北京医学专门学校的医学教育、创办国立北平大学医学院的实践，又有接收和改造南满医科大学的医学管理实践，因此他对旧医学的改造有独特的感受。

他的旧医学教育指清光绪二十九年（1903）创办医学实验馆开始，至1949年民国结束，持续了48年。其教育成就主要是养成医师20 000人，药师2 000余人，护士13 000余人，然而仍然是杯水车薪。“据近年的统计，患急性和慢性传染病的人约有1亿人，因此而死的每年达五六百万人；婴儿的死亡率更是骇人，约在30%至50%之间；我国人民的平均年龄最多也不过38岁。医师既少，大多数又都集中于城市，广大的乡村人民不患病则已，一旦患病，除求神问卜外，简直得不到正式医师的治疗，任其自生自灭，听天由命”①。他指出：“旧医学教育何以成效甚微，主要的原因不外两端”：

第一，“反动的统治阶级徒知剥削自肥，对于人民的疾苦灾害，向来漠不关心。虽然，在40余年间办了42所医药院校（包括私立13校，军医学校不计在内）”，但是“经费是否足用？设备能否合于条件？师资如何培养？每年能养成医师若干人？均无通盘周密的计划。人民的急迫需要何在？自然更不在彼等思虑之内”。②

第二，“医学教育制度不良，也是不能收到成效的一个重要因素”。

①②徐诵明．论新医学教育［J］．医药学（复刊版），1950，3（7）：148—150.

这主要包括：一是“教学没有、也不可能有正确的政治目标，学成以后，没有为人民服务的观念，只是为求技术而学技术，一部分前进人士，就是有这种观念，在那种环境里面，事实上也不可能任你去永远为人民服务”。二是“没有树立独立自主的医教体系，学制也好，教材也好，大多数不是抄袭英美，就是效法日本，适合于国情与否？很少注意。少数学校还有一种极不合理的现象，教员讲课，学生笔记，不是满口英语、法语，就是满纸德文、日文，殖民地式的教育，表现得充分无疑”。三是“旧制医科分专科学校和学院两级，都招收高中毕业生，专科级五年毕业，学院级六年毕业，但也有延长至七年八年的”“粗制滥造，固所不许，徒知提高而不知普及，斤斤于年限之长，也是太不切合实际”。“这是既往近50年旧医学教育的缺点”。① 那么，如何改革呢？

第一，“不论高级的医科药科，或中级的医助、护理、助产，第一、二学年列有社会科学，每周各二三小时，复设有医学概论（或药学概论）一科，授以医务人员应备之道德，公医制度和医学发展史，使学生于入学后即奠定为人民服务的人生观”。

第二，“建立新民主主义的医学教育，一切均由解决广大人民的发病痛苦出发，基础科目服从临症科目，临症科目服从现实需要，教材由中央统一编审，以期适合国情，对于欧美医学，必须批判后始予接受”，另外“尤须以‘预防为主’”。

第三，为早日解决广大人民的疾病痛苦，在“质”“量”并重的原则之下，缩短年限，医科由六年减为五年（内、外、小儿、妇产四系）或四年（眼耳鼻喉、牙医、公共卫生三系），药科一律定为四年（第三学年起分为药剂、药化、生药、分析鉴定、制药工程五系授课），中级的护理、助产教育由三年减为二年，并创办二年制的医助学校，培养大批在乡村之医务佐理人员，另外要“听、看、做合一，教、学、用一致，使理论联系实际，年限虽然缩短一二年，质不仅不致降低，反而可能提高”。

第四，在通专教育方面，主张推行“专科重点制”，认为“旧制是非专科无重点的学制”“旧制高级医学教育的内容，各科并重，是培养

①徐诵明．论新医学教育［J］．医药学（复刊版），1950，3（7）：148—150.

通才的"，亦即"即使将来专攻牙医的人，在学生时代，他要学妇产科手术……这岂不是学非所用，浪费时间"，故推行"在学生时期开始专科化"。

第五，为配合五年内每县成立一卫生院，五年内每区有一个卫生所的目标，提出"中级医学教育的重要性较诸高级实有过之而无不及"的认识，主张除在医学院校内附设二年制高级专修科外，拟委托各大学工学院代为训练卫生工程人员，"使毕业生能担任乡村的防疫和简易的治疗工作""特别加重公共卫生"，助产学校毕业生"负有接生及训练妇幼保健员和旧产婆的双重任务"，另外还要加强初级卫生人员的短期训练。①

四、最早从医学角度联名提出"推迟婚姻年龄和计划生育"

1950 年，在中国人民政治协商会议第二届全国委员会第三次会议上，徐诵明与李宗恩、颜福庆等 19 位委员联合提出"向人民宣传在合理的年龄结婚，提倡计划生育和实行避孕的好处"的提案。②

第一，从"保护妇女儿童，更好地教养后代，以利民族健康繁荣，有利社会主义建设"方面来看，"有些青年同志不考虑自己的身体、工作、学习和经济方面的可能情况而有急于早婚的现象，这是不好的。已结婚的夫妇，由于生育没有节制、没有计划，有的连续生育，子女众多，这不但给母亲婴儿产生了健康上的问题，也引起了家庭生活上、子女教育上以至父母的工作学习上一系列的困难。本来女子生育一般不致影响健康，但如连续生育，使母亲得不到很好休息和营养，难免不引起身体的衰弱，从而影响胎儿与婴儿的健康。子女多了，在照顾上、教养上也难于周到。特别是青年父母正是努力工作学习的好时期，而且有的经济上尚不能独立，如再加上家务负担，难免不分散工作学习的精力，也影响子女的教养。加之目前我国正处在建设时期，生产发展还有限制，个人收入还不太富裕，而社会福利事业如托儿所、幼儿园、学校等还远不能满足人民需要。因此，从国家建设、家庭幸福、母亲和儿童的健康来看，提倡在合理的年龄结婚和实行计划生育都是很必要的"。

①徐诵明．论新医学教育［J］．医药学（复刊版），1950，3（7）：148—150.

②新华通讯社编．新华社新闻稿(1957-03-14)［M］．北京：新华通讯社，1957：17—18.

第二，“过早结婚从产科观点看来也是不利的”。徐诵明等人认为，《婚姻法》虽然规定男 20、女 18 就可以结婚，但是这个规定，只是指的最起码的、最低的结婚年龄，而不是最合适的结婚年龄。从生理学上来看，女子 18 岁生殖器官虽已发育成熟，但整个身体的发育并未成熟。根据国外的统计，难产发生率在 22 岁以前比 22 岁以后要高，因此过早结婚从产科观点看来也是不利的。男子应比女子年龄更大一些。有人说女子一过 25 岁骨盆硬化，生育困难，这是没有科学根据的。同时年龄较长，各方面都较成熟，在处理家庭问题及教育子女方面也都会更妥当些，对家庭幸福、子女教养都有好处的。

第三，“应当实行有计划的生育”。至于结婚后，为使生育不要过多过密，或因工作学习的特殊原因暂时不愿生育，应当实行有计划地生育。所谓计划生育就是用避孕方法主动地控制生育的密度和次数，这样既免得子女过多过密，也可避免人工流产的损伤，因为人工流产是在胎儿正常发育过程中生硬地把他取下来，对身体健康不无影响，况且也还要耽搁一定时间和花费一些经费。所以“应使用避孕方法和有计划地生育（除少数民族地区外）则是应当广泛提倡的。有的人存有迷信思想，认为子女多少是命中注定无法改变的，有的人存有侥幸心理，对避孕怕麻烦，缺乏耐心，不能坚持，也有的不知采用科学的避孕方法而乱用药物、乱行堕胎以致造成惨痛后果，这都是宣传工作还未深入普遍的关系。要知道避孕是人民的民主权利，应由人民自愿选择适合自己的方法来进行。我们的责任是向人民讲清避孕的积极意义，不是要永远不生育，或反对生育，而是实行计划生育，并给以科学的技术指导”。

1971 年 7 月，国务院批转《关于做好计划生育工作的报告》，把控制人口增长的指标首次纳入国民经济发展计划。1980 年 9 月，党中央发表《关于控制我国人口增长问题致全体共产党员、共青团员的公开信》，提倡一对夫妇只生育一个孩子。1982 年 9 月被定为基本国策，同年 12 月写入宪法，其主要内容及目的是提倡晚婚、晚育，少生、优生，从而有计划地控制人口。徐诵明等 19 位委员，从医疗卫生角度，早在 1957 年，已经在全国政协会议上提出，表现了徐诵明等委员的高瞻远瞩。

第三节　岳劼恒：“高等学校负有更为重要的科研责任”

一、用“民族的形式、科学的内容、大众的方向，改造旧大学”

岳劼恒①在国立西北大学期间，有人把学校作为国民党派系相争之场合，他保持了与国民党反动派不附和、不同流合污的态度，致力于搞好教学工作。1948 年间，物价飞涨，学校经费短缺，学生的“公费”维持不了生活，成为当时学校最难解决的问题。为此，他受杨钟健校长委派，赴南京与国民政府教育部进行交涉，经过据理力争，终使教育部提高了学生的伙食标准，从而安定了学生情绪，稳定了学校秩序。1948 年年底，在我人民解放军的追击下，国民党军队向西南溃逃，这时在西北大学校内展开了一场迁校和反迁校的斗争。胡宗南多次施压，命令学校迁往川南自流井一带，而进步势力坚决反对迁校，两派的斗争十分激烈。

①岳劼恒（1902—1961），又名陋吾、鲁吾，陕西长安人（今西安市）。1922 年，考入北京大学物理系。1928 年，在北京大学毕业，获学士学位。1928 年到法国巴黎大学学习，1936 年获得法国国家理学博士学位并回国，任北平中法大学教授。1937 年日军入侵华北，他坚决不为日伪政权服务，辞职返回陕西。1937 年 10 月起任西安临时大学、西北联合大学、国立西北大学物理系教授。1941 年 8 月任西北大学物理系主任，1947 年 10 月任西北大学教务长。1949 年 5 月至 8 月任西北大学代理校长。1949 年 8 月至 1950 年 7 月任代理校务委员会主任委员。中华人民共和国成立后，先后担任物理系主任、教务长、副校长等职务，同时，他还先后担任中国人民政治协商会议第二届全国委员会委员、第二届全国人民代表大会代表。1961 年 5 月 24 日，他在西北大学校务委员会扩大会议上发言时，猝发脑溢血，经全力抢救无效，不幸逝世。

他和杨钟健校长采取了微妙的应付措施，抵制了迁校命令，保护了西北大学的财产，使其完整地回到了人民的手中。①

中华人民共和国成立初，岳劼恒与驻西北大学的军事代表密切合作，决心把西北大学建设成为人民的大学。他认为西北大学“为西北高等教育之最高学府，所负责任既重且大”。他指出：“人民政协纲领之文化教育政策，为本校今后一切设施之正确方向。……即要用新民主主义的文化教育政策——民族的形式、科学的内容、大众的方向，改造旧大学之谬误及不合理的设施，革除旧的弊病。”他与军代表合作，团结全校教职工，精简机构，合并院系（当时有陕西省立三个专科学校并入西北大学）；调整课程，开设了“新民主主义论”“辩证唯物论与历史唯物论”等共同必修课；整编人员，组织政治学习，进行思想教育等等。经过几个月的改造接收工作，使西北大学走上了新的轨道。②

新的西北大学在前进中遇到的主要困难是教授不足和教学仪器设备短缺。岳劼恒聘请著名教授和学者来西北大学任教或讲学。对于教学仪器设备的不足，除了力争教育部拨款、设法购置外，他还积极支持和主张办工厂，自己生产和维修仪器设备。在岳先生的支持下，由龙际云教授领导办起了物理系小型机械厂，聘请了三四位工人，加工制作实验仪器，使普通物理实验每个实验题目的仪器由一套增加到五套，满足了教学需要。西北大学自力更生制作物理实验仪器的事迹，1954 年受到教育部的表彰。

岳先生根据综合大学的任务，认为综合性大学既是一个教学机构，也应该是一个研究机构。为此，他号召西北大学的教师扭转对科学研究工作的片面认识，强调在完成教学任务的同时开展科学研究工作。他与教务处的同志一起，对全校如何展开科学研究做出了周密的规划，组织全校教师开展科学研究。他自己也以身作则，在繁忙的行政和社会事务工作中挤出时间进行科学研究工作，并为国家培养研究生。在他的组织领导下，物理、化学两系的有关教师以及研究生，在络合物的光学研究

①姚远．鞠躬尽瘁岳劼恒［N］．光明日报，2002-07-29.

②张景勋，姚远，王都怀，顾向民．物理学家岳劼恒先生传略［J］．西北大学学报（自然科学版），1987，17（4）：9—16.

方面进行新的探索，形成了一个系统的工作，取得了有价值的成果。

他所取得的成果，受到国内同行的高度重视。1959 年庆祝新中国成立 10 周年前夕，徐光宪教授发表文章总结我国化学、化工方面的研究工作时，对岳劼恒先生的研究工作给予高度的评价。文章中写道："建国以来，我国的科学工作者在党的领导下，已经开辟了络合物化学研究的新领域。……在络合物的光学研究方面共有 20 篇论文，大部分是用连续变化法来决定络合物的组成，其中以西北大学岳劼恒等所做的工作比较成一系统。他们选择了旋光度、光密度和折光度作为具有加合性的物理性质，研究了酒石酸和铜、镍等金属离子的络合物。"①

二、"不能掌握科学工作的方法和理论，也就不能提高教师的学术水平和教学质量"

第一，"教师首先要认真地胜利地完成教育任务，同时必须开展科学研究"。他在论及高校科研工作时指出："为了迅速把我国的科学水平提高到国际水平，为了培养科学上的新生力量，扩大科学工作者的队伍，高等学校负有比科学院更为重要的责任。因而在高等院校中，教师首先要认真地胜利地完成教育任务，同时必须开展科学研究。"同时，他特别强调研究方法和基础理论尤为重要，他认为，在科学研究"不能掌握科学工作的方法和理论，也就不能提高教师的学术水平和教学质量"②。于是，他又"重理旧业"，从 1954 年开始恢复了他的科学研究工作，首先从中国科学院北京物理研究所运回了他过去从法国带回的旋光仪，带领青年教师筹建实验室，亲自动手安装、调试实验仪器；其次是组织和培养科学研究的队伍，配备助手，招收研究生，并和化学系的教师合作开展研究工作。

第二，"科学研究的选题要密切联系实际和为发展生产服务"。他坚持以解决生产建设所急需解决的问题作为研究课题。他所进行的络合物的旋光性研究工作就是国民经济建设中的重要课题，对于提取裂变物质

①徐光宪：关于在我国开展络合物化学研究的一些意见［J］．科学通报，1959（17）：544—546.

②岳劼恒．在高等学校中进行科学研究工作的几点体会（1956 年在西安航空学院的讲话），现存西北大学物理系．

铀、提取稀有元素、测定大分子的物质结构有着极为重要的意义。他当时曾想到我国稀有金属比较丰富，进行这种研究工作会对开发利用稀有金属的自然资源做出贡献。以后，他又得知西北地区石油资源丰富，想应用旋光法研究石油，为石油生产做些工作。他还主张对基础理论和长远研究的课题也不能忽视。但遗憾的是他还没有来得及进行这方面的工作时，病魔就夺去了他的生命。

第三，“从事科学研究工作必须有客观的态度和实事求是的精神”。他认为，“这是完成科学研究的首要条件，缺乏这两个条件，绝对不能在科学研究上有所建树”。他指出：“在科学研究工作过程中，大胆假设，小心求证的错误路线要坚决地加以批判。一项结论的提出，必须再三审慎，在正面以外，还应当有旁证，有反证。在结论的引申和应用上就是极为细微的和事实不相符合的地方，也一定要追究到底，必要时将对原来的结论做出修正，以至完全放弃。”①

第四，“要用辩证唯物主义的观点指导科学研究工作”。他认真学习毛泽东同志的《实践论》和《矛盾论》，对唯物辩证法有较深的体会，并坚持以之指导科学研究工作。例如，他曾讲道：在研究“工作的开始阶段，要从简单的情况入手，尽量减少掺杂的各项因素。基本规律明确之后，再逐步考虑附加的条件，由简到繁，由粗到精”②，就是应用辩证法分清主要因素和次要因素对客观规律的影响。

第五，“在科学研究中，必须有顽强、细密和穷追的精神”。他指出：“‘科学事业上没有平坦的道路’的格言，在科学研究中更为切合实际。在科学研究工作的过程中，绝对不会一帆风顺，达到目标。无论在理论的推演或实验操作中，必不可免地要遇到一系列的困难……如果一遇到困难就挫了勇气，必然不能攀登科学的高峰，因而顽强的精神，是进行科研所必不可少的。科研又是非常细密的工作，在工作过程中，任何细微的节目，都要给以充分的注意，我们知道在科学史上许多重大的发现是由工作中细微而且在某种程度上是意外的事件引起的。观察不细密，就不能观察出这些意外的事件，给它们以正确地处理，因而引导到

①②岳劼恒. 在高等学校中进行科学研究工作的几点体会（1956年在西安航空学院的讲话），现存西北大学物理系.

新的发现。因此，工作中细密的精神，是进行科研必备的品质。”[①] 对于细密的观察，他举例说：“我自己去做旋光现象研究时，以氟化锑和酒石酸作用发生变化，经试验其旋光度以后，隔了几日，又重新作原来已配好溶液的旋光度，结果突然发现差别很大。经分析观察始知道是溶液的玻璃瓶子，前后的质料不同，上边反应放出的氟酸可以侵蚀玻璃。此项反应有快有慢，而取决于玻璃之质料。反应速度既然不同，复盐的生成速度也不同，因而旋光度随之发生改变。利用这种结果，我们可以用光学方法研究玻璃抵抗氟酸的情况。后来推广为研究含铝金属对于碱类侵蚀的一种很好的方法。”[②] “穷追的精神，就是工作要深入，对于一项问题，必须把事物的本质和它的规律彻底搞清楚。这样才有可能扩大科学知识的范围，也才有可能把研究工作的成果，应用到生产实际中去。缺乏深刻的钻研，浅尝而止，这一类的研究工作，在科学上是没有任何价值的。”[③]

第六，“在科学研究工作中要进行集体协作，集中大家的智慧解决问题”。他指出：“在高等学校每一教研组中进行综合性的研究题目，集中力量，研究互相关联的若干问题，无论在人力或设备上均比较容易安排，有困难也容易解决，老教师着重理论性的指导，年青讲师、助教有更充沛的体力和观察能力，应当多做具体的操作和调查工作。在工作中进行切实的指导与合作。”在另一次讲话中，他又指出：“我们当前在科研工作中常感到难以展开讨论。感觉到‘同行’太少，就是因为从事同一范围的研究工作的人不多。总的方向确定之后，参加工作的教师，应当结合自己的专长和爱好，各选择一项小题目，分工合作，互相协助。”[④]他把物理系、化学系的部分教师组织起来，跨系合作进行科学研究工作，并取得了很大的成就，就是集体协作、发挥大家智慧的典型事例。

三、为国家培养“熟练掌握现代科学技术的优秀科学工作者”

岳劼恒先生的教育思想，集中地体现在他对培养目标、专业设置、

①③④岳劼恒．在高等学校中进行科学研究工作的几点体会（1956 年在西安航空学院的讲话），现存西北大学物理系．

②岳劼恒．如何开展物理方面的科学研究工作，现存西北大学物理系。

师资培养、教学与科学研究的关系等问题的认识上。

抗战时期，他主张，“学生不仅要学好专业课，而且更要关心国家的前途和命运，要树立爱国、报国、救国的思想”。据岳先生的一些学生回忆说“岳先生常和学生在他的家中谈论国家和民族存亡的大事，教育学生要热爱祖国”。

中华人民共和国成立后，岳先生通过一系列的政治学习和活动，思想水平有了很大的提高。他明确地提出了培养学生的具体要求，认为：“要培养出数量足够的、忠实于社会主义事业、热心为人民服务的，并能熟练地掌握现代科学技术的优秀科学工作者”“在综合大学和其他高等学校的工作中，要培养出能独立思考、有分析问题、解决问题能力的合格人才来”。对于习文、习理、习工间的关系，他也有正确的见解，认为：“对于各种科学，应一体重视，不应有所厚薄”“照顾国家社会的需要，习工多于习理，诚为应加鼓励与赞助者，但不能轻视理论科学，理论科学不发展，应用科学根本不能发展。……所以我们不能反对多数的青年研究自然科学，必须提倡同样多数的青年研究社会科学；赞助大多数对自然科学有兴趣的青年，研究应用科学，但必须保留一部分意志坚定脑筋清楚的青年，学习理论科学。为国家前途百年计，非如此不可”。[①] 这是他对国家建设事业眼前利益和长远利益之辩证关系的正确见解。

对专业设置，岳先生认为，大学的专业设置应“依照国家建设对各种人才需要的缓急和各校所在地区的特点，结合校内具体条件，兼顾需要与可能，并尽量发挥潜力，积极创造条件，以求满足国家建设需要。同时，根据各校发展方向与地区特点，从全国范围内进行适当分工”。他又根据当时的情况做了具体说明：“目标过狭而教学计划中的课程不能成一完整体系的专业暂不设置；带有地区性的专业目前需要不多、条件不足、考虑调整集中；学生来源有限，条件不完备，而设置较多的专业考虑调整集中；国家建设需要虽大，但条件太差，也应少办；目前缺乏条件，但为国家建设所必需的专业及早创造条件；需要量不大，条件又不

①岳劼恒．讲稿，现存西北大学物理系。

好的专业隔年招生。”①

依据这些思想，岳先生在1953年对西北地区特别是陕西省的情况做了具体的分析，并对西北大学的专业设置做出了全面的规划和安排。除稳定大多数系的原有专业以外，还在生物系设置了植物专业，地理系设置了自然地理专业，地质系设置了石油地质专业等，使西北大学的专业设置更符合于国家建设的需要。

在师资培养工作方面，我国高等院校普遍存在着师资缺乏和师资业务水平低的严重情况，对于西北大学来说，情况更不例外。特别是1953年贯彻全国综合大学会议精神，要按照新教学计划开出课程，师资的培养和教师业务水平提高问题便成为当务之急。岳先生从领导岗位上深刻体会到师资缺乏和师资的业务水平不适应新教学计划要求的困难情况，认为师资培养是“学校今后教学工作发展的基础”，“必须作长远打算”。学校各级领导都必须大力去抓，“要在全校范围内，照顾到三五年内发展的远景加以通盘的筹划，制定各系的培养计划。……各级领导要督促检查执行情况”②。

为此，他提出了师资培养与教师业务水平提高必须依靠自力更生、校内培养为主的方针和校内外两条途径解决的办法：在校内，他提倡有经验的老教师带领中青年讲师、助教进行业务课研究，提倡老教师关心和爱护中青年教师的成长，支持他们的工作热情；中青年教师要认真、虚心、诚恳地学习和接受老教师的教学经验，要利用教研组这个组织形式，通过讨论的方式提高大家的业务水平。

岳先生还认为：应选派“身体健康，学习积极，有培养前途和有一定基础的青年教师外出进修”。他指出：“具有这些条件的讲师、助教大都在校内已担任繁重的教学工作，但我们必须作长远打算，为了将来专业课的开设，现时必须抽出一部分人力出外学习，不然的话，我们师资的困难将永无解除之日。”在他的积极支持下，各系都有组织地选派了一批教师参加苏联专家举办的讲习班、研讨会，参加国内一些学校举办的暑假讲座，到国内外有关高等院校和相关科研机构进修学习。对于出外

①②岳劼恒．讲稿，现存西北大学物理系。

学习和进修，岳先生还提出了明确的目的，即“派遣教师外出进修的目的，是为了提高教师的业务水平，直接解决某一课程的困难，参加进修的教师，在进修期满后，应能对本课程有全面系统地了解，熟悉本课程的基本内容，回校后，经过短期准备，即能讲授该课程”①。他还要求“出外进修的讲师、助教，要加强报告制度，使与我校的教学工作不致脱节，以免流于为个人兴趣进行学习的歧途”。

岳先生充分认识到在高等学校正确处理教学与科学研究之关系的重要性。他认为，“在高等学校中要想提高教学质量，在生产部门里要想提高技术水平，离开了科学研究，是没有另外的路可走的”。他又指出，“在高等学校中，做不好教学工作，科学研究就缺乏必要的基础。仅仅满足于教学任务的完成而不参加科学研究，对问题难以深入理解，不能真正掌握科学工作的方法和理论，也就不可能提高教师的学术水平和教学质量”。他进一步指出：“教师进行科学研究，一方面有可能把研究成果引用到讲授中去，引用到实验室中……而更为重要的，教师在进行科学研究的工作中，必须进一步熟悉有关的理论知识，掌握有关实验技术……这必然能巩固基础，扩大眼界。我以为这是科学研究提高教学的重要方面，其重要性远远超过把研究成果吸收到教材中之上。即使研究没有正面的结果或者还没有得到结果，只要严肃地切实地进行工作，无论对于科学研究有基础的老年教师，或者初次参加的青年教师，提高教学的效果是肯定的”。②

对于教学工作和科学研究工作相矛盾的情况，岳先生认为这毕竟是暂时的和局部的，只要适当安排各级教师的力量，就可能同时解决科研和教学两方面的问题。他把高等学校的教师分为三类，并提出了具体的安排意见。第一类是有专长的各行专家，在业务上有较深厚的积累，对科学研究有一定的经验和成绩。在科研方面，他们应“重理旧业”，至少参加和旧业相近而为当前教学理论、生产建设所急需的研究工作；第二类是科学基础好、教学成绩好、年轻力壮的副教授和讲师级的教师，

①岳劼恒．讲稿，现存西北大学物理系。

②岳劼恒．在高等学校中进行科学研究工作的几点体会（1956年在西安航空学院的讲话），现存西北大学物理系．

他们在准备或担任专业课的同时，应当积极准备他们的科研工作，把科学研究的题材和所准备或担任的课程密切结合起来；第三类是新参加教学工作的助教，他们一方面要担任一定的教学任务，另一方面要巩固基础课和熟悉实验方面的操作技术。在完成一定的教学任务之外，应当在第一、二类教师的指导下，进行较简单的研究工作，当好助手。读一定的参考文献，准备一定的实验装备，由浅入深，由简到繁，逐步达到能够独立工作。所谓师傅带徒弟，就是这个道理。对于这些青年助教，学校也不能把过重的教学任务交给他们。每周应当有一两天的整段时间，可以从事研究方面的工作。

四、“必须明了基础原理和发展趋势”“才能使教学内容不断得以革新”

岳劼恒先生无论行政和社会事务工作多么繁忙，从未离开过教学第一线。他身体力行，辛勤耕耘，形成了自己的教学特点和作风。

第一，注重教材基本建设。岳先生从事教育工作的20多个年头中，为西北大学物理系编译了大量教材。中华人民共和国成立初，教学条件很差，几乎没有现成的教材，现成的参考书也很少。在这种情况下，岳先生利用自己擅长英语、法语并精通物理学的特点，参阅了多种国外教科书，编写了《理论力学》《热力学》《光学》《近代物理》等10多种讲义。这些讲义大都史料充实，概念清楚，文字简明，表达准确，图文并茂，有着较高的学术水平。只因条件限制，未能整理出版，以后在“文化大革命”中大都散失。在教材编写中，岳先生很注意介绍新的物理学成果。20世纪30年代，他从西欧回国后，通过编译教材和做学术动态报告等形式，向国内外特别是向西北地区介绍了很多物理学的新成就。但他并不以此为满足，而仍然坚持不懈地学习和探索。他在1956年所写的自传中说：“我必须有计划地进行业务学习。20年来物理学有了较大的进展，固然不能要求样样都懂，但必须明了基础原理和发展趋势。”

第二，重视基础理论课教学，为学生打好坚实基础。岳先生从自己的经验认识到：学生学好基础理论课，打好坚实的基础，以后无论是继续深入学习或是搞专门研究，都能得心应手。因此，他深深感到加强基础理论课教学的重要，他亲自为学生讲授普通物理、理论力学、热力学、光学等基础课和基础理论课。在20世纪50年代，作为教务长和副校长，他都没有离开过教学第一线，一直为大学本科生继续讲授基础理论课和专业基础课。在教学中，他注重基本概念，说理深入清楚，有时还在课堂上做演示实验，启发学生从简单的实验中悟出深刻的道理，帮助学生理解讲课内容，掌握好基本概念和原理，打好基础。

第三，生动、科学的教学方法。岳先生讲课，注重讲重点、讲难点、讲方法，讲授生动有趣，富有启发性。即使像原子物理和波动力学这样较为深奥和难以讲解的课程，经过他的生动讲述，也会使人感到浅显易懂和趣味横生。例如学生在学习原子物理和波动力学课时，对探索微观世界所用的方法感到陌生和不可理解：为什么会有那么多的假设？为什么能够用假设推出的结果的正确性来证明假设的正确性？在解答这些问题时，岳先生巧用比喻讲得深入浅出，他说："假设有一个黑房子，我们既看不见也不知道里面有什么东西。但是，房子有一个小窗口，我们可以向里面扔进一些石子，然后听里面发出的回声。如果里面放有各种乐器，我们就会从有鼓的回声断定某个方位有一面鼓，从有锣的回声断定某个位置有一面锣。如此类推，就可以推断出这间看不见的黑房子里到底有哪些东西。"探索微观世界在方法上具有类似的道理，而物理学革命的本质和核心，也正是这些方法的变革和创新。在给学生讲科学研究方法的重要性时，岳先生举例说："法国当时有位物理学家和居里夫人同时开始镭的提取和研究工作，但他和居里夫人所用的方法不同，尽管使用了更为精密的仪器，采取了更为精细的提取手段，但他却没有获得成功。居里夫人却因在镭的提取和研究中取得巨大成就而获得诺贝尔奖。这就是方法不同，结果迥异。"岳先生就是这样，常常通过生动的比喻和典型事例，化难为易，并且把科学方法的教育贯穿在整个教学过程之中。这是他教学方面非常突出的特点。

第四，强调培养学生的动手能力。岳先生要求学生从开始学习物理学起，就要做到重视实验，勤于动手。中华人民共和国成立初，物理系实验仪器和设备很少，很难通过实验培养学生的动手能力。为此，岳先生克服重重困难，亲自支持在物理系办机械厂，制作和维修实验仪器，亲自参与实验室的建设工作。他还把自己从国外带回的一些实验仪器加以改装，用于教学，从而使物理系的实验仪器大有增加。在培养学生的实验技能方面，他从实验操作和实验态度两方面入手，严格要求。对于一般性实验，要求学生看完讲义就自己动手设计、准备、操作和完成；对于较复杂的实验，要求教师先示范，然后再让学生动手操作。对于树立学生正确的实验态度，岳先生更为注意。有一次，几位学生为了赶时间，把不正确的结果修正后写入实验报告上交。岳先生发现后，立即做了严肃地批评，并要求这几位学生重做，直至通过自己的操作得到正确结果为止。他对培养学生做理论课习题的能力也很重视，认为习题是实际问题的抽象表现，求解习题也是对解决实际问题能力的培养。因此，他对布置习题作业和批改作业，总是非常认真，发现问题，立即因势利导，帮助学生提高解题能力。

第五，稳健求实，不随波逐流。岳劼恒先生在多年的教育工作中，还形成了稳健求实的工作作风。无论是在教学工作中还是在学校行政工作中，他都能以求实的态度去分析问题和解决问题。1959 年，国内掀起过左的教育革命热潮，对此，岳先生认为教育革命在当时中国微薄的教育基础上是不可能进行的，否则将得到不良的后果。既没有形成自己的教育模式，又抛弃了别人的经验，这是不现实的。当时，物理系部分青年教师提出了“一条龙”的教学改革方案，即把《普通物理学》中的力学部分和理论力学部分合并为一门课，一次学完；把《普通物理学》中的电磁学部分和电动力学部分合并为一门课，一次学完，等等。岳先生认为这种做法是对物理学规律没有深入理解的结果，这样做势必会违背学习应遵守循序渐进这个众所周知的规律，应当很快停止这种“一条龙”的试验。事实证明，岳先生的看法是正确的。不随波逐流，稳健求实，客观地分析问题和解决问题，是岳劼恒先生一大优点，能够在那政治上大起大落的年代做到这一点，的确难能可贵。

五、“不做落后的人，更不做旁观的人”

岳劼恒先生做人的一个重要信条是“我不愿做一个落后的人，更不能做一个旁观的人”。

他一生热爱祖国，追求进步，在教学工作中也经常向学生进行爱国主义教育，是一位高尚正直的爱国志士。他在北京大学上学期间，就积极地参加了进步学生的政治活动。当时，陕西旅京学生组织了一个进步政治性团体——共进社，岳劼恒担任了这个组织的会计工作。他与李子洲、魏野畴、刘天章、杨晓初、杨克强等进步同学结为知己，还有他的同班同学邓文辉（和李大钊一起遇难）、张仲超（“三·一八”惨案烈士）等，常常在一起谈论国家前途，或在一起参加北京的学生政治活动。在这个组织的影响下，岳劼恒逐渐走向了进步之路。1926 年，共进社被奉系军阀摧残解散，他也因此遭到缉捕。他深感政治黑暗，思想上受到很大压抑，但他相信科学能够救国，在家庭的影响下，走上了研究学术的道路。以后他远渡重洋，赴法留学。学成回国后，即全身心地投入振兴中华民族科学文化的事业之中。他回国任教的第一所大学是中法大学，该校规定教学必须使用法语。岳先生对这一规定非常反感，坚持在课堂上用国语讲课，为此与校方多次发生争执。1937 年，日寇入侵华北，中法大学不愿迁往内地，而他也不愿留在北平为日伪政权服务，便愤然辞职返陕。在国民党统治时期，他把希望寄托在中国共产党身上，在学校的教育工作中，他除了要求学生学好业务课之外，还经常和学生谈心，谈论国家和民族存亡的大事，教育学生要热爱祖国、关心祖国的前途，树立爱国、救国和报国的思想。他对进步学生持同情和爱护的态度。1946 年，西北大学学生为反对国民党反动派而举行游行示威活动时，有些学生被捕。岳先生竭尽全力周旋解救，并且为一些被当局无理开除的学生进行辩护，争取他们重新返回学校。在又一次学运中，著名学者、西北大学校长马师儒的次女在北京参与学运的组织工作，遭到国民党当局的追捕。她逃到陕西后，继续参加西北大学学运，被胡宗南逮捕。岳先生为此多方活动，终以知名人士的身份，与马师儒一起联名保释其出狱。在学运后期反动派大逮捕时，岳先生的长子岳忏曾在家中掩护进步同学，岳先生对此也表示默许。

中华人民共和国刚成立不久，他发表文章赞成党的文化教育政策，反对全盘西化。他说：“民族文化的形式是应当有选择地吸收西方文化，要根据我国目前及以后的需要，取其适用之精华，摈斥其不适用之糟粕。对于自然科学我们要大部分吸收，对于社会科学必须根据我国国情与社会现实情况加以选择、修改，全盘西化绝对不可，同时要推崇本国文学。”他经常在课堂上或在各种会议上讲述他参加各种政治活动的感受，谈他的认识和体会，介绍社会主义建设的新成就，教育学生热爱社会主义祖国，树立为人民服务的思想，为建设新中国勤奋学习，把爱国主义的教育寓于业务教育之中，强调一定要“在重要的科学部门我国必须接近世界水平”①。中华人民共和国成立后，他承担了繁重的教学、科研和行政事务，从无怨言，而且常常废寝忘食，昼夜不停地工作，连节假日也很少休息，以致积劳成疾。1961 年 2 月，医生曾诊断出他患有严重的心血管病，但他瞒着家属和同事，把检查结果锁进抽屉，继续坚持工作，直到生命的最后一刻。周培源教授在唁电中说：“这是教育界及物理学界的极大损失。解放 12 年来，劼恒同志真诚地接受党的领导，积极提高阶级觉悟，忠心耿耿地为人民教育与物理学事业努力工作，做出显著成就，最后并找到了光荣的归宿。他为知识分子坚决跟着共产党走社会主义的道路，树立了良好的榜样。”②

岳先生学贯中西，造诣极深，既是一位杰出的物理学家，也是一位杰出的教育家。他以广博的学识、严谨的学风，教育和熏陶了几代人。他为重建西北大学，艰苦创业、呕心沥血，做出了很大贡献。他对祖国、对人民、对科学的深沉热爱和无私奉献，他真诚坦荡、谦虚可亲、勤奋好学、诲人不倦、艰苦朴素、勇挑重担、稳健求实的品德和作风，他执着地追求真理的强烈事业心和责任感，都是值得我们永远学习和纪念的。岳先生身上集中了我国老一代知识分子的很多优秀品德，不愧为我们教育工作者学习的光荣楷模。在岳先生的教育生涯中，他从来没有把教书看成是一种负担，而始终视为自己的神圣职责，这是他之所以在高等教育方面卓有建树的关键原因。在我国教育事业蓬勃发展的今天，正需要像岳先生这样，以教书为己任，以育人为天职的千千万万个人民教师。

---

①编者．岳劼恒的发言（新华社北京 7 日电）[N]．新华社新闻稿，1956-02-09.

②周培源教授代表北京大学和他本人给西北大学的唁电 [A] 1961-05-27，西安：西北大学档案馆.

第四节　辛树帜农林高等教育思想

一、立志教育强国、科学强国

辛树帜[①]从小受到梁启超《中国魂》的影响，具有强烈的民族忧患意识和爱国主义情怀。他在1910年时所写的一首诗里即有“陆合暗风烟，强邻逼外鄙，国仇深九世，未雪男儿耻”的表述。在其日记中也有“余生于光绪甲午年，即中日战争失败之年也，自有知识以爱国自许”的表述。[②] 在这里，强烈地表达了他对民族积弱、强邻压境的忧虑和立志雪耻的凌云壮志，这是他走上教育救国、科学救国之路的一个起点。

他于1915年秋，考入武昌高等师范学校博物部。在武昌高等师范学校学习时，他立志高远，刻苦钻研，努力使自己成为在学术与教育方面有所造诣的人。当时，受著名科学家竺可桢等老师的教诲，同学中有章伯钧等互相鼓励，加之受辛亥革命民主思想及五四新文化运动的影响，“教育救国”“科学救国”等强国梦想在其心里打下了深深的烙印。于是，他决心振兴祖国，以教育和科学昌明政治，解万民于倒悬。1919年春，辛树帜得到家乡临澧县政府的100元津贴，随同学到日本考察了一个月，这次考察使他对日本及西方的社会和发达的科学教育有了亲身感

①辛树帜（1894—1977），我国著名的教育家、生物学家、农史学家，对我国高等教育尤其是西北农林高等教育的拓建与发展做出了卓越贡献。辛树帜毕生致力于科学、教育事业，先后担任国立西北农林专科学校校长、国立西安临时大学筹备委员会委员、国立西北农学院院长、国立兰州大学校长和中华人民共和国成立后的西北农学院院长等。

②孙武学．西北农林科技大学教育思想文选［M］．杨陵：西北农林科技大学出版社，2005：375—379.

受。1919 年秋，从武昌高等师范学校毕业后，他决心赴欧洲留学。为了筹措出国留学经费，辛树帜在长沙明德中学、长郡中学和湖南省立第一师范学校担任生物教员，节衣缩食，积攒资金。这一时期他在教学中，既注重学生课堂知识的讲授，又注重引导学生从社会实践中学习科学文化知识，课外还经常带领学生到岳麓山、衡山、庐山等地去采集各种生物标本，由此激发了不少学生的兴趣。在他的影响下不少学生后来走上了科学研究的道路，并成为各领域的知名学者与专家。

辛树帜在武昌高等师范学校毕业后，经过 4 年的工作和艰苦努力，省吃俭用，积攒了 2 000 多元钱，便于 1924 年赴欧留学。他先在英国伦敦大学攻读生物学，第二年转入德国柏林大学，研习植物分类学。在柏林大学学习期间，导师笛尔斯博士（Dr. Diels）曾告诉他，中国广西瑶山地区，是一块未开垦的处女地，在动植物分类学上具有重要意义，希望他予以关注。老师的话激发了他对广西瑶山考察的兴趣。[①] 1927 年冬，正在柏林大学学习的辛树帜，突然接到时任广州中山大学正副校长戴季陶、朱家骅发来的电报，希望他回国担任黄埔军校政治部主任，并寄给他 2 000 马克做路费。[②]接到电报后，辛树帜颇为犹豫，因为他本想在柏林大学再深造一二年，以完成学习计划，但因戴季陶、朱家骅代表中山大学一再来电催促，又寄来路费，盛情难却，就只好先踏上归国路程。

回国后，他不忘科学教育强国的初心，一心想的是如何发展中国的科学教育事业，无意从政。加之在德国柏林大学学习时老师笛尔斯让他关注广西瑶山调研的教诲与指导记忆犹新，于是他婉辞了黄埔军校政治部主任之委任，并再三向戴、朱两人恳切说明自己请辞的理由，解释说："我国地大物博，素为世界所重视，但是我们的科学技术还很落后，历来所见关于中国生物之记载文献，大多出自外国人之手，尚未看到国人自己做的相关精密调查。而西方人所记载的文献，其中虽不乏佳作，但也有居心叵测者为本国利益搜集资料，以为侵略我国做准备。长此以往，听其深入我国各地从事采集调查，不仅丧失国家主权，还是国人莫大的耻辱！因此，今日欲求我国学术之发达，查明各地物产实际情况，以供

①②牛宏泰．辛辛苦苦　独树一帜［M］//西北农业大学编．一代宗师——辛树帜先生百年诞辰纪念文集．杨陵：西北农业大学出版社，1997：43.

国家开发之参考，实属当务之急。”①

1928年5月，中山大学决定由辛树帜带一考察团向当时人迹罕至的广西大瑶山、大明山进发，考察队自5月10日至8月中旬，对瑶山的动植物资源、历史、语言、民俗进行了为期3个月深入细致的考察，当时参加人员有石声汉、任国荣、黄季庄、蔡国良等人。瑶山是中国乃至世界动植物资源的宝藏，也是当时我国西南部的一个神秘领域，就连当地人也很少进入。为了采集到尽可能多的动植物标本，辛树帜等人攀险岩、穿蓬蒿、钻竹林、斗恶蜂、避山蛭、躲毒蛇，战胜诸多难以想象的艰苦。白天，他们在山上兴致勃勃地采集动植物标本；晚上，他们回到山村，访问民间风俗。采集民歌民谣，在昏暗的油灯下，标注少数民族语言。②第一次调查后，同年11月辛树帜又组织大家对大瑶山进行了第二次考察，考察的区域范围比第一次翻了一番，直到1929年2月才返回学校。两次考察共采集标本6.4万件，计有植物近1 000种，30 000份；哺乳类动物40余种，100余份；鸟类210种，近4 000份；爬虫类40余种，500余份；两栖类20余种，300余份；昆虫600余种，2 000余份，其中鸟类中有60多种是首次发现。另外，还有瑶族服饰类物品数十件，以及整理的当地风俗、民俗习惯记录《正瑶舞歌》《甲子歌》《瑶山两月视察记》《瑶山采集日程》等大量资料。③ 辛树帜领导的对大瑶山等地调查实开我国大规模采集之先河，意义非同小可。对于辛树帜等人所进行的科学考察，史学家顾颉刚先生给予高度评价与称赞：“他们对学问的热心和勇气使他们不以在生物学上开一个新纪录为满足，还要在民族学和方言学上开一个新纪录。”并称此项调查“真是一件大功绩”。④ 以辛树帜的大瑶山采集为基础，中山大学建起了比较完整的动植物标本室，不仅培

①石声汉．国立中山大学广西瑶山采集队采集日程［M］．广州：国立中山大学，1929：12.

②冯双编著．中山大学生命科学学院(生物学系)编年史(1924—2007)[M]．广州：中山大学出版社，2007：29.

③冯双编著．中山大学生命科学学院(生物学系)编年史(1924—2007)[M]．广州：中山大学出版社，2007：29—39.

④顾颉刚．跋语［J］．语言历史研究所周刊·广西瑶山调查专号（国立中山大学，1928-09-19），1928，(4)：46—47.

养了大批从事动植物研究的专门人才，而且扩大了中山大学的影响，使其在20世纪二三十年代起就在国际生物学界具有举足轻重的作用。

1932年春，辛树帜由广州中山大学北上南京，担任国民政府教育部编审处处长。次年，国民政府教育部编审处扩充为国立编译馆，辛树帜任该馆馆长。这一时期辛树帜不仅审查发行了大量大、中、小学教材，还统一整理、审定科学名词，使许多从外国音译过来的同物异名科学名词，在我国有了统一的名称，从而极大地推动了教学、科研和中外文化交流。此间他还主持编纂出版了我国第一本《教育年鉴》，主编《黄河志》等，为我国科学教育发展和对外文化交流事业做出了积极贡献。

20世纪三四十年代，国民政府从国家战略高度大力推进西北开发建设，辛树帜积极响应。在开发建设西北的热潮中，诸多仁人志士或个人或团体组成各类考察团，前往陕西等地考察，辛树帜也是其中之一，并积极响应国民政府号召和国家开发建设西北战略，置身两所大学的创建与发展，先后担任国立西北农林专科学校（后改为国立西北农学院院长）、国立兰州大学校长。

1932年，辛树帜前往陕西考察过程中被黄土地那深沉而厚重的历史文化积淀和广阔的开发前景深深地吸引，并迷恋上了当时还比较贫瘠又充满生机的这片黄土地，从而产生了置身黄土地、建设大西北的宏伟构想，由此他的人生也开始了新的重大转折。

但是当时，陕西大旱，赤地千里，民不聊生，饿殍载道。据史料记载，1928—1932年，由于旱灾、蝗灾、狼灾和瘟疫流行，死亡达300万人。[①] 灾荒最严重的1929年，灾情波及全省80余县，截至该年11月死亡250万人，外逃40余万人，灾民535万余人。[②] 面对此情此景，辛树帜首先想到民以食为天，想到要发展农林牧业，他认为“开发西北，道在其中矣”。而要发展农林牧业，必须依靠现代科学技术，科学技术的发达关键又在于教育，尤其是高等教育的发展。当时偌大的西北地区竟没

①《西北农林科技大学史稿》编审委员会编．西北农林科技大学史稿（1934—2014）［M］．杨陵：西北农林科技大学出版社，2014：3.

②郭琦、史念海、张岂之主编．陕西通史·民国卷［M］．西安：陕西师范大学出版社，1997：165.

有一所高等农林院校，由此，他萌发了在西北创办一所农林高等院校的设想。这个想法一提出，便得到许多有识之士的认同和赞赏，特别是陕西籍国民党元老如于右任、杨虎城、焦易堂等的鼎力支持。1932 年 5 月，戴季陶、于右任、张继等人在西安发起并起草了《筹建建设西北专门教育初期计划议案》，其计划首条即为"先办国立农林专科学校"，1932 年 10 月，该议案经国民党中央执行委员会第 327 次政治会议决议通过，并在 329 次政治会议中决定除原于右任、戴季陶、朱家骅、焦易堂、邵力子等筹委外，加推杨虎城、辛树帜等人为筹委会委员，集资在武功杨陵营建西北农林专科学校。① 1934 年 3 月，学校筹委会公推于右任为校长，但由于事实关系，于右任并未到任，但实际工作在筹委会的领导下积极推进。截至 1936 年 7 月，国立西北农林专科学校筹备委员会工作结束，这样，国民政府教育部遂任命辛树帜为校长，同年 8 月 1 日，辛树帜到校履职。② 国立西北农林专科学校的成立，标志着现代西北农林高等教育事业自此开篇，走向辉煌。

之后，辛树帜为学校事业、为振兴大西北、为科教强国梦想奔走呼号。1937 年 7 月，全民族抗战爆发后，京津高等院校纷纷内迁，1938 年 6 月，国民政府决定，国立西北联大农学院、河南大学农学院畜牧系、与国立西北农林专科学校合并，组建国立西北农学院，继续聘任辛树帜为国立西北农学院院长。新中国成立后，辛树帜不断学习政治理论，改造思想，认识到只有在社会主义制度下，教育强国、科学强国的梦想才能真正变为现实。1950 年，他受命重掌新生的西北农学院。

二、注重师资队伍建设　积极奖掖后进学人

百年大计，教育为本；教育大计，教师为本。师资是决定一所大学内涵式发展最为重要的资源，正因为此，各大学创办与发展过程中都把延揽优秀人才，作为办好一所大学最为重要的"法宝"。作为教育家的辛树帜，在各个学校的创办与建设中，同样十分重视师资队伍的建设并

①《西北农林科技大学史稿》编审委员会编．西北农林科技大学史稿（1934—2014）［M］．杨陵：西北农林科技大学出版社，2014：4.

②《西北农林科技大学史稿》编审委员会编．西北农林科技大学史稿（1934—2014）［M］．杨陵：西北农林科技大学出版社，2014：6.

积极奖掖后进学人。早在1920年代末，辛树帜回国担任中山大学生物系主任期间，即在教育教学中十分重视师资队伍建设，先后聘请罗宗洛、董爽秋、朱洗、戴辛皆等学者到学校任教。正是这些学者的加盟，使得中山大学生物学科在20世纪二三十年代开始即享誉海内外。

1936年7月，辛树帜受南京国民政府教育部任命为西北农林专科学校校长后，学校设有农艺、森林、园艺、畜牧、农业经济、水利等6组（后改称系），并计划当年招收新生101名。[①] 这样，办学中首先遇到的就是师资问题，当时陇海铁路尚未全面通车，又很少有汽车等交通工具，加之西北地区尚显贫寒，生活条件相对艰苦，与京津沪等东南沿海大城市院校相比不可同日而语，实有天壤之别。但辛树帜为人真诚热情、没有官僚作风和市侩习气，凭借着其求才若渴的态度与一腔热血吸引了一大批著名学者、专家来到黄土高原与他合作共事。学校在办学过程中成立了教授会，教授会成员由教授、副教授和讲师组成，其宗旨是联络感情、交换知识，共谋校务之发展，并定期举行会议商讨学校发展事宜。在辛树帜的积极奔走与诚恳聘请下，大批农林人才汇聚西北、任职于西北农林专科学校。另外，诸多留学归国的年轻学者，也被辛树帜的人品、学品、才识所吸引，来到西北农林专科学校及西北农学院从事研究和教学工作，施展他们的才华和抱负。

抗日战争胜利后，1946年，辛树帜再次来到自己热爱的这片黄土地，出任兰州大学首任校长。他认为办好兰大这所综合大学，对于整个国家和西北的教育事业至关重要，并在办学过程中处处着眼于西北教育的全局。他认为："西北诸省，为我国古代文化发祥之地，亦今后新国运发扬之所，承先启后，继往开来，国防价值，于今尤重，复兴文物，开发资源，实目前最重要工作。"[②] 为实现这一宏伟蓝图，他除了抓院系专业设置，强调要办好民族教育外，很重要的就是抓教师队伍，不拘一格，采用多种形式延揽、选用人才，服务西北。诸多著名专家学者被其"揽

①《西北农林科技大学史稿》编审委员会编．西北农林科技大学史稿（1934—2014）［M］．杨陵：西北农林科技大学出版社，2014：6.

②辛树帜．呈教育部［J］．兰州大学校讯（国立兰州大学出版组编印，1947-01-15），1947，（1）：1.

天下英才而用之”的真诚情怀与人品所感动，有的确实因为具体情况不能前往兰州大学长期任教，辛树帜就采用聘请短期讲学、客座讲授等办法，先后聘请著名历史学家顾颉刚，前文已提到的辛树帜的学生、著名植物生理学家石声汉以及中央大学、上海等地高等院校的知名教授到兰州大学讲学。同时利用兰州夏季不太炎热，利于避暑等有利条件，先后请著名的民族史和宋辽金元史专家、武汉大学历史系教授方欣安（壮猷），著名生物化学家、中央大学生物系教授郑集，著名气象学家、中央大学地理系教授朱炳海等多名教授到兰大讲学。①

中华人民共和国成立后，辛树帜欣然接受重托，再次执掌西北农学院：他认为，在30年代由于种种原因没有实现的宏愿，在新生的人民共和国一定会变为现实，那就是要把西北农学院建设成为全国农业教育与科学研究的中心之一。但是，中华人民共和国成立之初，西农面临的最大问题仍然是师资不足，当时许多教师纷纷他去，学校许多课程无法正常开设。对此，辛树帜到任后充分利用自己学生多、熟人多、影响大等优势，广泛吸引各类优秀人才，到西农任教。

总之，辛树帜在办学过程中十分重视师资力量的建设和人才的选用，往往是他到了哪里，哪里就会聚集一批专家学者。除此之外，辛树帜还十分注意培养与奖掖后进学人，努力为年轻人提供良好的生活与工作环境。他常常说：“人才从事业中出，只要以诚相待，知人善用，处处都有人才。”② 早在20世纪20年代末担任中山大学生物系主任时期，他就非常关心青年教师的成长，并根据每个人的特点为其确定研究方向，他当时让石声汉专攻哺乳类及爬行类动物研究，吴印禅专攻羊齿类及高等植物分类，任国荣专攻鸟类研究。稍后，他还让这三位青年教师参加由他组织的瑶山科学考察，后来又帮助他们到国外深造学习，在他的具体帮助与精心指导下，三位年轻人都学有专长，在各自领域都有很高的造诣

①牛宏泰．辛辛苦苦　独树一帜［M］//西北农业大学编．一代宗师——辛树帜先生百年诞辰纪念文集，杨陵：西北农业大学出版社，1997：48.

②孙武学．西北农林科技大学教育思想文选［M］．杨陵：西北农林科技大学出版社，2005：375—379.

和成就，后来都成为著名学者和相关领域专家。① 在西北农林专科学校及西北农学院时期，辛树帜积极关心青年教师和学生成长，激励他们刻苦学习改变西北农村落后面貌，并坚持亲自授课、定期举行师生座谈会，具体了解师生教学和科研情况。只要是大家有兴趣学习和钻研的课题，他都千方百计出主意想办法，师生每有论文、著作撰写，他不仅乐意帮助阅改，还四处联系发表和出版。在他的支持与提携下，学生中涌现了赵洪璋、王恺、王劲草、万建中、陈桂陞、吕忠恕、刘荫武、李翰如、安希伋、邱怀等一大批优秀学子，这些学生以后都为我国农业事业做出了突出贡献。

三、强调理论联系实际　主张学以致用

辛树帜在办学思想与办学理念上一个显著特点是强调理论联系实际，主张学以致用。他反对为了读书而读书，为了研究而研究，他认为无论办学还是研究学问，都要从实际出发，要服务于国家经济社会发展大局。他在欧洲留学期间专攻植物分类学，针对我国当时动植物分类学研究相对落后的状况，归国后，为了学有所用及改变我国在动植物分类学研究方面的落后状况，如前所述曾组织一个规模较大的生物采集队，深入广东北江瑶山、广西大瑶山等地，采集了几万号植物标本和上万号鸟类、兽类及爬虫、两栖类动物标本，在中山大学建立起动植物标本室。

1932 年，他前往陕西考察和担任西北农林专科学校校长后认为，开发大西北农业很重要，必须把农业发展放在西北经济社会及西北大开发的重要位置。因此，他担任校长后，要求学校在办学过程中一定要结合西北实际，服务国家发展战略、服务西北农业经济社会，并要求学校在教学目的、培养目标、课程设置、教学安排等方面，注重学生实际工作能力及独立研究问题能力的培养，当时除体育和军训外，实验、实习及调查课程等内容约占学生全部课程的 40%。② 具体而言，在畜牧、兽医专业教学与研究方面，提出了“畜牧专业要注重西北家畜品种研究，以

①刘宗鹤．辛树帜先生传记［M］//史念海主编．辛树帜先生诞生九十周年纪念论文集，北京：农业出版社，1989：6—7.

②《西北农林科技大学史稿》编审委员会编．西北农林科技大学史稿（1934—2014）［M］．杨陵：西北农林科技大学出版社，2014：18.

定改良方针”。兽医专业要“注重西北兽医预防问题”。森林问题研究，规定“讨论及研究关于西北所有之造林、护林及森林利用与林业改革问题”。在农艺试验中要侧重“西北主要农作物的栽培、育种”①。在学生实际工作能力的培养上要求理论与实践并重，如农业经济学的设计实习中规定：“教导学生实地练习研究农业经济问题；其研究所得材料，将来作为毕业论文。”②为了进一步加强理论与实践的结合，辛树帜还十分重视教学试验场地的建设，并呼吁师生重视科学研究与科学技术的推广工作。如，于1936年学校筹建了畜牧场，设于学校西侧，分猪、羊、鸡、役畜、饲料各部，还专门派人管理上海劳动大学农学院归并时转接的吴淞示范农场。科学研究方面，1936年学校进行了小麦育种与栽培试验，以及棉花、玉米、高粱、谷子、马铃薯育种试验，水稻、杂粮品种比较试验；同时，进行了牧草栽培试验。此外，还收集了大量教学科研实验标本。其中，土壤研究已取得土壤标本500种：一部分由学校林场及陕西林务局林场采集，一部分由学生利用假期采集，一部分由教师赵云梦采集。③ 1936年，陕西省林务局致函西北农林专科学校：“本省造林为当今要务，而推广各种果树亦为此间土壤所宜，人民经济之助。贵校试种果树，种类甚多，本局急欲互相合作，以期多产果苗，分发民间，广为栽植。”辛树帜接到陕西省政府致函后，当即回复陕西省林务局表示同意，并与陕西省签订了《合作推广果树办法草案》。④ 辛树帜还积极推动学校举办农村教育，组织师生分赴农村成立民众学校、在校内举办农民训练班，为农民培养示范人才。

中华人民共和国成立后，辛树帜对西农的办学理念及思想与前面执掌时期是一致的，即要求西农重视西北农业建设中的实际问题，坚持现代科学技术与西北农业实际相结合。他要求农学系的师生要研究西北地区主要农作物的栽培和育种，并把关中平原的棉、麦栽培和育种作为重

①②《西北农林科技大学史稿》编审委员会编．西北农林科技大学史稿（1934—2014）［M］．杨陵：西北农林科技大学出版社，2014：18.

③《西北农林科技大学史稿》编审委员会编．西北农林科技大学史稿（1934—2014）［M］．杨陵：西北农林科技大学出版社，2014：22.

④《西北农林科技大学史稿》编审委员会编．西北农林科技大学史稿（1934—2014）［M］．杨陵：西北农林科技大学出版社，2014：24.

点，进行研究和攻关；林学系的师生要研究西北的造林、护林和森林利用，以太白山为实习区；畜牧兽医系的师生要研究西北家畜品种和畜病防治，首先解决牧民和农家最急迫的问题。[①] 为此，他非常重视试验场、厂、院的建设。

随着时代的发展与经济社会需要，新中国成立初期辛树帜还依据西北地区农业发展实际情况，并根据全国院系调整方案和精神对西农的院系专业进行了调整。如，1952 年 7 月，西北农学院“本着实际需要，设置各种专业”的精神，将农艺系改为农学系，设农学、畜牧和兽医 3 个专业；原农业化学系改为土壤农化系，设土壤农化专业；原植物病虫害系改为植物保护系，设植物保护专业；原森林系改为林学系，设林业专业；原园艺系、农田水利系、农业经济系系名不变，分别设果树蔬菜、农田水利、农业经济 3 个专业。1956 年，辛树帜又根据经济发展和建设的需要，对学校专业做了调整，建立了农业生产机械化系，设立农业生产机械化专业。1960 年，学校又新办了农作物遗传育种、植物生理生化、农田水利、农业物理、农业电子技术、森林采伐运输、林产化学工艺和森林保护 8 个专业。[②] 专业调整与增设后，西农的研究方向更加明确，科研重点更加突出，科研与生产结合工作更加扎实。在辛树帜任校长期间，西农主要开展了玉米丰产试验、棉花嫁接试验、小麦吸浆虫试验，以及旱地棉花和旱地小麦丰产技术研究、苹果快速育苗、苹果改良与繁殖研究，还有苹果授粉及高接研究，冬瓜、南瓜混合授粉试验、土壤肥料调查与改良、土坝试验、泥沙运动基本规律研究、树木嫁接和木材利用研究、乳牛泰氏丝虫病治疗试验、家畜品种改良研究、羊肠毒血症研究等等，由于面向生产实际研究，又注重研究成果的实际应用，使得西农的研究成果在国内外产生了重大影响，产生了一批享誉海内外的著名科学家。

总之，强调理论联系实际、主张学以致用，是辛树帜教育思想中十

①刘宗鹤．辛树帜先生传记［M］//史念海主编．辛树帜先生诞生九十周年纪念论文集，北京：农业出版社，1989：65.

②《西北农林科技大学史稿》编审委员会编．西北农林科技大学史稿（1934—2014）［M］．杨陵：西北农林科技大学出版社，2014：44—45.

分重要的内容。正是在辛树帜这一教育理念下，西农为国家培养了大批德才兼备的农业科技人员，同时，也为后来 20 世纪 90 年代国家西部大开发战略提供了思想文化资源和知识储备，并为国家农业科学城的形成和发展，奠定了坚实的基础。

第五节 章文才农业教育思想研究

中国自古以农立国，但农业生产一直因缺乏农业科学的指导而产量低下，特别在抗战期间，“以三万万以上的农民难以养活四万万之人口”的农业状况引起了当时农业专家的困惑和思考。著名的柑橘专家和农业教育家章文才即是其中一员。章文才，1904 年生于浙江省杭州市的一个农民家庭，1921 年中学毕业后他被保送进入之江大学生物学预科，随后转入金陵大学农学院学习园艺学，1927 年毕业后留校任教，1931 年赴福建厦门支援集美农林专科学校的建设，1933 年再次转入浙江大学园艺系任教并兼任湘湖实验农场场长，1935 年他凭借优异的成绩利用“中英庚款留学”的机会进入英国伦敦大学攻读博士学位，1937 年毕业后赴美国康奈尔大学果树系继续学习研究。抗日战争爆发后，他放弃美国良好的研究环境和优厚的待遇回到祖国，加入“抗战建国”伟大任务中。1945 年至 1947 年担任西北农学院院长期间，他和虞宏正、王绶等教授精心策划，重新规划和调整西北农学院的教学、科研工作，为了加大研究力度和推广研究成果，他创刊《西北农报》和复刊《西北农林》，为战后西北地区的农业教学、研究和推广工作注入了新鲜的活力。他在柑橘方面所做的开创性的研究，使其成为我国柑橘科学的奠基人之一。然而，他一生坚持身体力行的农业教育思想却很少得到关注，他秉承恩师邹秉文所形成和发展的一套先进有效的农业教育思想，在农业教学、研究和推广方面极大地推动了战时及战后我国的农业教育水平。

一、农业教学“当教以实用知识”“教课与实习并重”“以养成刻苦耐劳之意志”

我国近代最早的农业教育机构是创建于光绪二十二年（1896）的江西高安农业学校，之后历经清末民初教育事业的初步发展，各类农业教育学校和农业机构遍及全国。但是，在传统封建思想的影响下，“农业教育从未与农业生产发生过联系”，田地中的农民“沿袭数千年前之陈规，从未思及耕作之改良与效率之增进”，而接受农业教育的学生，在“学而优则仕”的影响下，真正愿意在学成之后从事农业活动和指导农业改进的人寥寥无几。这种状况“农自农而学自学”的状况持续到20世纪30年代初，一度出现了“农村逃亡，农业凋敝”的“农业恐慌”。[①] 1934年，农村社会学家杨开道对此指出：“中国的农业教育，中国的农业改良，第一个先决问题，要大家觉悟，要大家忏悔”。[②] 面对此种农业处境，身在异国他乡的章文才再也无法平静地从事自己的研究，1938年，他怀着“科学救国”“实业救国”的想法回到了战火纷飞的祖国，他决心用自己的知识来改变这种“农村残破、农业不振、农民不安”的农业状况。

章文才回国后即进入母校金陵大学农学院任果树学教授兼研究部主任，作为一名大学教师，教学工作是第一要务。但农学是一门地域性很强的学科，在国外学习的先进理论和研究成果多不适用于我国，即使在中国内部，甲地之结论也未必适用于乙地，必须根据当地的气候环境等实际情况开展教学和研究。然而，当时国内的农业教育状况堪忧，“教者既缺乏实地之经验，真确之研究，空袭东西旧说，以贩卖与农林学生，甚切有翻译国外课本或一味引用国外农林情形，自己不从事实地研究；就学之学生，敷衍塞责，毕业之学生，休闲家居，手既无缚鸡之力，又安能忍滴血滴汗之苦，终至学非所用，用非所学”[③]。面对这种情况，章文才感叹道，这样的教育体制对于学生有何用？又怎能引起学生的学习兴趣？那么，教师应该怎么教？学生应该怎么学？章文才在总结欧美和

①杨效春．乡村教育纲要［M］．上海：中华书局，1931：6.

②杨开道．农业教育［M］．上海：商务印书馆，1934：4.

③章文才．农林学校应具之方针［J］．集美周刊，1931，10（15）：3—6.

日本等发达国家的农业教育理念的基础上，在自己的教学实践中，十分注重将教学内容与学生的实际需要结合起来，交给学生的知识都能够帮助其改进农业技术，这样的教育方式收到了良好的效果，深受学生的喜爱。对于农业教育中的教师和学生，他更希望“农林教员，要以所学所求来充实学生，以经验研究为根据，以忍苦耐劳为模范，谋学术技能之贡献，使所教所学有所用；农林学生，更宜悉心求学，努力实习，以恢复国家地位为前提，以改善农民苦痛为目标，奋勇前进，当此重任，庶几我国之农林事业，农林教育，有蒸蒸日上之希望”。①

农学是应用的学科，至少包括原理和实施两方面的内容，只有将理论知识与田间实习相辅相成，才能真正理解和消化课本上的知识，取得学习的实效。章文才认为：“我国以往农业教育的失败，就在于学农的人不会晒太阳冒雨雪，学农学在书上，做农做在室内，这样下去，有知识的农民和无知识的农民相隔太远，永远不能接近，对于农业上的改进，结果也就是不能有所建树。”② 据此，章文才指出“农学院的课程必须包括讲授与实习，前者告诉学生农业原理，后者告诉学农的人，不能仅限于课本，要在广大的农业社会里索取农业知识，要更多地走进农田与农民多接触多请教，才能锻炼为实地有用的农学家”③。同时，在校学习期间通过实习养成的刻苦耐劳的性格品质，也能在毕业以后为深入农田做好心理准备和身体条件。因而，在日常教学中，他经常带学生进入果园进行调查研究和科学实验，以培养学生的劳动观念，使学生学得广，学得深，学了就能用，也因此，他被学生亲切地称为“章妈妈”。也正是在这种教学理念的指导下，章文才在 1941 年先后招收的贾麟厚、陈俊愉、李家文等三位研究生后来都成为我国知名的园艺学家，其中陈俊愉还当选为中国工程院院士。

总之，农业是一项“滴血滴汗”的辛苦劳作，学农的人也必须养成吃苦耐劳的品质，将来才能指导农业生产或者亲自从事农业生产经营。章文才认为：“学习农学和从事农业是非常辛苦的事情，并不是每个人都

①章文才．农林学校应具之方针［J］．集美周刊，1931，10（15）：3—6.
②章文才．目前我国之农业专科学校［J］．中学生，1934（46）：67—79.
③章文才．今后我国农业教育之使命［J］．西北农报，1946，1（1）：5—8.

适合，学农的人至少应该具备以下几种资格方能成才：（1）志趣在农并且要有服务牺牲的精神；（2）能忍苦耐劳、餐风饮露；（3）最好自己是出自农家或生长于乡村者；（4）要有忠诚的品性和健全的体格。”① 不仅如此，他还强调，有了这些资格以后，还要肯“身历艰苦，自始至终去服务农村，凡是有救中国救农村的心愿非亲自下乡去干不行”。因此，章文才奉劝准备学习农学的人，在报考之前要认真考虑几个问题：“我配不配去学农？我情愿不情愿去学农？我学农的目的在哪里？我喜欢学习哪一科？哪一科目同我的本乡本省本国有什么重要关系？我要进哪一所学校，才能够使我的志愿有成全的希望？只有把以上几个问题逐条想清楚想明白了，才可以决定考入哪一所学校，等到进入学校以后，就当尽心尽力地努力学习，乐意劳作。”②

二、加强研究工作，“教学始可日新月异，推广始有实际材料”

中国农业数千年的发展历史中，仅有农业劳动而少农业技术，在战时，更表现为我国以 80% 以上的农民供应粮食还需要进口，而美国以 23%的农民供应粮食绰绰有余，究其原因，就在于“我国农业缺乏科学化的指导，生产成本过高，技术落后，不知利用科学方法加以改进，而美国农业应用科学原理及研究改进，生产激增”③。章文才在美国一年多的研究和工作经历使他对此感触最为深刻。科学的农业教育在中国也有 40 余年的发展，但是限于设备和经费的不足，除教学外而能兼做研究者寥寥无几，即便仅有的研究成果也是停留在实验室和校园，而不能推广到农民的实际生产中去产生实际效益。因而，章文才非常重视研究工作，他认为：“加强农业研究，在教学方面，可针对当地农业实况研究所得之材料与方法培养人才，始可趋乎实际；在推广方面，有研究所得材料与教学所得之人才，则推广始可顺利推行而深合当地农业之需要。因此，在推广工作中所遭遇之困难问题，即为进行研究之良好材料，复以研究所得而施之于教学，则研究与教学，方可不致落空。”④ 章文才将教学、

①②章文才．目前我国之农业专科学校［J］．中学生，1934（46）：67—79.

③章文才．发刊词［J］．西北农报．1946，1（1）：3.

④章文才．今后我国农业教育之使命［J］．西北农报，1946，1（1）：5—8.

研究和推广三者辩证地统一起来，为战时农业学科的发展指明了方向。

要开展研究，就先要从发现问题开始。我国幅员辽阔，气候温润，极易农作物的生长，但是面对战争滋扰的社会环境和水灾旱灾侵扰的自然环境，换种问题、肥料问题、除害问题、制造问题、机器问题、运输问题、防灾问题等一系列问题都需要研究与改进。“对于以上问题，研究者能够按部就班，有始有终，则必有效果可以表现。欲图农业发展与改良，非注重研究工作，别无他术”①。对于研究工作要达到的目的，章文才从理论和实践两个层次、四个方面进行了阐述：“要着重科学学术之阐明，聚集每一位研究者的成就就能创造真理之实现；要着重实用生活之改进，按照研究结果改进农业技术，解决衣食住行生活之一部分问题；要着重大多数人民之福利，研究结果要能够增进大多数农民之利益与增进大多数人民之福利；应用研究与理论阐述应通力合作，应用研究可以解决当前的民生问题，理论阐述能解释某种现象之原理，二者相互合作、不可偏废。”② 只有目的明确了，开展研究工作才能有所发现，有所创新。这种思路也是道出了抗战期间农业研究工作者的心声，为大后方的农业建设提供了坚实的理论支撑。

农业的应用性决定其研究也是一项辛苦的事业，研究人员必须具备端正的态度。章文才指出：“农业研究工作不能限定在实验室内，要深入农田，在田间地头寻求和发现问题，然后根据发现的问题开展研究，研究所得结果一定要千真万确，要经得起科学的验证和实验的证明，决不能以讹传讹，欺骗大众。研究结论要有创新性，不能抄袭或重复他人已做问题之一部，以致空费时间而无补于实际问题之解答。最后，农林研究要有恒心，始终不懈，方可有成。”③

在研究方法上，由于农业问题涉及广泛，千头万绪，并且与当地的自然环境和社会环境之间有复杂的相互关系，研究者在同一时期内不能全部进行，据此，章文才认为：“研究可遵循以下方法逐步进行：首先要

①章文才．战后我国园艺事业之进展途径商榷［J］．农业推广通讯，1942，4（7）：26—35.

②③章文才．为《西北农林》复刊谈《农林研究》[J]．西北农林，1947，2（1）：1—4.

根据自身的知识积累、地域特点和社会的需要，确定研究问题的范围，在参考他人相关研究成果的基础上，选择适当的材料和方法，采用规范的研究程序，并举行田间或实验室的试验，将所得结果进行反复推敲证明，最后详细阐述研究结果并进行推广应用。”① 章文才在国外留学期间，在英国果树界的权威赫顿爵士的指导下从事果树嫁接砧穗亲和性研究，但是回国后，他根据国家农业发展的需要和自己的兴趣，选择了柑橘作为自己的终生事业。当他所任职的金陵大学西迁至华西坝后，他看到四川省的自然条件非常适合栽培柑橘，随后就从柑橘的选种育种研究开始，经过几年的努力，培育出了我国最早的柑橘选种成果——锦橙和先锋橙，新中国成立后得以在全国大范围推广，章文才也因此获得国家科技进步二等奖，这也是他所倡导的研究方法在实践中的体现。

三、研究成果“不能关在门里”“要用科技让农民富起来”

农业推广是农业理论和研究成果转化成社会效益的最直接手段，也是农业科学发展的终极目标之一，只有将各类研究成果应用到农民中间去，才能推动农业的发展，使农民生活得到改善，从而显示出其强大的生命力。然而，对于我国的农业推广状况，美国记者华莱士指出：“中国旧有农业之优点甚多，唯对于新农业推广未见有任何实施，多数农业学术家与农业实验机关将其成果多放在场所内，而未能向农村发展甚为可惜。”② 这反映出我国农业教育、研究与推广工作严重脱节。因此，章文才指出：“高等农业院校，应当设置推广部，把教学科研成果在农村普及推广。并且，农业研究、教学与推广，实为三位一体，互有其连环性，缺一不可。为教学与推广而研究，亦为研究与推广而教学，复为研究与教学而推广，三部事业之应密切联系，实为农业教育者所应力行不渝者也。”③ 对此，章文才积极呼吁：“吾国急宜仿效美国先进的综合性的农业推广，必须要将教学研究中所发现的新技术与新方法，有计划有组织地向广大农民推广，使其可以利用新培育的种子、最新的有效的科学方法，省时省力的农业机械，从而增加生产，降低成本，提高收益。只有

①章文才．为《西北农林》复刊谈《农林研究》[J]．西北农林，1947，2（1）：1—4.
②章之汶．县单位农业推广实施办法纲要 [J]．农林新报，1943，（16—18）：3—8.
③章文才．今后我国农业教育之使命 [J]．西北农报，1946，1（1）：5—8.

科学化，才能使农业技术渐趋优良以降低生产成本，只有机械化，才能促进乡村工业及农产品之贮藏与运销事业以容纳大量劳力而提高农民生活水准。”① 早在出国之前，25 岁的章文才就与胡昌炽、吴耕民等人在南京发起成立了中国园艺协会，为促进我国园艺科学的普及和交流做出了重要的贡献。

在具体的推广过程中，章文才指出一定要注意技术问题和材料问题。他认为：“在技术方面，要力求适合农家之需要，决不能纸上谈兵，闭门造车，凡是可以改良农业生产品种、降低生产成本的科学技术，都应及时有效地推广于农民之中，使得农业研究与农民生产打成一片；在材料方面，如口头谈话、演讲、文字宣传、幻灯、照片、电影、表演以及实地示范等等的形式，结合推广内容以农民群众喜闻乐见的形式将研究的最新结果介绍给农民。”② 此外，章文才还摸索出一种更为有效的办法，即创办农林期刊，通过其主要读者对象——各地农村实际工作人员及农业职业学校与中小学教师，向广大农民传达研究试验所得之良好效果，较之直接推广于农民而事半功倍，他执掌西北农学院时创办的《西北农报》和复刊的《西北农林》，除交流学术外，就是为了更有效地农业推广。

推广人员的素质也是影响推广效果的一个重要因素，孙元就此指出“每一农业推广人才影响之农民，动在数百乃至千万人以上，故其素质之优良，关系与国家前途至大”。③ 因而，章文才认为：“推广人员当以诚恳笃实为首选，推广之前要有充分的训练和扎实的积累，愿意滴泪滴血的高素质人才，推广过程实事求是、得寸进尺，才能收到好的成效。”④ 从事农业推广的工作者随时随地都离不开农民，尽管推广的种类或方式不尽相同，但是目的只有一个，就是利用各种媒介向从事具体劳动的农民传播先进的技术理念，以此来改进农业品种，提高农业产量，增加农

①章文才．美国农业进展之趋向［J］．国立西北农学院院刊，1946，（4）：1—5.

②编者．农业推广设计委员会成立大会章院长致词［J］．国立西北农学院院刊，1946，（4）：23.

③孙元．各级农业教育人才训练问题［J］．西北农报，1946，1（1）：24—26.

④章文才．农林学校应具之方针［J］．集美周刊，1931，10（15）：3—6.

民收益，培养地方经济基础。章文才的推广工作也是遵循这个规律。他一生足迹踏遍27个省市的山山水水以及沟沟壑壑，向农民和基层的技术工人普及科学种植柑橘的先进技术，从柑橘的嫁接、栽培讲到土壤、病虫害的防治，累计举办600多场专业技术培训班，为农民上过300多次技术课，在他的身后留下一片高产的柑橘园和越来越多的致富农民，被农民亲切地称为“橘翁”“财神爷”，也正是由于他在农业推广方面的突出贡献，曾获得“农村科普先进个人”和“全国十大扶贫状元”的称号①。先后受到毛泽东、周恩来、朱德、邓小平等党和国家领导人的热情接见，这也是对其一生在农业推广工作的充分肯定。

四、“农业建设必须与农业教育密切联系”

“抗战建国”是历史赋予特殊时期中国人民的伟大使命，尤其是大后方广大人民应该肩负起的使命。虽然，“工业建国”的目标已经是举国公认，但是轻工业材料的供给全部依靠农业，必须在农业建设有良好的基础上，才可能有工业的发展。对此，翁文灏也指出“我国当以农立国，以工建国，是我国战后之工业建设，当先由发展农业入手”②，也显示出加大农业建设对于抗战建国的重要意义。面对“满目疮痍，凋敝已极”的农村、农业、农民，如何通过农业建设来恢复农业大国的历史地位，是举国上下面临的迫切任务。

对于如何推进农业建设？章文才指出，农业企业化是农业建设的首选途径，“农业系百业之一，不论其经营之大小，均须以企业为原则，方得致富于国家”③。美国等西方发达国家的农业发展“以企业化经营著于世，得以一人业农可供四人之需而有余”，而我国的农业状况与之形成强烈的反差，“四人业农仅供一人之需而不足”，原因就在于“不按企业经营之原理”。因而，他极力提倡在农村开农场、办果园，集中生产以减低成本。同时，他从环境、品种和技术等几个方面总结了农业企业经营想要取得成功必须具备的条件：因地制宜，化区推进；选择优良品种，注

①陈岩．橘翁——记柑橘专家、全国十大扶贫状元章文才［J］．政策，1997，（1）：44—46.

②章文才．今后我国农业教育之使命［J］．西北农报，1946，1（1）：5—8.

③章文才．美国农业企业观感［J］．农业推广通讯，1945，7（12）：3—7.

重单位增产；技术改进务求切实彻底；充足资金谋求适当之运用；计划组织必须使之社会化。[①] 农业企业化以后最直接的效果就是产量剧增，容易出现供过于求的局面，对此，章文才还提醒到"除充实民生需要和供给工业原料外，要适当地大量外销"。以企业化方式来推动农业的产业化，积极发展社会化的农业企业，是加快农业建设的有效途径，也可以为工商业的发展提供足够的原料，这为战后国民经济的恢复和发展起到了巨大的推动作用。

农业建设责任重大，事情烦琐，涉及农业生产的各个环节，因而，需要大量的、业务精专的专业人才，人才的训练与培养已经成为刻不容缓的事情。因而，要推动农业建设，必须进一步加强农业教育的发展和成熟。但实际情况却是"各级农校与农业机构以及主管机构之间各不相谋，建教两方面存在鸿沟"，上自教育部、农林部，下至教育局建设局，教育机关与行政机关各自为政，彼此缺乏联络沟通，"事倍功半，莫过于此"。对此，章文才建议中央与地方农业机构加强沟通以收统筹兼顾之效，并大力推行建教合一运动，以推动农业建设的步伐和力度。沈文辅也认为："农业教育实为农业建设之核心，亦即农业总动员之原动力，农业教育实有重要的决定性，如果能够及时调整教育方针，集中力量，努力迈进，今后各级学校教育与地方组织及事业之需要相适宜，则不特为农业教育之幸，而抗战建国前途实利赖之。"[②] 总之，农业是一个国家发展的重要基础，国家的富强还是贫弱完全要看农业是否振兴，农业为工商业之母，工商业必须靠农业供给其原料才可以发展，若欲振兴工商业，必须先振兴农业。[③]

农民出身的章文才，潜心于园艺学的教学和研究工作，培养和教育了一批园艺专家，同时以极大的热忱和耐心奔走于农田果园，在他指导下建立了全国多个柑橘商品生产基地。而这一切源于"我是农家出生，

①章文才．论农业企业化［J］．农业推广通讯，1943，5（12）：8—11.
②沈文辅．战时农业教育之检讨［J］．新农林，1941年创刊号：5—10.
③王绶．农业、农学与农学生［J］．西北农报，1946，1（4）：3—5.

自己当过农民，深知农村人民的疾苦”[1]。正是在这种朴素情怀的驱使下，他放弃国外优越的条件回到祖国投身于战时的农业教育和农业建设，将他的这些教育理念传遍祖国的东南、西南、西北等大学农学院，从而为中国的农业教育树立了一座不朽的丰碑。

①罗禹初．章文才传略［M］//蔡礼鸿主编．章文才先生诞辰百年纪念文集(1904—2004)．北京：中国林业出版社，2005：8.

第六节　冯泽芳：大学农学生的学习及人才培养

“实业救国”是抗战时期大后方科学家的一致选择，发展农业则是一条行之有效的途径。著名棉花科学家和农业教育家冯泽芳①选择“以棉为业”，为中国棉花事业的发展呕心沥血，在选种育种、棉区划分等方面做出了突出的成绩。1921 年至 1958 年先后在东南大学、江苏省第一农校、江苏省第三农校、中央大学、南京大学和南京农学院任教，一贯坚持生产、科研、教学三结合。他结合自己的学习历程和教学经验，形成了一套大学农学生的学习方法和农业人才培养的理念。

一、大学农学生应有自动的、实验的和创造的治学精神

对于大学农学生的治学精神，冯泽芳概括为以下三个方面：（1）要

①冯泽芳（1899—1959），我国著名的棉花科学家和农业教育家，中国现代棉作科学主要奠基人。早年对亚洲棉的分类、遗传以及亚洲棉与美棉杂种的细胞遗传学做过较深入的研究。在划分中国棉区、鉴定与发展离核木棉、培养棉花科技人才等方面，做出了重要贡献。1933 年留学归国后，曾任职于南京全国经济委员会下属的棉业统制委员会、中央棉产改进所、中央农业试验所、中央大学农学院、中国农业科学院棉花研究所等。1955 年选聘为中国科学院学部委员。1959 年 9 月 22 日于安阳辞世。曾于 1940 年 4 月及 5 月应西北农学院周伯敏院长和农艺系沈学年主任的邀请在西北农学院做过 7 次演讲，题目分别为《大学农学生之治学精神与方法》《民国以来吾国棉作改良史略》《棉花区域试验之成绩及中国三个棉花适应区域》《斯字棉之试验成绩与推广经过》《云南之木棉》《吾国之棉区环境棉产区域及棉工业区域》《棉作文献述略》，以上 7 个演讲由西北农学院农艺学会根据学生的细心记录而编译成《冯泽芳博士演讲集》，周伯敏院长亲笔题名，于 1940 年 7 月编印成册，冯泽芳还为演讲集作了“弁言”。

有自动的精神：大学与小学中学第一个不同的地方是自动的精神，中小学读书都是老师教多少学生学多少，离开先生的督促很少自动地读书，但读到大学就不同了，试想你为什么要进大学？又为什么要进农学院？这是由于我们自发自动的精神，我们应当把这种自动的精神发扬起来，要自强不息，精益求精，所学的范围，不以书本及先生所教的为限。（2）要有实验的精神：农学是一种应用科学，在学习过程中应当注意实验，以便所学知识能够与实践相结合。（3）要有创造的精神：大学是最高学府，是学术的源泉，大学生当以所学的科学做基础，对于农业改良上有所创造。冯泽芳总结的三种治学精神不仅适用于农学，而且同样适用于所有学科的学习，特别是一些应用学科，因而，这也是他送给所有大学学子的治学名言。

二、读书、实验、实习和研究是大学农学生应有的四种学习方法

农学是很不容易学得精的，因为这是一门综合性的科学，又是有地方性的应用科学。学生要从作物学起以至土壤、肥料、昆虫、病理、气象、农具、经济、推广等非常大的范围，而这一些学问，又是以植物学、动物学、化学、物理学、地质学、数学等许多纯粹科学做基础，因而是综合性极广博的一门学问。冯泽芳指出，学习农学一定要包括四件事情，即读书、实验、实习和研究，这四件事情是缺一不可的。

（一）读书

虽然现代治学方法不限于读书一项，但读书仍为治学的第一种方法，从书中学习前辈的成果和研究方法是成才的高效率的快捷方式。固然经验很重要，我们可以从自身的经验中获得知识，但人生是有限的，以有限的人生过程中要想得到更多的经验，读书则必不可少。虽然古人常说“尽信书不如无书”，但是，书者人类经验之记载也，是前人经验的总结，为节省学习的时间和精力起见，必须从书中求得全面丰富的知识。就此，冯泽芳详细阐述了读书的程序和读书的方法。①

他把读书的程序分为四个步骤，首先，在大学里面第一个要紧的就

①冯泽芳．大学农学生的治学精神及方法［J］．中央周刊，1946，8（13）：13—15.

是掌握读书的工具，而中国文和外国文是大学里面读书的重要工具，必须学好学精才行。接下来，就是学习基本科学，也就是常说的纯粹科学，农学生的基本科学包括动物学、植物学、化学、地质学等，假如学农艺的不懂地质学就不能够学土壤，不懂化学就不能够学肥料，学作物学就必须懂得植物学，学育种一定懂得遗传学等等。这就像盖大楼，想要牢固，基础是一点都不能马虎的。他以自己为例，虽然专业为棉花，但是在康奈尔大学留学期间学习的全是基本科学，像遗传学、细胞学、植物生理学等课程。“基本科学愈好，将来在学术上贡献越大”。其次，是学习农业的一般科学，这些课程是农学院每个系的学生都要学习的，比如农艺、园艺、畜牧、森林等。最后一个就是主系及副系科目，所谓副系是与主系有关的科目，如果时间可能，一定要学习些副系的功课，比如学农艺一定要学点畜牧、园艺等知识，将来可以应用无穷。冯泽芳主业棉花，一旦有时间和机会，他还会参观学习麦子的育种、果树的栽培、蔬菜的种植等。他认为，研究学问的标准就是要求对从事专业相关的科学要广博，不应当光棍式的专限于狭小的范围。总之，基本科学求其广泛，主科求其高深，有如一个金字塔。

对于读书的方法，他认为可以从三个方面入手。一是听讲和笔记，这也是从中学到大学后遇到的第一个最难应付的事情，是大一学生必须掌握的一项技能，他还详细分析了其中的利与弊。二是看参考资料，包括杂志、报纸、单印本等等而言，学生在大学时代，要养成多看参考材料的习惯，一个大学生应该自动地去发掘知识的宝藏，不应限于先生所指定之范围。三是记忆和了解，应读的书很多，读过要记住的也不少，而想要记住就必须对内容了解，所以看书必须认真，并且要真正了解。每读一门功课，每读一章一节，究竟记得多少，要把他重新组织一下，如果做成摘要或笔记，真正消化了书的内容，就可以收融会贯通之效。

（二）实验

学科学的基本精神便是实验精神，只读教科书是不能够完全明白的，只有做过实验之后才能加深印象，甚至终身不忘。目前，社会科学中要策划一种新的社会制度，尚要经过实验然后推行，更何况自然科学，更离不开实验了。农学是自然科学的应用，当然更要注意实验。冯泽芳以自己的学习经历来说明实验的辛苦和趣味，大学一年级学习地质学和植物学时，跑遍了南京城外30里以内的名川大山，在化学实验室做实验和显微镜下绘图，都是最有趣的玩意和最美丽的图案。实验的种类很多，各种实验的基本要求必须做到以下几点：第一是必须准确，第二是忠实不欺，第三是要细心忍耐，这也是学习自然科学者共同应有的素质。

（三）实习

实习是农工医等应用型学科必须有的重要环节。实习与实验有一部分相同，实验只求知识的明确，不须多次重复，而实习是以学习必要的技能为主，是必须多次反复练习的。冯泽芳举例来说，用洋犁耕地，用中耕器除草，用播种器下种，书本上的道理读起来很简单，而要在田间实际操作起来，却是一件不容易的事情，这是一个无穷极的练习过程，从一定意义上说，学农学的学生终生是在实习的过程中成长的。因而，实习这门课程，也是农学院里最头疼的一门课，学生最不喜欢学，教师也最怕教，但却对个人的成长和发展终身受益。冯泽芳认为当年上学时学的耕地、耙地、播种、除草，以至挑水、挑粪、挖泥、开河、筑墙、做篱笆等等实习内容，不但练习了技能，对自己以后的工作也很实用。当然，这不是要个个农学生每天每一个钟头都要苦工，“农场实习是一门顶难教顶难学的功课，先生教得好、学生学得好是很有用处的”，如能把求得技术和练习吃苦两个目的平均发展，而且都达到乃是实习最重要的收获。

（四）研究

对于农学的研究工作，冯泽芳认为，这是以已知求未知的创造性工作，必须要有良好的科学基础，相当的设备（包括图书、仪器、田地、用具等）、相当的时间、指导的教授和本人自己的天赋，所得的结果无论是理论或是应用，均是有功于学术或有益于农民的，可以看作是学习的最高目的。虽然研究本是在大学毕业以后研究院学生开始做的，但是，他认为，大学三四年级学生如能在有研究经验的教授指导下，就学校环境及设备的便利，选择一两年之内可以完成的题目尝试研究，也是很好的事情。只有深入开展研究，才能实现“中国材料，中国人自己研究；中国教本，中国人自己编著”。

三、学习农学要分准备、选院、选系和终身学习四步走

在明白了农业的学习精神和学习方法之后，冯泽芳再次将学习农业总结为四步骤①。第一步是准备工夫，必须注意三件事：（1）在中学时期要喜欢生物学和其他自然科学，如果生性不喜欢生物学，见了一头牛或一条蚕都怕，那就不必学农；（2）要身体强健能耐劳苦，这是学习一切科学都需要的，但是学农尤其少不了雨打日晒，在野外工作，所以更是需要这一点；（3）要喜欢农村和农民，如果不愿意到乡村去，或者嫌农村污秽、嫌农夫汗臭，也不适合学农。第二步是选院，自己的兴趣、学力和体力都适合学农了，那就要选定某一处的农学院考进去先读一年试试看。农学院第一年的课程大致是相同的，读一年以后，就可以知道自己的兴趣相近不相近，如果相近便可以继续读下去，不相近可以转到其他学院学习，不必勉强自己。第三步是选系，大学的选系是个人一生事业的开始，需要特别慎重。农学院一年级有一门功课叫《农学概论》，是介绍学农的门径和各系的内容。大学的第一年内可以接触许多先生和朋友，听过《农学概论》之后，再多和先生朋友以及高年级的同学讨论，可以得到一些应该学习哪一系的知识，可以帮助你决定学习哪一系。既进那一系之后，就必须努力学习，奠定专门学问的基础。第四步是终生的努力，无论学校怎样的良好，教师怎样的高明，学校所学的不过是一个门径，即使读到硕士、博士为止，也不过是一种基础而已。个人所成就的学问、创见、发明以至伟大的事业，都靠走出学校以后自己的努力。学校只能培养初级人才，社会才能造就高级人才。一个有志青年必须一边做一边学，以后所取得的成就除个人的天才和机遇外，必须以长期的努力为必备条件。

四、大学农业教育“不是教学生做鹦鹉，而是教学生做乳牛”

对于大学农业教育的目的，我国大学农学院应该训练出怎样的人才，当时还没有共同一致的结论，冯泽芳认为，“一个大学农学院毕业生要有科学的精神，能运用科学的方法做科学的研究，利用个人的思想及知识

---

①冯泽芳．怎样学习农艺［J］．读书通讯，1946，（119）：17—28.

解决农业的问题，贡献给国家民族，以至于全人类，换言之，作能够造福全体大众的工作”①。这也就是说，大学毕业生作为农业高级人才，必须在研究和推广方面做出自己应有的贡献。一个训练良好的大学毕业生，不但知道一些事实，并且要知道这个事实发生的理由；不仅知道已有的方法，并且要利用已有的知识和科学的基础，来解决前人所未解决的困难问题，这就是研究和创造。一个大学毕业生，如遇到新的问题，要有研究和解决的能力，凭研究的结果，来创造新理论和新方法。所以，大学不是教学生做鹦鹉，而是教学生做乳牛，鹦鹉是教一句学一句，是复制的，乳牛是吃了很粗糙的青草、麸皮，变成很营养的牛乳，是创造的，故大学绝不是知识的府库，而是知识的源泉。

此外，冯泽芳认为：“大学农学院不应当只教会农学生个人生活的技术，毕业后到社会上种一千亩棉花，或开一个乳牛场，或办一个果树园……只能自己发财，这样大学农学院所造就的人才影响太小了。学农是讲求有应用价值的，要使田间生长的作物，产量丰富，物美价廉，以充裕人民的生活，因而，学农的人要更多地进行推广工作，大学农学生是要解决农人所解决不了的问题，创造农人不能创造的成绩，而不是仅仅以学到老农的经验为目的，这才是大学农学生应当取法的例子。这才是大学农业教育的特色，大学和技艺专科学校的区别在此，大学的成功亦是系于此。总之，学农的人，第一要有丰富的纯粹科学知识，第二要学得本系必需的知识和技能，能说又能做，能知又能行，第三必须积蓄多年的实际经验，以充实他的知识和熟练他的技能，这样才算为一个良好的农艺学者，或技术专门人才。”② 所谓学者，必须有科学研究的成绩，为世界学人所承认；所谓专才，必须有改良的成绩，为农民所应用，而有经济的价值。

五、培养高级农业人才“尚不能不利用外国之人才及设备，不能不派员赴外国留学”

振兴和发展农业最大的困难就是缺乏人才。在阐述完国内农业学习

①冯泽芳．大学农学生的治学精神及方法［J］．中央周刊，1946，8（13）：13—15.

②冯泽芳．怎样学习农艺［J］．读书通讯，1946，（119）：17—28.

和人才培养后，冯泽芳提出两个问题引发思考。第一，试问中国现今所有之专家，足以办中央农业研究院乎？已足以办各省农业试验场乎？第二，试问中国国内能造就农业专门人才乎？对此他都给出了否定的答案。基于此，他认为："预培植高级农业专才，为最见效之办法，在最近二十年内，尚不能不利用外国之人才及设备，不能不派员赴外国留学。"他进一步指出："派遣农业留学生时要必备三个条件：1. 必须在国内大学毕业并且服务三年以上者；2. 必须于留学国家之语言为严查之考试；3. 必须由中央政府或各级省政府按照预定计划，根据本国本省之需要情形而定分科名额，分往各国学习，使学有目的、学有成就。对于那些短期考察、走马观花，或者存镀金炫世心理、以自欺欺人者，皆不足以言人才也。"①

派遣留学仅为造就高级农业人才之初步，而最要造就之方法，还要在归国后之任用。过去视归国留学生为万能，回国后即为完全之人才，这种想法不正确。其实在国外所学者，充其量不过基本知识之训练与研究方法之获得，至于是否适合国情之应用，尚须在国内从头做起。因此，留学生归国后，必须按其所学，派以工作，予以相当之年限，课以相当成绩。苟非自暴自弃之流，五年之后，必有小成。归国工作有成绩，然后称之为专家，付之以责任，此则令人不满意之处当可减少。冯泽芳指出："如能照此办法选取百人，分门别类地派往各国留学，以五年为学习研究期间，但求学有实际成绩，不必汲汲于学位虚荣。五年为归国实习期间，十年之后必有大批人才可为国用。这种方法虽缓，实为根本之办法。非此不足以解决吾国农业人才缺乏之恐慌"。最后，他认为，若能以此百人为根基，成立一中央农业研究院、成立二三著名农学院及农事试验场，然后本国自造人才可以继起，留学之举可以渐缓。唯以此，才可以打破国人"视造就农业人才为太易，而责望农业人才则太殷"的心理。因此，政府当局注重培植农业人才，社会人士同情爱惜农业人才，然后中国之农业人才始能先后继起，以应社会国家之需要。

①冯泽芳．如何造就中国的农业人才［J］．农业周报，1931，1（22）：841—843.

第八章 系统反思与文化自觉

我国教育行政学的开拓者李建勋对高等教育的系统性反思，以及西洋教育史和教育哲学的开拓者姜琦的中国化自觉的思想，具有重要意义。同时，陈剑脩认为“心理学及心理学者对于战争有直接贡献”，将研究视角聚焦于艰苦卓绝的抗日战争及其给中国社会所带来的变化，尤其是对心理学在服务和支持抗日战争以及青少年的心理健康教育等问题；姜琦认为构建教育哲学“没有所谓‘平时’和‘战时’之分”，应积极探索“德育原理”与“教育设施”的理论与实践，“创造成一种可以适应于中国社会的特殊性的新教育”。姜琦不仅是我国研究教育学特别是教育哲学的最早学者之一，而且是在宽广的世界眼光中自觉地将教育思想与实践进行“中国化”探索和构建的最早学者之一，他的这一思想在全面抗战时期逐渐趋向成熟。

第一节　黎锦熙的国家语言、民族观念与文化自觉

黎锦熙（1890—1978），字劭西，湖南湘潭人。我国著名语言文字学家、词典编纂家、思想家、教育家，在语言学、文字学、语法学、修辞学、词典学、教育学、目录学、地理学、方志学、历史学、哲学等领域都有很深的造诣和丰富的著述，特别是在语言文字学方面成就卓著。中华人民共和国成立后，任中国科学院哲学社会科学部学部委员，是新中国语言文字改革事业的主持人之一，被誉为“语文现代化的光辉先驱”①“语文改革和建设事业的先驱”②。

抗战时期，黎锦熙先后任西安临时大学、西北联合大学、西北大学、西北师范学院教授、国文系主任、教务长等职，1946年任西北师范学院院长。抗战时期是黎先生探索和推行国语教育思想与实践的重要时期，在强调国语推广的“教育之普及”意义的同时，黎先生十分重视国语推广对于构建“民族意识与国家观念”和“积极增加抗战建国的力量”的文化自觉担当，在反思晚清民国国语运动弊端的基础上，设计出能够真正与平民教育结合的既“经济”又“迅速”的高效方法，并积极地将其付诸“实验”和“实践”，致力于培养国语专业人才和国语推广师资力量，使国语真正地走向民众、走向普及，践行了从“文化战线”上服务“抗战建国”的夙愿，成绩卓有成效，为此后中国语言文字的教育和普

①史锡尧．语文现代化的光辉先驱——纪念黎锦熙先生100周年诞辰［J］．语文建设，1990（1）：26—30.

②黎泽渝等．黎锦熙的语文教育理论与实践［J］．教育研究，1996（3）：64—68.

及事业奠定了理论基础并提供了实践经验。

一、国语关乎“民族意识与国家观念”

纵观近现代以来的中西各国发展历史，可以发现这样一个事实，即语言是近现代“民族”和“国家”构建中最基本的组成部分，日益成为世界不同国家和民族文化自觉①的独特标识。美国学者安德森曾对流行的语言之于民族国家的塑造所发挥的重要作用进行研究，指出“这些被印刷品所联结的‘读者同胞们’，在其世俗的、特殊的和‘可见之不可见’当中，形成了民族的想象的共同体的胚胎”②。对于在应对西方近现代文明挑战中被迫开启近现代转型以期挽救民族危亡的近代中国而言，这一问题的危机性和紧迫性显得更加突出。因为“近代中国思想史的大部分时期，是一个使‘天下’成为‘国家’的过程”③，如何构建近现代的“民族”和“国家”观念，是除坚船利炮外西方近现代文明给当时的中国所带来的重大挑战。

近代中国开启的国语运动④，即将国语推广与中国近代民族国家构建的愿景紧密结合在一起，黎锦熙先生对此有着充分的文化自觉意识。早在20世纪初即投身于国语运动的黎锦熙，即清楚地认识到国家语言对于民族国家构建的重要意义，他指出：“现在统一告成，建国伊始，教育事业，民治之基，增修国音字典这件事，于普及民众教育，及统一语言，化除畛域，团结中华民族，增高国际地位，都具有重要的关系。”⑤ 在强烈的使命感召下，黎锦熙成为近代中国国语运动的重要设计和推动者，

---

①方光华、曹振明.20世纪90年代以来的“文化自觉”思潮论析［J］.人文杂志，2011(1)：113—116.

②［美］尼迪克特·安德森著，吴叡人译.想象的共同体——民族主义的起源与散布［M］.上海：上海人民出版社，2003：52—53.

③［美］列文森著，郑大华译.儒家中国及其命运［M］.北京：中国社会科学出版社，2000：87.

④中国的国语运动可溯源到清末时期，但其真正的开展是在民国建立以后，黎锦熙先生就是其中的先驱。黎先生是民国时期国语研究会（1916年成立）的发起人之一，该会拟定的宗旨“国语统一”和“言文一致”成为此后国语运动的基本纲领。“国语统一”指现代白话以北京话为基准制定全国通用的国语，“言文一致”指书面语不再用古代文言而改用现代白话。

⑤黎锦熙.本会的编审工作［J］.国语旬刊，1929，1(1)：1.

他与同仁们不仅促成了民国政府确立了京音为国语标准音和公布了国语的注音符号，而且对语言文字的现代化进行了深入系统的研究，如其所著《国语运动史》系统梳理了清末以来中国国语开展的始末及理论与实践得失；《新著国语文法》确立并阐明了“字”“词”“句子成分”等现代汉语语法的基本概念和范畴体系，奠定了现代汉语的基本格局，影响至今。不过，因当时中国社会文化特别是教育的落后，当时国语运动的收效并不明显，国语推广更多的是停留在国家的法规政策上，广大民众并未受到寄托着近现代民族国家观念的国语运动的洗礼，更多的中国民众仍然处于文盲的境地，其文化水平和知识状态一如往前。

抗战爆发后，面对国难当头的民族存亡之秋，中国有识之士对苦心经营数十年的国语运动成果发出了无奈的感叹，黎先生对此亦是痛心疾首。黎先生坚信，“世界近代史上，凡不能亡的国家，不可灭的民族……哪一个不是人人确实具有民族意识与国家观念的?”① “当这抗战时期，全国上下，能够感到民众的国家观念与民族意识，确乎是全面抗战和长期抗战而取得最后胜利的基本因素”②。基于此，黎先生对之前的国语运动做了深刻反思：“过去中国的社教成绩，这里不必检讨；只需想想我们知识分子在这抗战期间，为什么心理和不识字的老百姓不同，全国受过教育的青年，为什么都热烈地愿去做前线或后方的抗战工作，和不识字的小老百姓心理不一样？其原因只在民族意识和国家观念之深浅有关而已，这种意识和观念，不是能够‘咄嗟立办’的，知识分子们每日生活中必须看看报，至少要打听一点战事新闻，无形而积渐地就把这种意识和观念培植长养起来；不识字的小老百姓们，大多数连‘日本国在哪里’‘中国有多大’等等事情都不知道，试问他的民族意识和国家观念，从何而‘有’？单靠政府的社教团，学生的宣传队，临时召集，多方宣说，哓音瘏口，耳提面命，小空间的容纳，短时间的听受，一时兴奋，逐渐忘怀，所见所闻，更无此物，试问他们的民族意识和国家观念从何而‘深’？况且直接听讲受讲，尽管实行强迫入学办法，在广大的民众

①黎锦熙．社会教育和民众组训中间的桥梁［J］．西北联大校刊，1938（2）：1—2.

②黎锦熙．扫除文盲与注音符号［J］．教育通讯周刊，1940，3（8—9）：24—32.

中，究竟还是极少数，那么，这种社教又从何而‘普’？”①

因此，抗战时期的黎先生大声疾呼国语对于唤起和增强民众“民族意识与国家观念”的使命和“积极增加抗战建国的力量”的文化自觉担当。他在《为什么要推行国语?》中针对国语推广的意义问题做出澄清：“为什么要推行国语教育？一般人以为这只是要实行国语统一，这种见解，是错误的。推行国语，不只是要实行国语统一，尤其是在这抗战建国的时期，所谓国语，她本身的功用，特别要呈现出来，有两点：第一，‘唤起民众’；第二，‘巩固边疆’。”对于“唤起民众”，黎先生分析道，“老实说，文字工具的重要实居第一位，因为‘不识字’者，固然‘还可堂堂地做一个人’，却不够平平常常地做一个抗战时代的国民，为的是要读书，要看报，才能‘陆续收获’许多战时或平时的各种常识，才能‘渐积增长’民族的意识和国家的观念，才能离开‘耳提面命’之劳而‘直接了解’所受组训的内容，所以各种教育的推动，都以‘扫除文盲’为第一义”。同时，在艰苦卓绝的抗战中，黎先生充分意识到“西南西北各省”将成为“我们民族复兴根据地”的战略意义，但边疆地区“语言根本不同，各有文字或本无文字”，无形中造成了各个民族之间的“隔阂”，黎先生所谓“巩固边疆”，即是让边疆民族“学习‘国族’公用而统一的国语”“用推行国语的方法来推动边胞教育”，通过统一的语言使中国众多民族“再无隔阂，自然吸收，灌输文化，统一意志”，以发挥“文化吸引的向心力”而实现“巩固边疆”的目的，从而“要边胞民众都成为抗战建国的健全分子”，并建议将此视为“开发边疆的第一件事”②。总之，黎先生所言的“唤起民众”和“巩固边疆”均指向以国语的推广唤起和增强中国各个民族的“民族意识与国家观念”，从而发动民众“为国家为民族而‘共同奋斗’”，实现“积极增加抗战建国的力量”的目的。③ 随后在《国语运动与国防教育》中，黎先生还以“国

①黎锦熙．社会教育和民众组训中间的桥梁［J］．西北联大校刊，1938（2）：1—2．又见黎锦熙．社会教育的推进与注音汉字的利用［J］．中国教育，1940，1（1）：8—16.

②黎锦熙．开发边疆的第一件事［J］．蒙藏月报，1941，13（10）：7—12.

③黎锦熙．为什么要推行国语？［J］．教育通讯周刊，1940，3（39）：5—16.

难”的背景梳理了近代中国国语运动的本末源流①，从“推进文化战线”的角度疾呼“国防急于星火，教育尚俟河清”，再次强调了国语运动的两个目的：“第一，谋教育之普及；第二，谋民族之团结”，突显以国语的推广普及实现“团结民族，形成国族，统一意志，争取胜利”的意义。②

因特殊时代背景，近代中国的国语运动自产生时即与中国民族国家观念的塑造相连，特别是时值民族存亡的抗战年代，国语推广的任务比之前显得更为紧迫，而其对于塑造近代中国民族国家观念的意义亦更加得到彰显。20世纪上半叶的黎锦熙先生对此有着充分的文化自觉意识，他在强调国语推广的“教育之普及”意义的同时，十分重视国语推广对于构建“民族意识与国家观念”和“积极增加抗战建国的力量”的文化自觉担当。

二、国语普及的“最锐利最迅速的有效工具”

正如上文黎先生所反思的，因当时中国社会文化的落后，特别是教育的落后，晚清民国以来国语运动的实际收效甚微，抗战爆发后，这种情况令当时的中国有识之士痛心疾首。在关注国语专业人才的“提高”的同时，黎锦熙先生十分重视国语的“普及”事业。③ 当此抗战国难之时，如何更好地推行国语运动呢？如何“缩短学习文字的期限”“增加阅读书报的效能”呢？黎锦熙先生感叹说：“谈何容易？当这抗战期间，组训民众的工作还多着呢！而且还怕缓不济急，要迎头赶上呢！岂能净把这‘一寸光阴一寸金’的时间，专教民众来识字？”因此，抗战期间的黎先生致力于设计一种既“经济”又“迅速”的高效方法，其中的关键即是“注音汉字”，黎先生将其称为推广国语的“最锐利最迅速的有

①国语运动何自起？起于国难，这并不是但就现在（指抗战）说，也是就历史说的。甲午中日之战，国难严重，于是厦门有卢赣章先生，既发奋创制“切音新字”，乃尽力推行于闽南；其时吴敬恒先生亦有“豆芽字母”之发明；而王照先生更大规模地推行其“官话字母”于大河南北，南讫江表，东北逾辽河。其动机皆起于国难。

②黎锦熙．国语运动与国防教育［J］．城固青年，1941，1（1）：8—15.

③黎锦熙．为什么师范学院要设二年制国语专修科［J］．民国日本·国语周刊（1945-03-26），1945（31）：9—13.

效工具”。[1]

黎先生指出，“社教如果要办的经济，减轻‘用力难而收效少’的困难，那么最重要的一个目标，就是要急速办到人人能够自动的读书阅报”。“为使社教的效率增高，以期确实有助于民众组训起见”，黎先生将“注音汉字”视为“社会教育和民众组训中间的桥梁”，并提出了有效推进国语推广之“社教”的四种具体措施。其一，今后抗战中的民众课本及其他一切民众读物，应“将所有文字完全用‘注音汉字’印刷”；其二，国民政府批准制造的“‘注音汉字’铜模（黎先生制作，笔者注），系印刷此种课本及一切刊物小报等之唯一的工具”“今后宜由部亟将此项铜模已运出者，统制推行，赶铸铅字”；其三，对于当时社会上仍然存在的有关“注音汉字”的“拼读正确，师资不易，转增重目前民众识字运动之担负”及“国语统一，建国大业，未适合目前民众识字运动之急需”等“误会”，国民政府应按照1936年“国语推行委员会呈请重行声明之意见”，“三令五申，免除此等误会，以一目标而去枝节”；其四，“严令全国社教人员训练机关，即从部办之‘社教督导员训练班’做起，必须以最少之时间，一律将注音符号之读法拼法练习，照上条所述之两项主旨，以能读出‘注音汉字’字旁所拼之音为限度（声调符号暂不可顾，但原已熟练者除外），俾于推进社教工作时，能尽量利用‘注音汉字’刊物”。[2]

考虑到中国汉字的“字形太难”“字音难表”及“方言复杂”“民族众多”等基本情况，黎先生还提出了基于“注音汉字”的“闪电式”和“磁铁式”的教育方法以提高国语推广的效率。他认为，“‘注音汉字’，字字注音，印刷一切白话读物：完全认得汉字的人，只需读书中间的汉字；稍微认得一些汉字的人，遇着每一个不认得的字，字旁边就站着他的老师；完全不认得汉字的人，就只需读旁边的注音，结果是一样的了解”，因此“国民教育，扫除文盲，开门见山，先教学注音符号”——“教学注音符号，只是教学注音符号，四十个，十天，毕

---

①黎锦熙．扫除文盲与注音符号［J］．教育通讯周刊，1940，3（8—9）：24—32.

②黎锦熙．社会教育和民众组训中间的桥梁[J].西北联大校刊，1938（2）：1—2. 又见：黎锦熙．社会教育的推进与注音汉字的利用[J].中国教育，1940，1(1):8—16.

业！”——“十天毕业之后，文字工具的训练，就算大体解决”，如此可以“缩短学习文字的期限，增加阅读书报的效能”“自然能够找到中国‘国族’语言统一之路”“从此读注音汉字的书，看注音汉字的报，‘陆续收获’许多常识，‘积渐培养民族意识和爱国心’”。黎先生将此称为“‘闪电式’的教育方法”。针对“抗战建国”有重要战略意义但“语言根本不同”的边疆地区的不同民族，“让边胞一样地学习注音符号‘四十个，十天，毕业’，之后就有了基本工具来学习‘国族’公用而统一的国语”，从而发挥“文化吸引的向心力”以“巩固边疆”。黎先生将此称为“‘磁铁式’的教育方法”。① 黎先生还考虑到边疆民族语言情况的复杂性，对边疆民族如何推行国语提出了详细而具体的针对办法。②

当时社会上不少人对黎先生所言的“注音汉字”不甚熟悉，对此存在着“期待着一班必须训练的师资，所以不容易‘普遍化’”的疑虑，黎先生对此进行了专门回应，提出了抗战时期推行“注音汉字”的“四大原则”和“注音符号新教案”等。他指出，以前“注音符号”的教学“形成了一套近乎专门的技术”，“现在暂请收拾起来，不必兼营并顾，只要认识简简单单的四十个注音符号。试想：这样的师资，还需要什么训练？拿一张无师自通的注音符号表，按照每个符号底下注的读法，来回念熟，就行了。扫除文盲的工作者，当然是知识分子，知识分子自己念熟一张注音符号表，算什么训练师资？”黎先生强调，其实只要改变“对于注音符号的根本观念错误”，即把握如下“四大原则”，“注音符号”就可“容易的‘普遍化’”：其一，注音符号只是注音符号，是国语推广的辅助工具而已，并非是至少要掌握三千五百字的国语国音的专门学习，哪里需要“一年半载”甚至“三年两载”；其二，注音符号只有简简单单的四十个，“根本没有什么‘拼法’，干吗要教学什么‘拼法’？”其三，“注音符号”中“阴阳上去的四声的‘调类’，全国任何地方的老百姓早已人人明白，干吗还要向他们啰唆？”其四，当前西南和西北诸多省份的“字音向来就和国音的读法相差有限，现在全国知识分子，既集中在这些地方，扫除文盲，干吗还不赶紧利用注音汉字？”为增

①黎锦熙．为什么要推行国语？［J］．教育通讯周刊，1940，3（39）：5—16.
②黎锦熙．开发边疆的第一件事［J］．蒙藏月报，1941，13（10）：7—12.

加说服力，黎先生在改良此前“注音符号”教学法的基础上提出了简单易行的“注音符号新教案”，指出“只消把四十个注音符号分成十八组，化为七十四个符号，顺着次序，读熟记熟，就自然而然地把所谓‘拼法’教学，无形取消了。这是一种巧妙的办法”，并强调说“一个文盲，收了这二十天的训练以后，他对于一切注音汉字印刷的读报，无论何字，总可以读得出音来，‘声入心通’，从耳到目，其盲即扫，此是‘顿教’”①。

不难发现，黎锦熙清醒地看到了20世纪上半叶中国社会文化特别是教育落后的基本国情，在反思之前国语运动所暴露出的弊端，特别是面对国难迫切的抗战特殊情势的基础上，他确实设计出了一套切实可行的国语推广普及的高效方法，为国语运动与社会教育和平民教育的结合提供了“有效工具”，黎先生的学术努力为此后中国的语言文化的普及工作奠定了理论基础。

三、国语教育的“实验”与“实践”

抗战期间的黎锦熙先生不仅倾力于国语的理论研究，而且将其付诸“实验”和“实践”，将自己的理论观点转化为实际成果，致力于培养国语专业人才和师资力量，使国语真正地走向民众和走向普及，践行了从“文化战线”上服务“抗战建国”的使命自觉和教育夙愿，为中国语言与文字的教育和普及事业积累了成功经验。

1938年暑假，黎先生指导西北联大学生在难民收容所中选择了12名文盲，做了一个“实验利用注音符号扫除文盲，究竟把‘学习文字的期限’‘缩短’到若干时日？把‘阅读书报的效能’‘增加’到何种程度？”的教育实验。“实验”所用的“课本”是根据黎先生提出的“注音汉字”的基本方法编制、由西北联大中国语文学会自行编印的《注音符号课本》，参用教育部编印的《民众学校课本》（第一册）。实验的“成绩”如下：“共上课四周，以二十小时教完注音符号，另予以阅读和写作为指导，合计四十小时。十二名中，除两名略有耳病，一口齿不清者

①黎锦熙．扫除文盲与注音符号（续，续完）［J］．教育通讯周刊，1940，3（10，12）：11—16、15—16.

外，余皆能读出注音汉字的音。其中有四名成绩‘优’，能把‘民众小报’读得精确流利，且能用注音符号自由拼写词句，发表己意；有二名也能读能写，但尚不甚纯熟；余四名因年岁太稚（皆不满十岁），略能读，但不甚了解其内容意义（因此项‘民众小报’其内容大都是战时常识与战事消息，原为成人而设，非儿童读物也）。”黎锦熙认为，“实验”结果表明，在“一个产业落后、贫而弱的国家，打算要办到教育普及，非在时间上经济上着想不可”，而“注音符号”即是“简捷经济的办法”“可以把扫除文盲、抗战建国的重任担负起来”，并希望“政府有整个的计划，作普遍的推行”，“全国知识分子对于注音符号的功效，有所认识，动员起来”“从事社教的同志们，再接再厉，提倡运用”，“期于最短时间，发挥最大的力量，收到极大的效果！”①

当时坐落于陕南的西北联大，成为西北地区社会教育的主干力量，时任西北联大国文系主任的黎锦熙将注音汉字和国语推广纳入西北联大的社会教育实践当中。他十分重视注音汉字和国语推广在社会教育中的作用和地位，认为现在大学兼办社会教育，要同学们做社教工作，“其中最重要的工具是文字，这就要利用注音符号，来推广民众识字运动”②。在黎锦熙的倡导下，“国语及注音符号讲习班”成为西北联大“社会教育事业”的主要内容。③ 1938 年暑假，西北联大举办了“陕南六县小学教师讲习会”，黎锦熙将“注音汉字”教育列入讲习会的主要科目之一，以提高小学教师的注音汉字和国语推广的“知识及技能”。④ 为注音汉字和国语推广的社会教育做准备，他“先从师资着手”，在西北联大专门组织开设了“国语研究班”，1939 年 2 月“加入研究之员生，共二十六名，训练期间为一个月”。在“民众训练”方面，他组织举办了“本大学中国语文学会成立国语注音符号讲习班”，讲习班开设“妇女、成人、

①黎锦熙．扫除文盲与注音符号（续完）［J］．教育通讯周刊，1940，3（12）：15—16.

②黎锦熙．青年学生学养与服务两个重要的条件［J］．西北联大校刊，1939（13）：36—38.

③编者．国立西北联合大学二十七年度兼办社会教育计划大纲［J］．西北联大校刊，1938（2）：14.

④编者．陕南六县小学教师讲习会简章［J］．西北联大校刊，1938（2）：14.

儿童三班”，每班“二十人至四十人”，“凡不识字之男女，在八岁至四十岁之内，皆得入班”，“教材分成人（妇女班同）、儿童两种，统一由语文学会自行编制”，制定了详细的“训导之要目”“训导之方法”和“教学方法”及“农民小报编辑大纲”等，并将“在民族意识之培养，与抗战情形之认识，并使民众明了个人与国家社会之关系，同时辅导其身心发展，以养成忠诚勤朴，负责任，守纪律之良好国民”作为讲习班的“训导之目的”①，以发挥国语普及的文化自觉功能。

抗战时期，黎锦熙还积极推动和参与国民政府国语推广的政策制定，并在大学举办国语专修科以培养研究与推广国语的人才和师资力量。1940年7月，时任国立西北师范学院国文系主任兼教务主任的黎锦熙赴重庆出席教育部召开的国语推行委员会会议，讨论了如何制定注方音字母等问题，并成立了全国方音注音字母修订委员会，推黎锦熙、魏建功、卢前为委员，按照国音编订“中国音韵”，是书于1942年出版，为民国以来第一部韵书。1943年8月，黎锦熙又赴重庆，出席国语推行委员会与全国方音字母修订委员会会议，会上讨论制定了注方音字母的草案，即《全国方音注音字母总表》。② 1944年，在黎锦熙的倡导下，经国民政府教育部批准，西北师范学院成立国语专修科，专门培养国语方面的专业人才和师资力量，黎锦熙任国语专修科主任，并亲自给专修科的学生讲授国语运动史、方音与方言等课程。其间，黎锦熙还专门撰写了《为什么师范学院要设二年制国语专修科》等文，专门论证了国语“提高与普及”相反相成的理论问题。③ 国语专修科为国语研究人才的造就和国语推广师资的培养发挥了重要作用。其中特别值得一提的是，黎锦熙的办学努力为抗战胜利后推动台湾同胞的国语推广和民族认同做出了不可磨灭的贡献。抗战胜利前，在日本殖民统治下，台湾同胞必须学习和讲说日语，国语遭到严重践踏，台湾同胞的民族认同和文化观念受到很大

---

①编者．本大学中国语文学会成立国语注音符号讲习班概况［J］．西北联大校刊，1939（11）：12—15.

②中国社会科学院近代史研究所．中华民国史资料丛稿·人物传记（第二十辑）［M］．北京：中华书局，1982：151.

③黎锦熙．为什么师范学院要设二年制国语专修科［J］．民国日本·国语周刊（1945-03-26），1945（31）：9—13.

扭曲。1945 年抗战胜利后，台湾首当其冲地面临着如何推广国语和修复民族认同的紧迫危机。此时的黎锦熙积极动员西北师范学院国语专修科的学生赴台湾担负时代重任，当时因西北师院国语专修科的毕业人数不足，黎锦熙还专门组织了“国语讲习讨论会”，动员并培训中文、教育等系的学生去台湾推广国语，并嘱告同学们：“到台湾去推行国语，非只教会了国语标准化就完事，还须通过国语教育完成文化的建设和民族的团结，才算尽了国语教育的功能”①，可谓是始终不忘国语事业所负有的文化自觉使命。目前，台湾与大陆已是“书同文，语同音”，但今天的我们不能忘记 70 多年前黎锦熙师生为此所做出的贡献。

抗战时期是黎锦熙国语教育思想与实践丰富发展的重要时期，其国语事业所彰显出的文化自觉情怀令人感佩，其国语教育的理论探索和实践推广亦是卓有成效，为此后中国语言文字的教育和普及事业奠定了理论基础并提供了实践经验，值得我们思考和总结。

①蔡春．我去台湾推行国语［M］//刘锡庆主编．北师大百年校庆征文·我与北师大．北京：北京师范大学出版社，2002：78.

第二节　陈剑翛的心理学教育思想

陈剑翛是我国著名教育理论家、活动家、心理学学者。在北京大学求学期间，颇受校长蔡元培赏识，是组织和参与五四运动的重要学生领袖之一。抗战全面爆发后，陈剑翛以教育部特派员身份，相继担任西安临时大学和西北联合大学常委，与徐诵明、李蒸、李书田等三人一起商决校务，并兼任西北联大秘书主任（后改由黎锦熙接替）。1937 年 12 月，陈剑翛为《西安临大校刊》创刊号撰写发刊词，其中指出："临大合平大、师大、北洋极有历史之三院校，经过不少之曲折历程，始在此西北重镇宣告成立，在教育史上实一创举"，号召"最高学府中人所当泣血锥心""尽匹夫救亡之责"，在支持抗战的同时"尽瘁此临时教育事业，以挽救当前民族之大危机"。① 1938 年 5 月，在迁至陕南城固的西北联大开学典礼上，陈剑翛向全校师生阐明西安临大改名为西北联大的意义："本校现改名为国立西北联合大学，其意义一方面是要负起开发西北教育的使命，一方面是表示原由三校院合组而成。"② 在艰苦卓绝的抗战时期，陈剑翛为西安临大、西北联大的组建和发展以及抗战时期中国教育火种的保存和延续做出了不可磨灭的重要贡献。

抗战全面爆发前，陈剑翛即热心关注中国教育问题，在教育基本理论和中国教育宗旨与制度、学校教育与公民教育以及心理学教育等方面取得诸多研究成果，在大学里讲授"教育概论""普通教育法学""教育哲学""教育心理学""普通心理学"等各种课程，并广泛参与国家教育

①陈剑翛．发刊词［J］．西安临大校刊，1937（1）：1.

②编者．本校在城固本部举行开学典礼志盛［J］．西北联大校刊，1938（1）：7—10.

政策方针的制定与教育活动的实践。抗战全面爆发后，陈剑翛在继续从事相关研究和实践的同时，注重心理学基本问题的深入研究，特别注意倡导和发掘心理学在服务与支持抗战以及青少年心理健康教育方面的积极作用，为心理学在中国的推广和普及做出重要贡献。

一、“心理学及心理学者对于战争有直接贡献”

物质条件是战争取胜的重要保障，但不是唯一的基础，精神力量亦是取得战争胜利的十分重要的必备因素。陈剑翛十分重视国民心理及其所产生的精神影响对于取得抗日战争胜利的关键作用，强调“心理学及心理学者对于战争有直接贡献”①，而学者应当主动担当，为此做出积极的努力，充分发掘心理学的研究与推广对于抗战建国的不可忽视的重要贡献。

早在 1937 年初，陈剑翛在《政问周刊》上发表《民国廿六年：由悲观而乐观》② 一文，积极呼吁全国民众对于国家发展和抗日形势应排除消极悲观的情绪而坚持团结一致、积极乐观的信念。他指出，尽管中国与世界其他现代国家相比发展水平较为落后，而国家亦正面临日本帝国主义的侵略逼迫，但 20 世纪二三十年代以来，中国逐渐结束大规模的国内军阀混战、民不聊生的混乱局面，国家渐趋统一和稳定，经济建设已经逐步有所发展，而 1936 年夏秋间的“两广问题”所可能引发的国内分裂也得到解决，特别是 1936 年 12 月的“西安事变”的和平解决，得以成就“中国真正统一的局面”，全国“爱护统一”的舆论分外高涨，“由是团结一体，非复是从前一盘散沙的现象”。因此，得以解决的 1936 年的各种危机所激发出了的全国民众团结一致、同仇敌忾的心理和精神上的“收获”，“远胜于寻常千万，岂非大可乐观的吗?”呼吁全国民众一改过去悲观情绪而积极乐观地面对民族的生存和发展问题。

抗日战争全面爆发后，陈剑翛注重从心理学意义上突出全国民众抗战意志的精神力量的重要性。1939 年初，蒋介石发动“国民精神总动员”，提出“国家至上、民族至上，军事第一、胜利第一，意志集中、

①陈剑翛．战争心理学的发展［J］．建设研究，1943（1）：61—80.

②陈剑翛．民国廿六年：由悲观而乐观［J］．政问周刊，1937（54）：7—10.

力量集中”的号召。陈剑翛撰文认为，“在这一个万分严重的抗战局势之下”，要充分认识到“国民精神总动员”对于集中和统一全国抗战意志的积极作用，认为此“国民精神总动员”亦可称为“心理总动员”，并从心理学角度对“国民精神总动员”的意义做了深入阐述。陈剑翛指出：“若求之于心理学的解释，那人类的行动、感觉、情绪、态度等等，通俗说起来，无一不是精神，尽管在科学的心理学上我们不承认有精神这类东西。再踏实一点讲，人类的感觉、情绪、态度等，都可以叫作行为，所以提到人类的精神不啻指人类的行为。因此精神总动员，换一名词为心理总动员，简直就是行为总动员，也就是人类力量总动员”，因此“精神总动员或心理总动员进展到最高历程，则人类的力量可以扩张到似乎不可思议、不可想象的最大范围”。他强调，“以目前抗战形势而论，我们应该用最大的忍耐，最坚决的态度，来应付这个很艰巨、很不易支持的局势，以祈祷最后胜利的来临。所有在今日一切汉奸的和平理论，都不够掩天下人之耳目而逃出千古唾骂痛恨的大罪恶。一切离心力的运动和犹疑不自信的倾向，都可以毁灭我民族、我国家联合抗敌的力量，这是自杀自毁的死路”。陈剑翛还将中国传统文化中的“有志竟成”“见危授命”“自强不息”“富贵不能淫，贫贱不能移，威武不能屈”等精神内涵与现代心理学理论结合起来，认为“国民精神总动员”可以“使整个民族精神陶溶在严正的空气中，达到坚忍不拔、贞固不移，纵遇外来的压迫和诱惑也丝毫不为动摇的”，使全国民众“彻底损除嫌隙成见，抛弃汉奸的和平理论”及“自私自利、醉生梦死的生活”，而“去救国家，有钱的出钱，有力的出力，要团结大家便团结起来，做集体的贡献”，最终“克服一切困难以达到抗战建国的目的”。①

抗战期间，陈剑翛对国内汉奸的不断出现从心理学角度进行了专门剖析和深刻批判，使国民不齿于汉奸行为。

在艰苦卓绝的抗战进行过程中，陈剑翛还在国内比较系统地对“战争心理学”做了“发凡之论”。战争心理学滥觞于第一次世界大战，为协约国的胜利做出不可忽视的重要贡献。尽管如此，当时国际学术界对

①陈剑翛．精神总动员的道德力量［J］．青年中国季刊，1939（创刊号）：153—169.

战争心理学尚未有比较确切的定义，国内更是没有相关介绍和应用，不免成为我国抗日战争的一种损失。陈剑脩认为，战争心理学大体可归纳为心理学对于“组织有效率的军队”的各种问题进行研究的学问，并结合心理学的基本理论及第一次世界大战以来西方各国的实际经验，在国内首次对战争心理学做了比较系统的论述。首先，关于士兵的分析和选择问题。陈剑脩指出，战争的胜负固然要靠兵器装备、军需供给以及战略战术等，但另外一部分同样决定战争胜负，那就是战斗士兵“是否胜任”。他认为，在此方面心理学研究应当达到的目的是，帮助军队检测、区分、培训何种性格趋向、先天能力、后天素质及接受何种军事训练等的士兵更适合哪个兵种、哪个部队和承担哪种军事任务等。其次，关于军官的培养与分配问题。陈剑脩指出，从心理学意义上分析，军官的培养和分配问题必须注意是否具备懂得个人与他人的精力的有效运用，是否具备各种环境刺激的应付能力，是否具备发动和组织能力，是否具有与军事相关的丰富知识和经验积累等。再次，关于士兵一般心理的研究。陈剑脩认为，士兵的集体生活是一种“社会有机体”或“有生机有功能的单位”，它有一个“动的根据”，应当将心理学上的“模仿”“暗示”“同情”等运用到理解、把握和培育由士兵组成的军队团体的生活当中；要充分掌握士兵恐怖、愤怒、亲爱等不同情绪所具有的生存作用及其所产生的不同的反应与结果，并对此较好地加以调节、引导和发挥；人们一般具有好斗的本能与意志，并非到了战场上才突如其来，这是士兵们“自己方位的机构”，具有“生存价值”，但它可能因一些条件使士兵发生暴乱，也可使士兵在战场上与敌人争个“你死我活”；士兵通常会受一种哲学或思想理论的影响，即在纯粹的生存之外，进一步寻求生存或死亡的意义与价值，并由此构成士兵的文化生活，应当考虑运用何种文化生活并使其在士兵中存续发展、交互融贯，成为超出个人意义上的精神成就等等。最后，关于军事的领导或统率工作需要具备的条件。陈剑脩主张，军事的领导或统率者必须具备优良的“自由意志”，在战争进行中应该有自省自觉的习惯，一方面使自己对于最激烈的紧张情况能做充分的准备和适应，一方面能够具备自我认识、自我批评及自我反省的精神能力；同时，能够把他的自由意志和目标适当地表现出来，在错综复杂的形势下能够清晰而迅速地做出合理决断的能力，并能够高效地说服和支配他人的思想和行动等。陈剑翛指出，他的“发凡之论”并非将战争心理学“讨论得完备”，而只是选取了一些一般性的问题，呼吁中国应当认识到心理学对于服务和支持战争取得最后胜利的重要性，“我的企图系欲指陈战争心理学自上次世界大战以来发展得很快，将来或者有不可限量的收获”①。

二、关注青少年“情绪上的修养问题”

在艰苦卓绝的抗战时期，从青少年的心理健康及其教育立场探讨青少年的心理卫生和情绪修养问题，是陈剑翛十分重视的研究课题。他认为，青少年正是人生成长的关键时期，情绪上往往会出现一些急剧的变化，并很容易产生沉迷、陷溺、消极、悲观等各种不良心理问题。他呼吁，当青少年出现这些状况时，我们不应对其过分责备，“而应该与青年表十二分同情，叮嘱他们提防这个时期，好好地自己珍重”②。他一方面批评固守传统道德的人，认为现时的人堕落卑微，要求青少年效法古圣古贤的修身养性的功夫，其实这样的做法很容易令青少年养成将修养视为玄妙空虚、夸大狂妄的毛病；另一方面责备一些自命不凡的青少年误信邪说，将修养视为自私自利的个人主义的变相，或嫌弃现实社会的虚伪残酷而向往空虚的理想王国，认为这些状况都不应是现代青少年所需要的，恰恰相反，而是应当引导青少年走向情绪的“卫生与健全”之路。

陈剑翛十分强调青少年的情绪问题的重要性。他指出，其一，青少年的情绪“正成熟而且渐趋复杂”。儿童时期人类的神经系统在外部刺激下即产生不同的反映，随着年龄的增长，人的机体系统愈加发育而渐趋成熟，此时青少年的“自由行动之被任何限制或干涉”，必然会增加青少年“机体的激动或紧张”“此种激动或紧张渐渐分化进步而为种种特殊的情绪”。陈剑翛强调，“这个情绪因机体而成熟而复杂的原因，我们不可不十分重视”。其二，青少年的情绪“随经验及事变而演进”。极

①陈剑翛．战争心理学的发展［J］．建设研究，1943（1）：61—80.

②陈剑翛．青年的情绪卫生［J］．教与学，1937（9）：12—16. 又见：陈剑翛．中学生情绪上的修养问题［J］．播音教育月刊，1937（4）：23—39.

幼小的婴儿本来天真烂漫，除非一些特殊的外在环境，一般没有怕人怕事的表示，惧怕的情绪的生长是经验或学习的结果，“因为在通常事件中，引起情绪反应的刺激，每与其他各种刺激同时发生，像这样的反应发生至若干次，某同时发生的任何一种刺激也能很准确地引出同一的情绪”，这就是“交替反应”，“青年尤易受此影响”。其三，青少年的情绪“最不固定，易走极端或过度”。青少年是心理和生理发育生长最猛烈的时候，甚至可以说是处于一种危险的时期。此时，青少年的交感神经系统的感觉性及其灵敏度，极不容易控制，使青少年富于情绪生活，忽而喜忽而悲、忽而爱忽而恨、忽而骄傲忽而悲愁，“情绪反复无常”，青少年的“种种心理病或精神病都起源于此”。因此，青少年时期的情绪在其人生成长过程中具有特殊而重要的意义。

有鉴于此，陈剑翛指出：“我们便不可不赶紧提出情绪卫生的有效办法，以供教育界同志们的参考。”经过研究，他提出了六个修养办法。一是要在可能的范围内使青少年能“避免无谓的惧怕和犹豫，而采取乐观的态度”。青少年的天然倾向是能够自由和康乐的。假如青少年情绪修养的目的是在改变他本能的原始的情绪反应，那么最好不使他知道世间有忧患和艰苦，而应在一定的监护和安排下，让他享受快乐，使其有机会从事运动或建设的活动以及团体事业和个人的自由，青少年和成人接触时应使其获得满意的结果。“我们无论怎样，不当在他面前诉述任何困难。保持着天真、忍受着苦痛”，才能算是青少年的“良师益友”，反对使青少年“惯于遭遇到一些艰难”。二是万一不能阻止青少年的情绪的“无端产生，至少仍应限制它的弥漫发展”。青少年对于动作受拘束或阻挠的最初反应只是愤怒，若未及时解除愤怒的痛苦，其就会产生惧怕这一更具危害性的第二步反应。愤怒的反应尚可转移或训练而使其成为竞争进取的工具，但惧怕则会让青少年变得怯懦、谦卑，甚至失去自信自立自主的能力，待成年后会表现出更加复杂多变的情绪，遇到不如意时常会露出沮丧哭泣的态度或强颜苦笑的变态表情等。因此，“情绪修养的目的便在怎样利用情绪作用以解决当前的问题，勿使它弥漫发展”。三是情绪生活务必要“身体力行，充实乎内，洋溢于外，然后方可以运用无穷”。不能只以青少年无切身体验的空洞的喜怒哀乐教说青少年，这种教说不能使青少年得到实际的情绪满足，往往会使他们荡漾于虚无缥缈的幻想之中，使他们容易以狂妄的英雄自居，形成特立独行、孤傲自赏的怪僻性格，从而将实质的各种生活体验一律捐舍，而是应让他们在现实的各种情形中实际经验不同的情绪生活并加以适当引导和调控。青少年情绪生活的“空幻设想，危害最大”“我们如不纠正它”，就不配谈青少年的“情绪修养”。四是“所谓修养，就旧义讲，只可认为是一种操练、调整的工夫”。平日操练和调整有素，临时应变才不至于措置失宜和失常。但青少年遇事常不会计较考量，所以平时应当注重训练青少年遇事时反复权衡真伪与是非然后采取行动的习惯，如果平时的训练不足，到了仓促之间，一旦事变横来，往往会不容有审虑的时间，如此“外来的引诱或繁难，非致堕其操守不可”。因此青少年情绪修养的“平日修养和临时应变两桩事系互相为用的连锁”“断乎不可缺少”。五是重视青少年丰富情绪的“调整”与“转变”。青少年的情绪是极其丰富且复杂的，而且他们的冲突和欲望往往与现实的条件环境相互冲突，因此青少年情绪“有许多应操练应调整的事情”“而其中最困难的就是在他的兴趣、欲念、冲动等一方面和能力及生活情境所给予他的限度等另一方面，能否有有效的健全的而满意的布置”。陈剑翛认为，青少年情绪的“丰富”“繁多”“纷乱”“实不可怕”，关键在于“究竟怎样转变”与“一番缜密的修养”。六是“情绪修养的成功在构成情操”。人生而具有许多的情感作用即所谓原始情绪，从原始本能的情绪出发逐渐训练出“有意义、有组织的中心情绪，使人对她发生密切的关系，就是情操”。比如，一个人对于生于斯、长于斯，由此而生发爱国心与爱乡心的情操。陈剑翛主张，青少年应注重将原始的情绪培养成各种情操，从而成为具有良好气质和德行的人。①

“青年往哪里去”？这是抗战期间陈剑翛从心理学角度思考的一个重要问题。因青少年是儿童生长为成年与成熟之时，心理和生理的变化极其剧烈，“极其流动和幻变”的情绪常使“青年心理中有一种最不安定的现象，由不安定就很容易发生苦闷，这种历程在情绪生活更表现得充

①陈剑翛．青年的情绪卫生［J］．教与学，1937（9）：12—16. 又见：陈剑翛．中学生情绪上的修养问题［J］．播音教育月刊，1937（4）：23—39.

分”，特别是“当这国内抗战、国际对战的时候，一切生活都是变态的，充满着恐怖和紧张。又目前人心不古，尔虞我诈，广泛的人群恍若含着不少罪恶，一个青年岂能不感苦闷?”在相关研究和调查中，陈剑脩发现，“他们普遍报道的一个不可解决的苦闷就是‘青年往哪里去’?”陈剑脩讲述了非常优秀的大学生毕业后在社会遇到种种苦难和挫折而变得心灰意冷、绝望无助的实际例子，指出应当从中注意青年人一方面应当怎样忍耐和应付目前艰难困苦的局势，一方面又须积聚较广泛丰富的经验与学识，做好将来肩负更艰巨的工作的准备，但是我们基本忽视了青年情绪的锻炼和修养问题，加上当前的环境使青年处于一种“常为外来多方的社会刺激所袭击”的危险境地，青年们“无精神休假、雍容修养的余地，每使青年陷于消极悲观、颓废欲死!”其实，“青年往哪里去”的困境并不能完全归罪于当前的客观环境，不管遇到什么外在环境，许多事情是需要青年自力更生、抱着巨大的勇气和热忱去拼搏奋斗的。然而，当前不少青年情绪上却陷于“苦闷”，并受此影响而丧失本应该有的朝气蓬勃以至于“断送了自己光明灿烂的前途”①。

为了避免“无数量的青年只怕会如此牺牲下去”，陈剑脩从心理学角度对青年苦闷的原因及其诊疗方法做了专门研究。对于青年苦闷的心理“归根”，他指出，一方面我们应该认识到情绪是一个“有机体”、一种“受激动”的状态。比如我们觉得自己不快乐，便是身体上有一种激动，换句话说，情绪乃是一种未分别的不愉快的情感，一般的激动、不安、窘困等无不是交感神经所引起的情绪，特别是青年人遭遇苦难时很容易将不同的情绪表现得“彻头彻尾化”。另一方面，情绪表现不全是社会刺激所引发的，“一切反应器官作用和脏腑作用都是情绪的要素”。例如咬牙切齿、怒发冲冠及其他愤怒等的表现，可以用来恫吓胆小的敌人，但有时并不一定灵验；嘲笑、轻视、憎恶等的表现可以改变他人的行为，但对于强盗却并不一定能够起作用。不灵验或不起作用是因为外在刺激并未使其反应器官或脏腑产生活动。“情绪所牵涉关联的范围既如此之广，自然很容易因细微的刺激就有所活动，因此不满意或苦闷的可

①陈剑脩．青年苦闷的一例及诊疗方法［J］．中国青年，1939（3）：65—75.

能性就大了。俗话说得好：‘牵一发而全身动’”。在此情况下，陈剑翛强调：青年“要在积极地能够努力做点情绪修养的工夫，以奠心理卫生的基础”，并提出了三种“治疗方法”：（1）青年与社会环境接触后，情绪最容易发生，长久的坏情绪会对身心产生不良的后果，因此最好的治疗方法在于预防，不使青年发生无谓的无意义的情绪。（2）对于情绪须用疏导等处理方法，不宜压抑。青年的身心健康是在各种活动中产生和变化，那些呆板、独处、无所活动的做法是一种不良的习惯，青年应当多交流、多运动、多娱乐等，“使苦闷于无形中消灭”。（3）用交替或替代的方法，即将自己的精力投入自己的兴趣和事业中，“向上向外作无量的发展”，在实现自身价值和为社会做出贡献过程中会使自己感到充实、愉快和满足，从而使苦闷的情绪得到消减或替代。①

抗战期间，陈剑翛依然对中国教育宗旨与制度、学校教育与公民教育等诸多教育问题进行研究和教学，并积极参与到国家和地方的教育实践当中，但心理学的研究与宣传是陈剑翛十分关注的一个问题。他将研究视角聚焦于艰苦卓绝的抗日战争及其给中国社会所带来的变化，尤其是对心理学在服务和支持抗日战争以及青少年的心理健康教育等问题进行了系列研究，努力为争取抗战胜利和战争中的青少年的健康成长问题做出特殊贡献，同时也促进了心理学在中国的传播与推广。

①陈剑翛．青年苦闷的一例及诊疗方法［J］．中国青年，1939（3）：65—75.

第三节　李建勋的系统性反思与探索的教育思想

李建勋是我国著名教育家和社会活动家，毕生致力于中国教育事业，为我国教育事业的建设与发展做出重要贡献，民国时与陶行知齐名而有“南陶北李”之誉。抗战全面爆发后，随校西迁陕西、甘肃，先后任西北联大师范学院教育系主任及师范研究所主任、西北师范学院教育系主任及教育研究所主任。

全面抗战期间，李建勋对我国教育进行了系统性反思，并做出了卓有成效的理论探索，设计出整个中国教育的发展蓝图。李建勋全面抗战期间的理论思考与所得，对我们今天的教育改革发展仍具重要参考价值。

一、探索“战时”与“战后”的“教育目的”“教育方针”“教育方案”

全面抗战期间，李建勋主持了“战时与战后教育”研究，并于1942年出版了《战时与战后教育》一书。此书汇集了全面抗战期间李建勋对“战时教育”与“战后教育”的关系、“战时教育”与“战后教育”的性质、“过去教育之缺点”“今后教育之改进”及其“教育目的”“教育方针”“教育方案”等问题进行了系统性探讨，为明晰我国战时与战后教育的发展理念、方针政策和具体实践起到了重要的积极作用，在当时颇有影响。

（一）战时、平时与战后“合而一之”

李建勋认为，教育是为满足国家、社会和公民谋求福祉的愿望而产生的重要事业，这种愿望在平时不易引起人们过多关注，但在非常时期人们会强烈地察觉到，并会更加明显地发现国家教育存在的问题所在。

他举例说，第一次世界大战引起西方国家对教育上的深刻反思就是很好的证明，而中国近代以来教育上的诸多重大变革也多与我们和列强的战争有关，如清末的废科举、辛亥革命后新学制的颁布、“九一八”事变后的救亡教育等。抗战全面爆发后，一方面我国教育应根据抗战建国需要积极做好调整和准备，另一方面抗日战争给中国教育造成无法挽回的重大灾难不可否认，但抗日战争也使我国教育所存在的不足更加清楚地暴露出来，我们不得不认真总结我国教育发展的现状及其问题并积极努力地加以改进。不过，李建勋强调，战时、平时和战后教育虽然处于不同的时期并可能表现出若干不同形式，但在理念、内容和目的等方面不应有根本的差别。他明确指出：“战时”“平时”与“战后”应当“合而一之”“至其改进之道，不仅注意现时，且需顾及将来也”。[①]

抗战全面爆发后，国人对于应“针对需要而力谋教育之充实与刷新”已有共识，但因战争的突如其来，国人对于战时教育与战后教育问题的看法“各言其是，各行其是，立场不同，论断自异”“此种对立而不相成之情形，几使教育陷于纷乱，而莫由统整，前途不可无虑”。[②] 在提出自己的观点之前，李建勋对当时国人的各种不同论断进行了梳理和评判。他将关于“战时教育”问题的观点分为“充实改进”“集体主义”和“应时救济”三种。“充实改进”者主张，战时教育并不是以战时教育完全取代平时教育，而是将平时教育加以调整转变，发挥其实际应用功能以适应战争需要，如增加发扬民族意识的政治训练、战时军事与生产的技术训练等等，即“教育战时化”。“集体主义”者主张，战时教育应当停止平时教育的基本理论和基本设施，打破教育与传统学校的必然联结，将教育纳入社会组织和集体生活（如军队、义勇队、救护队、宣传队、服务队、生产队等）当中，即“集体主义的自我教育”。“应时救济”者主张，“平时教育已缓不应急”，应当“唤起民众、组织民众，训练民众，革新行政，改造军队，保障民族革命战争之最后胜利”，主要教育课程为游击战术、统一战线、民众组训等，兼收大、中、小学生，入校后按其学识程度编队设班，修业期限三个月、半年或一年不等，具体

①李建勋．战时与平时教育［M］．国立西北师范学院师范研究所印行，1942：1，23.
②李建勋：战时与平时教育［M］．国立西北师范学院师范研究所印行，1942：10.

实行者有陕北之抗日军政大学、陕北公学及其他训练班等。李建勋指出，当时国人主要将讨论的话题聚焦于“战时教育”和“平时教育”问题，“论战后教育者尚少”，仅有黄觉民、赵廷等几人而已，其中值得注意的是，黄觉民基于我国经济文化发展水平提出，战后我国在坚持校园教育和面授教育的同时，应当推行在家自修和函授教育，并提出了战后各级学校之“自修办法”。①

李建勋对以上不同观点做了分析评判，并提出了自己的主张。他认为，虽然我国之前的传统学校教育存在不足，但我们并不能否定传统学校教育的积极价值，如踊跃参加或服务于抗战的知识分子及战后建国所需各类人才的培养不能不与学校教育直接相关。“学校实为培养基础知能之优良场所”，对于全面认识和准备抗战所需之军事上的各种数理化知识以及国家、地理、政治、文化上的各种文史地知识的教育，传统学校可以很好地胜任。不过，这并不是说战时的民众教育、各级学校兼办社会教育、各种短期训练班等没有必要，各级政府实施的这些举措应当积极赞同。而所谓“集体主义的自我教育”，亦可在传统学校教育中得到实施和开展，而“自我教育”中所蕴含的主动性学习精神亦需提倡。对于陶行知等学者不同意“战时教育”的提法，亦可不必。在李建勋看来，战时与平时的教育理念和内容虽不应有根本差异，但“一切现象，均有其生长之历史背景”，因而不能否定“战时教育”的提法及其与平时教育在具体设施和办法上的若干差异，不过这只是“临机处置”而非“根本大计”。② 李建勋的主张是：“战时”“平时”与“战后”应当“合而一之”，具体而言，即：“甲、对于正规式之学校教育，主张维护，以保持国家元气。乙、对于过去学校教育之缺点，尽量改进充实，一起适应抗战建国之需要。丙、对于抗战而产生之非常教育问题，力谋解决，以增加抗战建国之力量。丁、对于社会教育，极力推广，以提高一般人民之抗战意识及文化水准。戊、对于教育行政之组织与运用，力求健全，

①李建勋：战时与平时教育［M］. 国立西北师范学院师范研究所印行，1942：10—19.
②李建勋：战时与平时教育［M］. 国立西北师范学院师范研究所印行，1942：19—27.

以期行政效率之增加。”①

（二）“过去教育之缺点”

与西方相比，近代以来起步较晚的中国现代教育不可避免地存在不足。抗战全面爆发后，以中国民众之无组织、信仰之不坚定、汉奸之频出不断等现象批评中国教育的声音更是此起彼伏，甚至出现了中国“教育失败”之说。面对此问题，李建勋认为，这可能与国人最初迷信“教育万能”而对教育期望过甚有关。他指出，一个现代化的国家离不开现代性的经济组织、社会机构、政治制度等，“教育虽为立国之本，而并非万能”。李建勋提醒道，一方面中国教育的现代化成绩“不可没”；不过另一方面，“其一切措施未能尽合于理想者，亦所多有”，“抗战发生后，其缺陷遂益形显露”。在李建勋看来，当时的中国教育存在十大弊端：②

一是“宗旨未能贯彻”。李建勋强调，宗旨为一切设施之“本源”。近代以来，我国教育宗旨前后多有变化，且不论它们的具体内容是否完善，更值得关注的是它们并没有得到颁布者及各级教育行政机关、各级学校的切实贯彻。至于现行的教育宗旨，“较以往之教育宗旨为完满”，但其颁布“十二载”期间，并未在课程设置、教导方法、各种能力之培养以及其他一切教育设施中得到很好的实行，甚至有些措施和办法与宗旨相悖而驰。李建勋感慨道，如此情形之下，再理想的教育宗旨都是空中楼阁。

二是“政策未尝完整”。李建勋认为，教育政策的制定必须内审本国需要，外观世界大势，有所轻重缓急，如此而定的政策才能使国家、社会和公民受益。但是，我国自清末以来，惑于各国富强，忘却本国需要，不揣自本，一味模仿，今日一调度，明日一办法，随波逐流，举棋不定，实无政策可言。民国十八年（1929）颁布教育宗旨以来，虽采取一些教育政策，但注重点仍“仅为一部分一时间的问题”，缺乏“通盘计划及远大眼光”，依然无法收到政策之实效。

---

①李建勋：战时与平时教育［M］．国立西北师范学院师范研究所印行，1942：23、27—28.

②李建勋．战时与平时教育［M］．国立西北师范学院师范研究所印行，1942：30—37. 又见：李建勋．论教育行政之改进［J］．教育通讯，1941（36—37）：24—30.

三是“机关未能健全”。与西方地方自治模式不同，我国基于国情而有的中央与地方治理结构使教育行政在教育发展事业中具有不可替代的重要地位。李建勋认为，在我国教育系统就像一个人一样，教育行政犹如“头脑”，各级学校与社会教育机关犹如“肢体”，“头脑”健全清晰，“肢体”俱得其用而事举，“头脑”残缺混乱，“肢体”就会失其常态而事废。而我国教育行政组织未能健全、人员任用杂乱，远不能承担起研究、讨论、指导、计划和处理教育活动之责。

四是“本身缺乏联系”。李建勋指出，中国教育表面上看似建立了从小学到大学的不同阶段的教育系统，各级学校也开设了不同学科的课程，但实际上其中的漏洞很多。比如，各级学校培养目标与课程设置、内容和标准等实际情况不符；各级学校多各自为谋，彼此缺乏衔接，甚至使升学考试发生困难；各级学校中各门科目在内容即教学上缺乏紧密联系，各科目间既无重心，又缺少有机的关系，学生所领受者只是零碎片段不相关联的知识。

五是“学校与社会隔绝”。学校偏于死板的“知识”教学，且所传授之“知识”几乎与社会需求不相关，甚至根本脱节，对于教学内容与受教者实际生活之指导更少注意，以致教育归教育，社会归社会，一般国民及青少年所受之训练完全不适合时代及环境。“是故二十七年(1938)四月国民党临时全国代表大会所通过之《战时各级教育实施方案纲要》指出：‘社会生活与学校设施绝不相谋，经济组织与学校课程截然两事’，为新教育病根之一”。

六是“缺乏人格培养”。李建勋主张，教育的最终目的在于培育“完善之人格”，只有人格健全，一切知识和技能才能裨益于社会国家；国家民族之能自卫自立，更有赖于人民品格和素养的积累与支撑。但当时的学问之道，止于求知，教师所予、学生所求无非“知识”，缺乏对于师生人格如何、品德如何的考量，以致有些青年一受学校教育反而堕落沉沦，养成奸诈、狡猾、贪污、嚣张、寡廉鲜耻之风，“实堪痛心”。

七是“忽视体格训练”。“吾人身体必须内足胜职业之繁重，外可御强敌之侵侮，方不愧一国国民”。但李建勋发现，近来各省学生集训，多有学生不合受训标准，半途病退、中暑晕厥者比比皆是。这与体育之真义未能彰明于国人有关，致使学校体育徒供点缀，即使有较为热心者，亦唯选手运动是务，而置普通青少年、儿童的体格训练与身体健康于不顾，甚至反其道而行，养成青少年懒惰闲散之劣性。

八是“师资缺乏训练”。李建勋认为，西方师资训练经历了专重教材、兼重教法、更重专业精神及健全人格等三个发展阶段，第一阶段的造就者为话匣子，第二阶段的造就者为教书匠，第三阶段的造就者为教育者。但经过清末以来四十余年的师范教育发展，我国当时一般知名之士对于师范教育的理解仍停留在前述的第一阶段，对于健全师资的条件缺乏明确认识，而国内各级学校中经过专业训练的师资比例更是少之又少。“过去教育之失败，实缺乏健全师资以致之”。

九是“教学偏重强记”。李建勋指出，博闻强记虽是学习的一种方法，但明辨笃行更是求学的关键。但我国学校教法流于灌输，考试偏重强记，以致学生养成依赖课本、依赖教师的习惯，缺乏求知兴趣与主动精神。他赞同国联教育考察团对我国中学教育“重形式不重实际，依赖讲解及教本”“偏重强记，不注重于引起学生求知之兴趣”等的批评，感叹“所学不能应用，进而求其有所创见、发明，难矣”。

十是“经费未能充实”。“经费为教育之命脉，欲谋教育之发展，不仅赖有充足之经费，且须有公平之分配及合理之用途”。但我国当时教育经费方面存在诸多缺陷：“比数不足”，1936 年教育经费仅占岁出总额的 4.48%，与 1936 年立法院通过的宪章中教育经费“最低限度在中央为其预算 15%”的规定相去甚远。“用途不善”，各校经费使用效率不高，不仅常常超过限度，且教学、设备等花费比率较低。“分配不当”，大学与小学生均经费比例相差一百多倍，远高于欧美国家的十倍以内；而各个大学经费分配的差距，“尤使人惊异”“如此一方浪费，一方缩，不但有失公允，且亦有碍教育之进展也”。

（三）“今后教育之改进”

教育担负着“维护国家生存、促进民族文化之使命”，是“国家百年大计”，不可不甚，因此对于我国教育存在的这些缺点，李建勋强调

“应即力谋改进”①。他指出，对于国家教育存在的缺点虽仅列十端，但关于教育设施的重要因素如机构、设置、师资、体育、教材、教法、经费等，均已包括在内。而其改进办法和措施，若分析研究，则千端万绪，“非时日所许”。若综合言之，在教育发展理念、政策方针和具体实践等方面，可有“教育目的”“教育方针”和“教育方案”等三项，从而绘制出整个中国教育的发展蓝图。②

“教育目的，即处此弱肉强食之秋，必须造成何种国民，始能以争独立而谋生存也”。李建勋认为，关于“教育目的”，可从“对事”和“对人”两方面展开，“若云中国教育目的在抗战必胜、建国必成，则对事言也；如谓中国教育目的在造成现代化之公民，则为对人言也”。国家由公民组成，欲能“立国于不坠”，必须有健全的现代化公民，有健全的现代化公民自能实现抗战建国的重任。因此，对于“教育目的”，李建勋重点从“对人”方面做了阐述。他认为，“教育目的”须要达到如下六个方面的培养目标：一是“民族意识”。一个国家或民族要想谋求独立生存并日趋发展，除物质条件外，国人必须对国家或民族有坚定不移的信念和爱国备至的精神。“今后教育，对于民族意识，应格外重视，加以培养，使人人有浩然之气、自尊之心，对于国家民族，有坚定信仰、至上观念。”二是“健全人格”。教育的最终目的即是培养健全的人格，这是今后教育应当加以重视的。从消极方面讲，要破除国人闲荡逾越的行为、非分的要求，使其不以求学为升官发财之途；从积极方面讲，使人人有高尚的志趣和廉洁的操守，能报修己善群的宏愿，以天下为己任。三是“强壮体魄”。欲事业之成就，必先有强壮的体格以及因此而产生的健康精神。今后“体育一科，于学校课程，特为独立设置，且与德、智鼎力而名为‘三育’”。四是“生产知识”。国势强弱、国力盛衰与否“赖国民生产力之发展”，生产力的发展除物质条件外，需要各种技术与方法的创制推行的精神条件，“而精神条件之完备则尤需要教育力量之培

①李建勋．师道论［J］．教育通讯，1940（7）：1—7. 又见：李建勋．战时与平时教育［M］. 国立西北师范学院师范研究所印行，1942：23.

②李建勋．战时与平时教育［M］．国立西北师范学院师范研究所印行，1942：39—49；又见：李建勋．论教育行政之改进［J］．教育通讯，1941（36—37）：24—30.

养”。五是“科学精神”。我国科学落后是不可掩之事实，而要提升我国科学水平，固应加强科学理论的教授，但同时培育和普及国民的科学精神则更加重要。六是“创造能力”。应当反思灌输与强记式的教育方法，注重培养学生的“求知之兴趣”和“自动之习惯”，从而“使其知识与思想融合，事理与事物融贯，心智日开则创造自易矣”。

“教育方针，即用何种方式，以规范其趋向，使其能达预定之目的也”。对于我国教育改进“方针”，李建勋提出了四个具体内容：其一，“三育并进”。李建勋常常批评之前的教育“教学偏重强记”“缺乏人格培养”“忽视体格训练”，即智育不切实际、德育未经重视、体育意义被误解。李建勋指出，教育应当培育的德、智、体全面发展的“完人”，我国古代的礼乐射御书数教育即是“三育”，但现代新学制以来“三育”被忽视而偏重于“知识”灌输，“形成有教无育之畸形现象”。今后教育“当于此三者无所偏倚，一体重视”。其二，“文武合一”。李建勋认为，中国古代的“六艺”教育即是“文武合一”的教育，但唐宋以来，逐渐形成了“文武分途”和“重文轻武”的流弊，致使唐代以后中国常常被少数民族政权所主宰。今日祖国遭受日本强寇入侵蹂躏，与唐代以后的历史流弊不无关联，而今日学校培养的学生，“较宋以后之‘白面书生’强几许?”。因此欲报仇雪耻、转弱为强，“唯有实施切实而有系统的文武合一教育，非以往及现时仅有形式而无配备及精神之数小时军训所能奏效也”。其三，“政教合一”。李建勋认为，政治可以推进教育，教育可以改良政治，“政教合一”中国自古已然，中国古代国家官吏来自师资，教育家对国家建设同负重大责任，“惜以晚近政治不良，从事于斯者，率以个人或党派之权利为重，置百年树人之大计于弗顾，遂致政治与教育，合而藏污纳垢，教育必为政治之牺牲品”“今后政治倘能日趋清明，教育设施自可沟通政治，上下一心，通力合作，双方效率当均有增加也”。其四，“学校社会合一”。中国教育应当反思学校与社会脱节的弊端，应使学校一切设施与社会实际和需求相适应，“开放学校使为社会一切活动之中心”，“扫除”以往“各不相谋之弊。”

“教育方案，即用何种办法，能使方针贯彻、目的得遂也”。李建勋首先对中国教育改进“方案”的“原则”和“范围”做了论述。他认为，“原则”方面应当坚持：（1）除适应地方特殊需要与实验事项外，各种教育活动应在政府指导和监督下施行。（2）各级学校应当切实贯彻国家既定的教育宗旨，而不能因战争爆发就集中力量培植抗战知识及技能而忘却原有宗旨，战时教育不仅在抗战，亦在培养战后建国力量。（3）战时教育应珍惜资源、重实效而轻形式，各种临时教育设施要充分结合并利用现有的各种教育方式及行政的与社会的组织。（4）各级教育行政机关应当健全组织、任用专才，使教育行政遵循“科学化”“专业化”发展方向，提高教育行政机关的效能。（5）各种教育机关须与党、政、军各机关建立紧密的联系与合作，以求各种力量的“集中”而避免“涣散”，早日实现抗战与建国的重任。至于“范围”，李建勋分别对“学校教育”中的幼稚教育、小学教育、中学教育、职业教育、师范教育、专科教育、大学教育（大学及各种专门学院）、研究院教育以及“社会教育”即限期普及民众教育的办学宗旨、招生对象、培养目标和培养方式等问题做了系统的阐述。此外，李建勋还分“行政机关”“经费”“（各级各类学校的）设置”“师资”“设备”“训育”“体育”“课程”“教学法”等专章，对它们各自的性质与定位、现状与问题、评价与改进等诸多方面进行了深入系统的探讨。总之，李建勋主持的“战时与战后教育”，绘制出整个中国教育的发展蓝图。

二、师范院校应“独立设置”及其“三大任务”与“师道树立”

李建勋强调：“欲建其国者，必先建其教，欲建其教者，必先建其师。”① 他高度重视师范教育，是我国师范教育得以确立和发展的重要推动者。全面抗战期间，他对师范教育的性质定位、发展体制、办学宗旨、人才培养等关键问题进行了系统性论述，对完善我国师范教育思想和推动我国师范教育发展起到了重要作用，对于当今师范教育的改革发展仍具借鉴意义。

（一）师范院校应“独立设置”

我国高等师范教育在教育制度中的确立，离不开李建勋的努力。我

①李建勋．论中等学校教师需要专业训练［M］//许椿生等编．李建勋教育论著选．北京：人民教育出版社，1993：326.

国高等师范教育肇始于1902年京师大学堂设立的“师范馆”，1908年改为京师优级师范学堂，1912年改为北京高等师范学校。民国初年，我国高等师范教育有所发展，全国建有6所国立高等师范学校，分别是北京高等师范学校、沈阳高等师范学校、南京高等师范学校、武昌高等师范学校、广州高等师范学校、成都高等师范学校。但在随后的学制改革思潮中，高等师范教育受到冷落甚至质疑，独立地位受到严重挑战，除北京高等师范学校外，全国其他高师纷纷被并入或改为普通大学：沈阳高师改为东北大学，南京高师并入东南大学，武昌高师改为武昌大学（今武汉大学），广州高师与广州法科大学合并为广东大学（今中山大学），成都高师并入成都大学。而北京高师之所以成为全国硕果仅存的一所高等师范学校，和当时任校长的李建勋是分不开的。1922年9月，李建勋在北京政府全国学制会议上代表北京高师提出《请改全国国立高等师范为师范大学案》，从目的、教材、教法、训练、成例等五个方面，论证了高等师范学校应成为独立的设有多学科的师范大学。[①] 该提案在学制会议上获得通过，1923年，北京高等师范学校奉教育部令改为北京师范大学，高等师范教育在我国学制中的重要地位得到维护和确立。

抗战全面爆发后，李建勋依然不遗余力地推动我国高等师范教育发展，竭力主张高等师范院校应当“独立设置”。虽然20世纪20年代高等师范教育在教育制度中得到承认，但高等师范教育并未受到应有的重视，一直到抗战全面爆发前，全国依然只有北平师范大学一所高等师范学校。抗战全面爆发后，中国高教事业受到重大破坏，原本就已缺乏的师资雪上加霜。鉴于“中等学校师资，全国尚无专门训练之所，健全师资，极感缺乏”[②]，教育部于1938年颁发《师范学院规程》，规定师范学院可单独设置，也可于大学中设置，并责令国立中央大学、西北联大、西南联大、中山大学及浙江大学等设立或由教育学院（系）改立师范学院，1940年的第二届全国高级师范教育会议形成“师范学院以独立设置为原

①李建勋．请改全国国立高等师范为师范大学案［M］//许椿生等编．李建勋教育论著选．北京：人民教育出版社，1993：37.

②教育部．有关院系调整方案及工学院农学院合并改组事宜、设立师范学校等通知训令函件（一），国立西北大学档案，67-5-306-1［A］．西安：陕西省档案馆。

则”的决议。但是，抗战全面爆发后的全国师范教育发展依然十分缓慢，至1942年全国设立的9所师范学院中，独立设置的仅有4所，附设于大学的有5所（多为原有教育学院或系改组而成）。1942年，李建勋发表《吾国高级师资训练之待决问题》一文①，责问道：“原则反不如例外之流行，果何故欤?”大声疾呼推动高等师范教育发展“刻不容缓”，重申高等师范院校“独立设置”的重要性。

李建勋认为，普通高等院校或其教育学院（系）并不能承担训练庞大师资队伍的重任。一方面，与一般的专门学院不同，高级师资训练机关的“性质”“与大学无所不包者同”。医、农、工、商等学院由性质相近科系组成的专业训练机关，不同于“无所不包”的“大学”，然而高级师资训练机关至少应当包括教育学院（如教育系、公民训练系、体育系等），文学院（如国文系、英文系、史地系等），理学院（如数学系、博物系、理化系等），家政系、艺术系及劳作与职业学校师资训练等科，“非如医农工之单纯者可比”，其“机关规模之大，包容之广”，亦“绝非一教育学院或系所能改成”，因此在“经费、人才、设备等问题”上，高级师资训练机关远非普通高等院校或其教育学院（系）所能解决。另一方面，与其他农工商各业相比，教育事业具有自身独特的性质和“根本问题”，包括“儒家气节”“专业精神”和“课程专业化”等。作为一种职业，教师直接为国家谋福利，间接为个人谋福利，而农工商各业则正好相反，因此从事教育者须要对国家民族抱有深厚的感情（成仁成义的精神）、个人立身处世要有大丈夫的气概（富贵不能淫，贫贱不能移，威武不能屈），“但此种厚爱与气概必须有特殊环境始能造成，若附设于大学恐将被重视物质享受者讥为傻瓜、穷酸或书痴矣”。同时，教育是一种“清高事业”，从事教育者要有“不见异思迁”的品格，“必须对于教育有崇高的信仰，对于所学有勤奋的努力，对于教人有不倦的态度而后可”，而这种“专业精神”并非是普通高校所能培养和熏陶的。此外，虽然高等师资训练机关所设科系与普通高校存在相同之处，但二者有着并不相同的内容和目的。与普通高校的学生不同，高等师范生在掌

①李建勋．吾国高级师资训练之待决问题［J］．教育通讯，1942（29）：21—25.

握“专科学力”外，还要精通“教育知识”，懂得如何更好地把自己所学的知识以适当的方式方法传授给学生，因而高级师资训练机关与普通高等院校在“课程专业化”方面有着根本的差异，如果将高级师资训练附设于普通高等院校，除教育学院（系）外，其他各科系则将被普通院校所同化，难以达到培养出合格的教育从事者的目的。

因此，对于“高级师资训练机关应附属于大学，抑应单独设置”问题，李建勋明确主张：“吾人主张师范学院应绝对独立设置，勿因小而忽大，现附设于各大学之师范学院，须逐年使其独立。”历史实践证明，李建勋的这一论断是符合教育发展基本规律的。

（二）师范院校的“三大任务”

清末以来，中国师范教育以培养各级学校的师资为目标。民国的师范教育继承了这一宗旨。民国元年（1912），北京高等师范学校《立学规则》规定：“本校以养成师范学校、女子师范学校、中学校、女子中学校教员为宗旨。”① 同年民国教育部颁布的《师范教育令》也规定：“高等师范学校以造就中学校、师范学校教员为目的”。② 民国教育部1938年的《师范学院章程》之“第一条”同样规定：“师范学院以遵照中华民国教育宗旨及其实施方针，养成中等学校之健全师资为目的。”③ 可见，近代以来我国师范教育的办学宗旨一直比较单一。对于我国师范教育的这一缺陷，李建勋较早地进行了反思。1933年9月，李建勋在北平师范大学研究所开学典礼上说，研究所是为训练教育专门人才及研究教育问题而设的。这种办学思想已经超出近代以来我国师范教育的单一的办学宗旨。

在全面抗战期间发表的《吾国高级师资训练之待决问题》一文中，李建勋明确批评了我国仅以培养师资为宗旨的师范教育，认为这是对师范教育的极大误解，并系统地提出了师范教育“三大任务”的观点。培

①北京师范大学校史编写组．北京师范大学校史［M］．北京：北京师范大学出版社，1982：22.

②璩鑫圭、唐良炎编．中国近代教育史资料汇编·学制演变［M］．上海：上海教育出版社，2007：670.

③民国教育部．师范学院规程［J］．西北联大校刊，1938（3）：8.

养各级师资自然是师范教育的基本任务，但教育理论与实践问题的科学研究也不能不引起师范教育的重视，它关系到教育发展能否科学化合理化的重要问题，因此对于“教育学术人才之培养”，师范教育也责无旁贷。特别是对于从事“教育行政”者，李建勋说：“试问办教育行政的人如督学、科长、局长等是否需要训练?”他早年留学美国时曾主攻教育行政、教育统计和学务调查，在他看来，“教育行政为一种专门专业”，“从事斯业者非仅凭经验即可，必受有相当训练方能胜任也”。他举例说，教育行政在“美国各大学不仅单独成系，且设有专科以调练局长、督学等”，特别是对“国联教育考察团批评吾国教育行政机关之人员有云：‘此种人员所受之训练实不足以应付其工作，且缺乏创造力’”不得不引起国人的注意。那么，教育行政人员的训练该由谁承担呢？——“当然是师范学院”。因此，李建勋不同意民国教育部颁布的《师范学院规程》相关规定，明确主张“高等师资训练之目的应改为：‘师范学院以遵照中华民国教育宗旨及其实施方针，训练中等学校健全师资，培植教育行政人员及养成教育学术专才为目的’”①。

李建勋提出的师范教育的“三大任务”，是建立在对近代以来我国师范教育所存在的缺陷的深刻反思的基础上的，指出了我国高等师范教育将来所应努力和坚持的发展方向，对于我们今天和将来的教育改革发展特别是师范教育的改革发展依然具有重要参考价值。李建勋的这一主张，虽然并未得到当时教育部门及时的完全采纳，但西北联大师范学院与西北师范学院则在调整和完善高等师范教育理念方面进行了不懈的努力。

(三)“师道树立”及其“训练年限”

李建勋十分重视师范生的培养问题，尤其是关于“师道”的养成问题，并于1940年专门发表《师道论》一文②予以系统阐述。他认为，教师对于国家和民族的重要性是不可轻视的，否则“小则牺牲青年前途，大则影响国家社会”，因而特别强调“必学问与道德兼备，始可以为师也”。

对于“师之条件”，李建勋认为应该包括“健全人格”“职业道德”

①李建勋．吾国高级师资训练之待决问题［J］．教育通讯，1942（29）：21—25.

②李建勋．师道论［J］．教育通讯，1940（7）：1—7.

“专业精神”“科学头脑”“专门学识”“领导能力”等诸多方面。关于师范院校的“训练年限”问题，当时存在五年制或四年制的不同看法。主张五年制的人认为，与普通高校不同，师范院校是“专业训练机关”，所培养的人才必须专而精，没有相当的时间不能达到训练的目的，并以西方国家为例，说欧美国家的各种专业训练比普通大学要长，而且普通大学生毕业后必须接受一年或两年的专业训练或实习之后才能进入师资行列，因此师范院校的修业年限应定为五年。李建勋十分强调师范院校性质和地位的特殊与重要，但他认为，除医科外，其他专业训练机关修业年限不一定都定为五年，比如德国之法科、英国之工科等修业年限均与普通大学相同，中国工、法学院亦是如此，而美国则有四年制的师范院校，师范院校质量较高的法国则为三年制，因而“训练目的能否达到，年限非唯一因素”，只要师范院校“课程组织不浪费，教学效能较高”，而四年制的修业时间足以让师范生具备从事教育的必备知识与素质，且可以让师范生较早地在教学实践中得到经验的积累和教学质量的提高。此外，考虑到当时中国经济等各方面条件与欧美国家存在较大差距，倘若将师范院校学制定为五年，将极大加剧师范教育成本投入，甚至面临经费不足等问题。因此，李建勋主张我国师范院校的修业年限应当定为四年为宜。①

三、教育行政的“五大功能”及其“科学化”“专业化”与“改进办法”

李建勋是我国“教育行政”理论与实践的重要先驱。全面抗战期间，他对“教育行政”的理论与实践问题做了进一步的深化研究，系统提出教育行政的“五大功能”及其“科学化”“专业化”的发展方向与“改进办法”，为构建我国更加完善的教育行政理论和健全我国教育行政系统起到了重要推动作用，对我们今天和将来的教育改革发展亦有重要参考价值。

（一）教育行政所应担负的“五大功能”

“教育行政”是近代以来教育学的重要分支学科。李建勋是最先将“教育行政”由美国引进我国并对此进行深入研究和实践的两位学者之

---

①李建勋．吾国高级师资训练之待决问题［J］．教育通讯，1942（29）：21—25.

一（另外一位是陶行知）。在李建勋看来，“所谓教育行政者，系指教育行政当局依其地位与权力，对于所属之一切教育活动研究、计划、督导及处理，以便达到国家教育之目的之谓也”。①

两次留美经历对李建勋“教育行政”思想的形成具有重要影响。李建勋赴美留学主攻的科目之一就是“教育行政”。第一次留美期间，李建勋曾两次参观美国全国教育会议，虽然他不太认同美国教育的地方自治模式，但十分赞赏美国全国教育会议所展现出的民主化、专门化和专业化等特点。1921 年回国后，李建勋成为我国首先在高校讲授教育行政学课程的两位学者之一（另外一位是陶行知）。在北京高等师范学校任教期间，他在《关于教育行政上之五大问题》的演讲中总结中国当时教育行政的五个重大且急需解决的问题，即教育法律问题、民意机关问题、调剂人才问题、促进专业问题和学款分担问题。② 在第二次留美期间撰写的《直隶省教育行政组织之改革案》中，李建勋“斟酌吾国之国体、民情及参考美国由百余年经验所得之理论及事实”，指出中国当时教育行政的三大弊端：一是“中国幅员阔大，各省需要未必尽同，若强为集权而划一之，中央有鞭长莫及之势，地方受削足适履之苦”；二是“国号共和，政权民治，若专靠官吏，则民意弗属，教育难期长足进步”；三是“教育行政机关为各种教育活动之原动力，倘非专家主持其间，进行则若无指引”，并在此基础上重点讨论并明确提出我国当时应当努力构建的“省集权、民治制及专业化之教育行政组织”。③

全面抗战期间，李建勋对“教育行政”的重要性做了特别强调，并系统地提出了教育行政的“五大功能”的论断。他指出，“教育行政”是维护民族独立和国家发展的一项重要事业，亦是国家教育事业能否得以健康发展的重要保障。李建勋说，“教育为国家百年大计”“现代国家

①李建勋．地方教育行政之理论及其实施［J］．师大教育丛刊，1930（2）：19—34. 又见：李建勋．战时与战后教育［M］．国立西北师范学院师范研究所印行，1942：50.

②李建勋．关于教育行政上之五大问题［M］//许椿生等编．李建勋教育论著选．北京：人民教育出版社，1993：22.

③李建勋．直隶省教育行政组织之改革案［M］//邰爽秋等编撰．教育参考资料选辑・教育行政之理论与实际・行政组织类．教育编译馆，1935：1.

为维护、增进人民之福利及保持国家之独立生存计，视教育为其应有之事业”“教育事业乃国家重要行政之一”。并且，强调教育行政“以国家教育事业为其所有事，故其行政机构之健全与否，影响于一切教育事业之推行至为巨大”。基于对“教育行政”的重要性的深刻认识，经过长期的研究和实践，全面抗战期间的李建勋系统地提出了教育行政的“五大功能”，认为健全的教育行政系统必须能够担负起以下五种职能：一是“领导”，包括实况之研究、对症之方案、事业之提倡、疑难之解决等；二是“法权”，包括发布命令、订定规程、任用人员及处理教育诉讼等；三是“统合”，指划一标准，统一方策等而言；四是“会商”，指对于办学人员参考其经验及获得其了解而言；五是“合作”，指对于非直属各机关取互助态度，以图教育事业之圆满进行而言。[①] 李建勋的教育行政“五大功能”论断，为我国构建更加完善的教育行政理论、健全我国教育行政系统及其“科学化”和“专业化”发展方向奠定了理论基础，对我们今天和将来的教育改革发展亦不失参考价值。

（二）批判流为“‘等因奉此’制造所”的教育行政

然而，在李建勋看来，中国当时的教育行政尚存在重大问题，远未能承担起其应有的“五大功能”。全面抗战期间，李建勋对中国当时教育行政的现状进行了系统的调查研究，其中包括中央的教育部、各省的教育厅、市县的教育局（科）等。李建勋发现，中国当时的教育行政存在很多不容轻视的一系列问题，具体而言，有如下六端：

其一，“组织单位以数目字分”。分工合作是工作效率得以提高的基本方式。最好的分工标准是以工作的性质和单位的功能，而以数目划分是最下策的办法，如教育部各科及各省教育厅所设立的一、二、三等科（课）等。其二，“县教育行政机关之组织过于简陋，不足以发挥其应有之功能”。各市县教育机构大多仅由局（科）长一人、督学及事务员若干人组成而已，这样简陋的教育行政机关既未顾及其所应承担的“功能”，又未注意于彼此的职务分工。其三，“缺乏研究机关，不足以尽领导责任”。当时教育行政机关“率多例行公事之处理”，因其内部缺乏必

①李建勋．论教育行政之改进［J］．教育通讯，1941（36—37）：24—30. 又见：李建勋．战时与战后教育［M］．国立西北师范学院师范研究所印行，1942：31—32.

要的研究机关而未能负起研判教育发展趋势和拟定政策方案的“领导”责任。其四，“未备参议机关，不足以收集思广益之效”。当时的教育行政决策多为“官厅决定”，缺乏掌握教育理论的学者和拥有实际经验的办学人员的积极参议，因而教育行政“不易推行而尽利也”。其五，“缺乏专业人才，难期专业之科学化”。当时教育行政在关系教育发展之调查、整理、研究、计划、施行等方面存在严重不足，对于教育行政机关之用人则不免以亲故、派别、势力、情面做标准。其六，“督学制度不良，未能受督导之效”。从性质上讲，督学应有“行政视导”和“教学视导”之分；从类别上讲，应有各级各类学校之限；从空间上讲，应有不同地区之别。但当时督学办法并无性质、类别、区域之分，任督学之人更无健全之训练，再加上我国国土面积之大、交通之不便等因素，当时教育督导“无法熟察”“多不切实”“以致国家虽有督学之设，实际得其惠者甚少”。①

针对这些问题，李建勋不无感慨地指出：“一般人对于（我国）教育行政机关之工作，讥为‘等因奉此’制造所”② “几无所事事，可胜叹哉!”③ 一针见血地指出中国当时的教育行政流于形式、忙于应付、陷于例行公事而不能自拔的弊端，为国家和人民在无形之中所蒙受的不可估量的巨大损失而深感叹惜。

（三）教育行政的“科学化”“专业化”及其“改进办法”

基于当时的教育行政的弊端，李建勋指出我国教育行政应当坚持“科学化”和“专业化”的发展方向，并提出了一系列“改进办法”，为我国教育行政系统的健全和完善提供了科学设计和重要参考。李建勋认为，教育行政的“改进办法”应当从“组织”和“用人”两方面着手，“组织”方面的改进可以使教育行政“科学化”，而“用人”方面的改进则可以使教育行政“专业化”。④

在李建勋看来，健全的教育行政“组织”应当包括两部分：一为建

①李建勋．战时与战后教育［M］．国立西北师范学院师范研究所印行，1942：58—63.

②④李建勋．论教育行政之改进［J］．教育通讯，1941（36—37）：24—30.

③李建勋．战时与战后教育［M］．国立西北师范学院师范研究所印行，1942：32.

议的，一为执行的。“前者司研究、计划、参议等事，后者司决定、推行、督导等事。无前者则行政无科学的方案、先觉的领导；无后者则行政乏彻底的实验、进步的改革。”因而，对于教育行政“组织”的“改进办法”，李建勋分别从“建议部分”和“执行部分”进行阐述。①

关于“建议部分”，李建勋主张我国教育行政组织中应当设立“教育研究处”“教育参议会”，并对二者的地位与职权、机构与人员、资格与待遇等问题做了系统说明。李建勋强调，我国教育行政缺乏应有的领导和设计功能，就是因为其内部没有相关的研究机关，不过需要注意的是，教育行政机关中的“研究”与高等院校中的“研究”并不相同，后者在于对学术做高深之探求，能否应用，不必强求；前者乃就教育当前实际问题谋科学的解决，在学术上有无贡献，不必顾虑。“故在各级教育行政机关内，设立教育研究处，以期行政科学化及效率之提高，当为刻不容缓之事”。在“设置”上，教育研究处的“地位”一律与各司（教育部）、科（教育厅）、课或股（教育局或科）平等；在“组织”上，根据各级机关实际情况设立高等教育、中等教育、初等教育及社会教育等科，并分别配置相关负责人与工作人员；在“职权”上，教育研究处掌管所属教育之调查、研究、计划及报告等事，并与其他各司、科、课或股密切联络，以期各种教育问题得以合理及科学的解决；在“资格”上，“研究人员之任用，以选择对于教育理论有深刻的了解、对于问题研究有熟练的技能为标准”，主要负责人必须具有教育学的博士或硕士学位，一般工作人员必须具有教育学的学士以上学位；在“待遇”上，具有博士、硕士、学士学位者分别参照高校的教授至助教之待遇。设立“教育参议会”的基本考虑是：一是提供实际需要以备当局之抉择，二是宣传当局意旨以便政策易于推行，三是修正当局意见使行政措施趋于合理。如此一来，各级教育行政机关内的教育参议会“不仅借以收集思广益之效，且可牵制行政当局之滥用职权、固执成见，以免行政措施流于偏激也”。因此，李建勋主张“为使教育带有民治精神，及行政悉臻于合理化，各级教育行政机关，则有设置教育参议会之必要”，并从人

---

①李建勋．战时与战后教育［M］．国立西北师范学院师范研究所印行，1942：63.

员、组织、职权、任期、待遇等各个方面对中央的教育部、各省市的教育厅（局）、各县的教育局（科）的各级教育参政会的具体设立办法做了详细论证。

关于“执行部分”，李建勋分别从各级教育行政机关“各司科股”的设置和“督导”制度的设计两方面予以具体说明。李建勋认同当时中央教育部“六司”的设置，“但司以下之分科，仍采数目单位，似有未善”，认为根据工作和职能性质，中央教育部各司各科应改为：总务司之第一科为文书科，第二科为庶务科，第三科为人事科，第四科为财务科；中等教育司之第一科为中等教育科，第二科为师范教育科，第三科为职业教育科；高等教育司可分为大学教育、高级师资、专科学校及国际教育四科；国民教育司可分为国民小学、中心小学二科；社会教育司可分为通俗教育、文艺教育、电化教育三科；蒙藏教育司可分为蒙民教育、藏民教育二科。“唯各科限定职掌，需略加修改、另行归类耳”。大多以数目划分四科的各省教育厅之组织，应当改为中等与高等教育、师范与国民教育、社会与健康教育及总务四科，“借收分工合作之效”。在当时各县是设立教育局还是教育科的争议中，李建勋明确主张各县教育机关不能简化为教育科，事实上应恰恰相反，各县应当设立组织机构更加健全的教育局，并分设学校教育、社会教育及总务三科或股，以期各县教育事业能够得到进一步的巩固和加强。对于“督导”制度，李建勋从督导性质、学校类别、人员名额、任职资格、区域视察、视导时间等方面做了细致设计，力求各级各类督学分工合作、收切实之效。①

对于当时教育行政“用人”方面的“改进办法”，李建勋主张必须坚持“专业化”的发展方向。李建勋指出，行政处理、教学指导、教育研究三者在教育行政中同样重要，为使三者充分发挥效能，“非得有受过专业训练者主持之不可”，但是中国当时从事教育行政者中，“合于此项资格者，恐不足三分之一，专才既少，效能自灭矣”。因而，李建勋特别强调：“今后教育行政机关之改进，必须对于富有教育研究之人，广为罗

①李建勋．战时与战后教育［M］．国立西北师范学院师范研究所印行，1942：63—73.

致，重加任用，一使其行政渐臻于专业化。”① 对于当时实行的《公务员任用法》《县行政人员任用条例》《教育部督学规程》等诸种法规条例“系为一般公务员而设，对于教育学识及经验，未有明白规定，因之有教育学识及经验丰富之人才，碍于上项法及条例，不能充任教育行政人员”，因而李建勋建议，国家应当尽快修订并重新颁布相关法规条例，以使国家的教育行政朝“专业化”方向发展，充分提升国家教育行政应有的效能。②

全面抗战期间，李建勋对我国教育进行的系统反思和探索设计，难能可贵，对我们今天的教育改革发展仍具重要参考价值。

①李建勋．论教育行政之改进［J］．教育通讯，1941（36—37）：24—30.

②李建勋．战时与战后教育［M］．国立西北师范学院师范研究所印行，1942：73.

第四节　姜琦的中国化自觉的教育思想

姜琦是我国著名教育家。作为现代学科，教育学和教育哲学兴起于近现代的西方。姜琦是我国最早研究教育学特别是教育哲学的学者之一和活跃分子，早在20世纪初即提出研究新教育之要件有介绍、批评、发明①，在自觉地探索和构建中国教育思想和实践的独特发展道路方面做出重要贡献。他虽受时代条件所限而坚持以三民主义为中华民国教育思想的基本原则，但又积极借鉴和采纳马克思主义唯物史观和辩证法的基本理论，展现出思想的独特个性。遗憾的是，对其教育思想所做出的考察依然十分薄弱。全面抗战时期是姜琦教育思想发展的重要阶段，在此期间，姜琦的教育思想逐渐趋向成熟，特别是其在宽广的世界眼光中自觉地将教育思想与实践进行“中国化”探索和构建的思想尤其值得注意。

一、构建教育哲学“没有所谓‘平时’和‘战时’之分”

“七七”事变爆发后，随着全国抗战序幕的拉开，对于中国教育应当采取何种对策及其发展方向问题，当时社会各界产生很大分歧。面对中国教育何去何从的争论，姜琦坚决反对中断平时教育而紧急采取一种全新的战时特殊教育的看法，坚持主张国家教育不应受到“战时”或“平时”的左右，而应有“一贯的基本精神”“凡是教育的实施方法，都应该以此为依皈”。②

①姜琦．何谓新教育［J］．新教育，1919（4）：358—449.

②姜琦．论战时教育与平时教育之分界［J］．教育研究，1938（4）：1—7.

姜琦认为，平时教育原本就应包括战时教育的必要内容，战时教育应是平时教育的组成部分，即“战时即平时”“平时即战时”，要把“‘平时教育’和‘战时教育’打成一片，始终一贯地以三民主义为中华民国教育的基本精神”；倘若“一旦碰到抗战才去谈‘战时教育’，那么，这不啻像‘临时抱佛脚’一般；复次，一旦缓和外侮，又来讲所谓‘平时教育’，那么，这不啻好像‘贼去紧关门’一般”。他还指出，战争时期应当更加强调民族主义教育，但中国教育的基本精神“三民主义”的内涵是丰富的，不仅包括民族的独立与解放，社会、政治与经济的发展，而且包括“国际正义”“人类和平”“大同主义”的内容，因此对于“只高唱狭义的民族主义”的战时教育，姜琦表示极力反对。①

针对当时出现的急功近利式的战时特殊教育观点，姜琦特别强调，“我们越碰着战时，我们越需要教育哲学”。他指出，“原来教育哲学本来是为着解决全时代教育上所有的一切矛盾和纠纷而有所需要的”，当时的中国教育在平时尚且存在诸多不足，战时“教育上一切矛盾和纠纷比之所谓平时越加发现”，因此教育哲学的构建“更没有所谓‘平时’和‘战时’之分”“尤其在这国难到达极严重的时节……越要继续不断地做下去”。②

姜琦在20世纪初即开始发表相关论著，特别是1933年出版的《教育哲学》，系统地论述和阐发了自己关于教育哲学的观点，在当时引起很大反响。在此书中，姜琦将马克思的唯物史观和孙中山的三民主义相结合，提出“教育的目的是以民生或社会生产力为本质，以世界大同为究竟”③ 的论断，认定此书在本质上是一部“民生史观”或“唯物史观”的教育哲学，在范畴上是一部三民主义的教育哲学，因此本书的题名既可称为教育哲学，又可称为三民主义教育哲学。④

全面抗战爆发后，姜琦对于构建“三民主义教育哲学体系”⑤更加自

①姜琦．论战时教育与平时教育之分界［J］．教育研究，1938（4）：1—7. 又见姜琦．文化侵略与文化抵抗［J］．教育研究，1938（81）：37—43.

②⑤姜琦．中国教育哲学体系问题之研究［J］．教育杂志，1937（9、10号合刊）：21—103.

③姜琦．教育哲学［M］．上海：群众图书公司，1933：89.

④姜琦．教育哲学［M］．上海：群众图书公司，1933：238—239.

觉和明确，并对《教育哲学》中的核心观点进行了重要修正，最终形成了自己成熟的教育哲学思想。

一是在教育本质上，修正教育本质是民生或社会生产力论断，明确规定“教育之本质是民生”。他指出，按照孙中山的三民主义理论，“民生是社会进化的重心，社会进化又是历史的重心，归结到历史的重心是民生”“民生就是政治的中心，就是经济的中心，和种种历史活动的中心”，而“民生”包涵“人民的生活、社会的生存、国民的生计、群众的生命”等丰富内容，这“不但否定马克思认为经济（即物质）是一切事物（教育当然也被包括在内）之最后的决定要素，并且可以使我们推论起来而认为杜威的‘教育就是生活’这种主张还有商榷的余地”，因而姜琦提出“教育之本质是民生；再简短地说：‘教育就是民生’”。[①]

二是在方法论上，姜琦强调，教育哲学不必过于纠缠哲学“本体”，而应更加关注“本体的属性——发展、变化、生长、消灭等等，而约称之为‘生’”。所以，“我在宇宙观上称为‘唯生论’，在社会观与历史观上称为‘民生史观’或‘唯生史观’，在方法论上称为‘民生的辩证法’或‘唯生的辩证法’”。而所谓“实践”，除与“理论”相对的含义外，“与所谓‘特殊的’相近”——“照顾着中国社会自身所固有的特殊性而实践着，所以我再进一步地把她称为‘实践的民生的辩证法’或‘实践的唯生的辩证法’”。[②]

三是在“实行程序”上，提出“从每一个被教育者自己所固有的性能做出发点，逐渐地进入于成人社会的阶段”。姜琦认为，历史是人类的连续，社会是人类的集合，民生所谓“生活、生存、生计或生命，这些都不是纯个人的，乃一定是人民的、社会的、国民的或群众的（即民族的）”，因而三民主义教育哲学不同于以“个人主义”为前提的欧美教育哲学，它是“集体主义”，“处处以集体为前提，以组织为手段”，但“并非牺牲个人人格，积极地说，它却是很尊重个人意志的”。因而，三民主义教育哲学“一面要适应个性差异，一面要适应社会需要；合言之，

①姜琦．三民主义教育哲学述要［J］．三民主义半月刊，1945（3）：3—6.

②姜琦．中国教育哲学体系问题之研究［J］．教育杂志，1937（9、10号合刊）：21—103.

它认为‘个性差异’与‘社会需要’二者可以相互综合的。不过，……在整个的教育之过程上看来，个人究竟只是教育的起点，而社会却是教育的目的”。①

二、积极探索“德育原理”与“教育设施”的理论与实践

随着中国教育学科的发展，特别是随着抗日战争的全面爆发，姜琦自觉地意识到，德育原理作为一门学科应当引起教育学的足够重视。他在反思中国道德教育发展历程的基础上，认为中国以往的道德教育存在根本性缺陷，即在各级学校中德育科目只讲如何进行道德教育，而忽视了道德教育究竟是什么的基本问题，缺乏关于道德教育的基本理论知识的认知和把握。因此，继 20 世纪初出版《中国国民道德概论》等之后，他于 1944 年又先后出版了《训育与心理》《德育原理》《中国国民道德原论》等专著，对国民道德教育问题进行了系统性的深入研究。融教育心理、道德教育等基本理论与具体实践于一体，是以上诸书的鲜明特点。

《训育与心理》除探讨“坊间已出版的一般教育心理学”的基本内容外，“特重视行为、品性及情绪方面之养成，对于整个人格之训练原理、原则，特别注重”，在“略述现代各派教育心理学之得失”的基础上，“从三民主义教育哲学立场”构建“一新的或说‘训育心理学’教育心理学说”“弥补以往教育心理学偏重学科学习方面（智力方面）之缺点”。②

《德育原理》分“道德之概念”“道德之本质”“道德之法则”“道德之内容”“道德之变态”“道德教育”“传统道德”“道德运动”“道德测验”“道德之目的”等章，“一面阐发道德教育的理论，一面讨论道德教育的实践问题”“企图将种种的理论，贯注于实施之中”“虽也多力引证欧美名家道德学说”“但均以阐发中国道德的哲理为旨趣”，致力于构建“三民主义之渊源于中国一贯的仁爱忠恕的道德精神”的“德育之理论与实施”。③

---

①姜琦．三民主义教育哲学述要［J］．三民主义半月刊，1945（3）：3—6.

②姜琦．陈礼江・序．训育与心理［M］．台北：中正书局，1944：1.

③顾毓琇．介绍姜琦著《德育原理》［J］．读书通讯，1944（100）：42—43.

姜琦认为，他在1917年出版的《中国国民道德概论》，受当时社会情形和世界潮流的影响，只讲了怎样发展健全人格，过于侧重个人自由，但时过境迁，已经不能适用于抗战建国的新形势了。他强调："深深觉得伦理建设是决定我中国的命运之一件最重要的因素。因此，我就不揣简陋，聊尽国民所应有的一份天职，发愿编纂这部书（即《中国国民道德原论》）。"① 本书共十章，分别为"绪论""国民道德之意义""中国国民道德之本质""中国国民道德之现象""中国国民道德之法则""中国国民道德之纲要""中国国民道德之教育""中国国民道德之实践""中国国民道德之目的"及"结论"，以孙中山的三民主义为基本宗旨，力倡忠、孝、仁、爱、信、义、和、平等中华优秀传统文化的国民道德教育，注重熔基本理论与德育实践于一炉。

其实，国民道德教育的探究是姜琦面对抗战建国的时代任务、自觉构建和积极推行国家核心价值观教育理论体系与实践原则的理论成果。在以上著作出版之际，我国著名科学家、教育家顾毓琇基于"新中国的建设，必须以伦理建设为经，以他种建设为纬，伦理的精神必须贯注到各种建设之中"的判断，强调姜琦国民道德教育著作"出现于近日中国社会亟须伦理建设与各级学校积极推行训导之际""我们认为很有意义，很足称述"。②

姜琦所谓的"教育设施"与"教育理论"相对，主要是指中国教育的政策、措施及其实施等。全面抗战期间，除研究教育学的基本理论问题外，姜琦还对中国学制、大学教育、师范教育及中小学教育、农村教育、侨民教育等诸多问题做了深入研究。以下暂观前三者。

关于中国学制。针对当时中国教育学制"支离破碎""各级学校间之系统相互脱节"的弊端，姜琦指出，中国的学制应"有所通盘计划"，并提出"三大原则"："（1）中国教育的数量需要普及。（2）中国的教育质量需要适应。（3）中国教育的数量与质量需要相互调剂"。"数量普及"虽指"把一切教育——自幼稚教育起以至于高等教育止——都严厉地普及起来"，但主要指属于"一般教育"的"小学教育"，这种教育不

①姜琦．中国国民道德原论·序［M］．商务印书馆，1944：2.
②顾毓琇．介绍姜琦著《德育原理》［J］．读书通讯，1944（100）：42—43.

分性别，不分种族，“尤其不分阶级”，主要“教儿童以关于职业上所需要之初步的知能及培养他们从事某种职业之刻苦勤劳的习惯和服务社会事业之克己牺牲的精神”。“质量适应”即“按照儿童的智能之高低及其兴趣和志向之如何授以各种各样的教育”，它与逐渐趋向“专门教育”的“中等以上各阶段的教育有密切的关系”。“数量与质量相互调剂”指“谈到数量不可忘掉它的质量，谈到质量又不可忘掉它的数量”，即“谋数量与质量之综合”，如中等以上各阶段的教育在注重“质”的同时，倘若“能够做到充实和多样的地位，那么，一切青年子弟的智能有所发展，才能有所造就，兴趣有所表现及其志向有所遂行。这就是重质同时重量的意思”。在时间分配上，主张实行“小学六年，初中三年，高中三年”的制度，高等教育则视专业而定。①

关于大学教育。姜琦认为，当时的中国大学教育存在偏重专业知识而忽视道德品性、身体素质等问题。他指出，“教育机关，尤其大学，如果只知讲解知识，甚至只知灌输书本上的知识，而不知同时训练或者培养青年子弟日常做事和终身做人的德行，那么，这种教育是一种偏枯的教育，并不是一种全面观的教育”。他强调，“大学教育之特质”在于“知识教育与道德教育应该谋相合一”“以‘知’为先，‘行’为重’”②；应将“知识传授”“德行陶冶”“身体锻炼”结合起来，“使‘教’与‘训’打成一片或使‘训’与‘导’化为一体”，贯彻“教”“训”“导”“管”“卫”的统一。③ 此外，为了训导能够到达理想的效果，他主张在导师分配上应区分并合理分配“宗教的教师”“审美的教师”“理论的教师”“经济的教师”“政治的教师”“社会的教师”等“六种形式”；④ 在与学校各学科及课程关系上，“学校训育尤其大学训导并非单靠训导本身所能奏效，乃必须与学校课程上所有一切学科互相联络，方克有济”⑤。

---

①姜琦．中国学制修正方案之商榷［J］．建国教育季刊，1939（2）：15—29.
②姜琦．大学教育之特质［J］．高等教育季刊，1942（4）：25—158.
③姜琦．大学教育中之训导问题［J］．训练月刊，1941（1）：11—86.
④姜琦．导师师资与分配问题之研究［J］．教育通讯旬刊，1942（26）：12—32.
⑤姜琦．我国大学课程之基本原则［J］．高等教育季刊，1941（3）：25—34.

关于师范教育。缺乏师资是当时中国比较突出的社会问题，师范教育引起姜琦的特别重视。他对中国近代以来的“师范教育”发展历史做了细致梳理，将其划分为“诞生时期”“发育时期”“衰微时期”“死灭时期”和“复活时期”，并对各阶段的得失利弊予以总结和评判。在此基础上，姜琦提出“促成它可以发展”的若干意见：在“名称”上，不宜采用“师范学院”，建议使用“师范院”“高等师范学校”或“师范大学”；在“设置”上，应“一律独立设置，而不可附设于各大学之内”；在“统制”上，为防止旧日师范教育所易造成的“北高师派”“南高师派”“武昌高师派”等“分门别户、互相倾轧”，建议“与其取地命名，不如以数字为记号称之为‘国立第一……’‘国立第二……’等等，……并且在训练的时期中，把各个学校的学生互相调动……学校校长和教员也时常互相调动”；在“课程”上，全国高师要“统一”，且“以哲学、历史、音乐、体操为绝对的必修科，其次伦理学逻辑学也是一种必修科。因为这些科目无论于德性、思想、志向、兴趣、体魄都有莫大的帮助的缘故”。①

三、“创造成一种可以适应于中国社会的特殊新教育”

姜琦对于构建中国化的教育思想与实践有着高度自觉，致力于探索和开拓中国自己的教育发展之路。他在秉持“三民主义”精神宗旨的同时，注意借鉴马克思主义的基本理论与方法，广泛察知世界教育思潮，以期在中国“自身的历史背景和社会条件”的基础上，“创造成一种可以适应于中国社会的特殊性的新教育”。

虽然姜琦对其《教育哲学》“有偏于唯物论的辩证法之嫌”② 曾做出检讨和修正，但在全面抗战时期的教育思想中，姜琦实际上依然没有摆脱马克思主义唯物辩证法的影响，甚至是积极地予以借鉴和采纳。他提出的“实践的民生的辩证法”，是由低级阶段发展到高级阶段的不断“生长”。而这种“生长”，一是“一定先有一个三民主义的社会组织作

①姜琦．中国师范教育制度之过去、现在与将来［J］．教育通讯周刊，1938（27）：4—16.

②姜琦．中国教育哲学体系问题之研究［J］．教育杂志，1937（9、10号合刊）：21—103.

为根据”，二是“由量变到质变”，三是符合于“‘正’‘反’‘合’这一个公式”。同时，在讨论中国教育思想与实践系列问题时，姜琦大量地运用了“普遍性”与“特殊性”基本思维，致力于在世界教育思想的“一般”原理基础上创建出中国自己的“特殊”的教育思想，认识到“谈到普遍性不可忘掉特殊性，谈到特殊性也不可忘掉普遍性”，“所谓‘一般’，一定是由许多特殊事实里面把握的；设使离开特殊事实，那么，所谓‘一般’，就无所附着，不啻‘空中楼阁’一般”。① 这些观点明显地展现出社会基础决定上层建筑、“正反合”的螺旋上升、由量变到质变以及矛盾的普遍性与特殊性等马克思主义唯物辩证法的核心要义。不难发现，全面抗战时期，姜琦教育思想特别是其教育哲学思想的构建，依然积极借鉴和采纳了马克思主义唯物辩证法的基本理论，甚至可以说，马克思主义唯物辩证法在抗战时期姜琦建立自己教育思想过程中发挥了不可忽视的重要作用。

姜琦早年留学日、美，并游历过欧洲主要国家，对西方国家的现代教育思想与实践有着很好的认知和把握。全面抗战时期，在研究教育思想过程中，姜琦同样将中国教育发展放置于整个世界大背景中，展现出宽广的世界眼光。他指出：“我们在说明三民主义教育以前，则不能不先把世界教育思潮做一度分析的研究，然后再来拿我们的三民主义教育与他们比较，看看彼此有何共通之点及我们的三民主义教育之特殊性究竟何在。”② 他认为，近代以来特别是在当代，世界上主要有三种教育思潮：一是“法西斯国家的教育之趋势”，即当时的德、意、日等国的教育思想与实践，以国家或民族为至上，具有集中化、军事化、民族化、农村化特点；二是“社会主义国家的教育之趋势”，即苏俄或苏联的教育思想与实践，以共产主义为最高原则，具有平等化、生产化、政治化特点；三是“民主主义国家的教育之趋势”，即英、美、法等国的教育

①姜琦．三民主义教育哲学述要［J］．三民主义半月刊，1945（3）：3—6.

②姜琦．三民主义教育与世界教育思潮之比较［J］．民意周刊，1938（55—56）：10—11.

思想与实践，它以自由平等为基本原则，具有平等化、社会化、个性化特点。[①] 姜琦指出，“中国的现代教育之改革，还是受西洋教育之影响”[②]，世界各主要国家的不同教育思想“可以充作吾人参考资料及研究方法”[③]。

尤其值得关注的是，姜琦对历史上的中国独特社会文化发展道路有着清醒的文化自觉，较早地形成了努力探索“中国化”教育思想与发展道路的使命自觉，更在全面抗战时期明确提出了构建“中国教育哲学体系”的重大学术问题。他指出：世界上的任何国家，“不拘其是资本主义国家也好，或社会主义国家也好，它必有它的历史的背景和哲学的基础存在着，并非凭空虚构的”；[④] 并且，“大凡一个国家，必有她自身的历史背景和社会条件；因此，她又必根据她自身所有历史背景和社会条件创立一种独特的主义作为建国和治国之基础”；[⑤] 当然，毋庸置疑，“世界上任何国家均必须有其自身的建国与治国之历史背景与社会条件，因此，此等国家又均必有其自身的一种哲学体系并据此哲学体系而产生的国家教育宗旨”[⑥]。基于此，姜琦在全面抗战爆发之初，自觉地提出了“创造一种新教育哲学以解决当前的中国问题”，主张“要站在中国自身的社会上去研究‘中国教育哲学怎样地建设’这一个问题”[⑦]，且“中国的教育目标应该照顾我们本国社会的特殊性，去创造成一种可以适应于中国社会的特殊性的新教育目标”[⑧]，在探索中国教育思想独特发展道路方面，展现出高度的文化自觉和文化自信。姜琦遗憾地指出，虽然 20 世纪以来，中国学者发表和出版了不少教育思想或教育哲学的著述，但它

①姜琦．三民主义教育与世界教育思潮之比较［J］．民意周刊，1938（55—56）：10—12.

②姜琦．学校社会化之哲学的基础及其史的发展［J］．教育通讯周刊，1939（2）：3—20.

③⑥姜琦．我国大学课程之基本原则［J］．高等教育季刊，1941（3）：25—34.

④姜琦．中国学制修正方案之商榷［J］．建国教育季刊，1939（2）：15—29.

⑤姜琦．三民主义青年与各国青年的特征之比较［J］．城固青年，1941（1）：6—26.

⑦姜琦．中国教育哲学体系问题之研究［J］．教育杂志，1937（9、10 号合刊）：21—103.

⑧姜琦．三民主义教育与世界教育思潮之比较［J］．民意周刊，1938（55—56）：10—11、10—12.

们有些是“短篇论文，并非是一本有系统的体系之教育哲学的著作”，即使是已有的著作“却未曾说出中国教育究竟需要哪一种教育哲学”。[①]虽然因受时代条件限制而将“三民主义”[②] 作为当时中国教育哲学的基本宗旨，但姜琦始终强调，中国教育所需要的教育哲学在符合“世界的潮流”“教育的原理”基础上，必须符合“中国历史的背景”和“中国现代的要求”[③]。

20 世纪初，中国的教育思想与实践仍以引进和模仿西方为主，但当时的姜琦已明确提出了中国教育发展之路的“发明”问题。他不仅是我国研究教育学特别是教育哲学的最早学者之一，而且是在宽广的世界眼光中自觉地将教育思想与实践进行“中国化”探索和构建的最早学者之一，他的这一思想在全面抗战时期逐渐趋向成熟。尽管因受时代条件所限而将三民主义视为中华民国教育思想与实践的基本原则，但他在构建“适应于中国社会的特殊性的新教育”方面所具有的高度自觉、巨大勇气和艰苦探索，值得思考和总结。

①③姜琦．中国教育哲学体系问题之研究［J］．教育杂志，1937（9、10 号合刊）：21—103.

②姜琦．三民主义课程论［M］．华通书局，1930：13—14.

第九章 大学理想与大学未来

大学是给教者、学者一个疏懒闲暇的地方，唯有不为目前生活所迫孳孳奔走，而能有闲暇的人，才是能研究学问的人。

大学既是一个才智之士的集团，而讲论学术，便不能不有一种憧憬中的远景，一种理想中的至善境界，历来的教育家哲学家和有眼光、有远识的学者，都以他们的理想，拟具一种体系，来说明他们所憧憬中的大学。

大学是保存人类精神文化遗产的地方：一国一族有它自己光荣的文化遗产，全人类有全人类的公共产业。

这些令人耳目一新的思想来自吴宓教授，是1948年春国立西北大学马师儒校长邀请时在武汉大学任教的吴宓，在西北大学演讲的内容。

吴宓和西北大学最初的联系始于吴芳吉。那是1925年，吴宓推荐吴芳吉任陕源国立西北大学国文专修科教授兼主任。他除了向世交李仪祉校长极力推荐之外，甚至于1925年9月4日亲自送吴芳吉去西北大学报到。1940年1月29日，吴宓相继接到国立西北大学校长胡庶华和教育部次长顾毓琇的两封电报，聘其为国立西北大学教授兼文学院院长，但终未应聘。这样，一直到1948年春，吴宓回乡省亲之际，才应邀在西北大学做了《大学之起源与理想》的演讲，又为中文、外语、历史三系学生举办了世界文学、文学概论及中国小说的专题讲座。西大和吴宓终可皆得安慰。

除吴宓对昨日、今日、未来大学的理解之外，我们也尝试性地介绍了国立西北大学法商学院1944级学生石鸣源对明日大学理想的理解，即：

明日的大学是一个强烈的熔炉，而不是演剧的戏园子；

明日的大学是一个雨后的春园，而不是冬天的荒野；

明日大学是一个美满的家庭，而不是商品交易所；

明日的大学是一个新奇的世界，而不是罪恶的渊薮；

在这个世界里，每个人都是清廉的、正直的、热情的、诚挚的，永远看不到贪污枉法营私舞弊者的影子和欺诈、忌恨、虚伪等一切罪恶的行为；

它会孕育出伟大的力量，把人类社会推向更自由、更平等、更幸福、更美满的境地。

第一节　昔日大学史观

一、西洋大学史观

吴宓[①]论及西洋的大学，认为“当然是从希腊哲人苏格拉底、柏拉图等人的讲学而起，但这是就学术的内容材料而言；论到大学的组织规模办法，则只能溯源到11—12世纪之间，西洋最早的一个大学是意大利北部的保朗那大学，创立于公元1088年。其次是法国的巴黎大学，创立于1100年。第三个是英国的牛津大学，创立于1167年，剑桥大学则创立于1289年”[②]。

在西洋，是先有学者聚集讲学，然后才有学生自置宿舍前来听讲。“大学”（university）一词的本意是“普遍”“整个”“世界”“宇宙”，大学从它诞生之日起，其精神气质就是海纳百川和多元文化的交融；英文的“大学”，这一个字，就字源推求，是由拉丁文演变而来的，是“大集团”的意思，即四方八区的人，萃聚在一处而讲论学问，便是大学之始；吴宓倾向于“‘大学’一词的本意即各地学生大集团之意”，并认为“中世纪时学术的研究，由宗教的僧侣所专任，所以学生宿舍的前

①吴宓（1894—1978），字雨僧、玉衡，笔名余生。陕西泾阳人。1916年清华学校留美预备科毕业。1917年就读美国弗吉尼亚大学。1918年转入哈佛大学比较文学系，获学士（1920年）、硕士（1921年）学位。1930—1931年游学西欧，在牛津大学、巴黎大学从事研究。1940年9月17日国立西北大学校长胡庶华聘其为文学院教授兼院长，未就。1948年4月5日至17日，马师儒邀请吴宓在西北大学演讲，讲题有：《大学的起源与理想》（4月7日），《红楼梦的文学价值》《论紫鹃》（4月10日、17日），《世界文学史纲》《文学概论》《中国小说》等。

②吴宓．大学的起源与理想［J］．国立西北大学校刊，1948（36）：7—9.

身，所谓学院，实在就是道院的僧房。在巴黎大学里，因为便于同国同乡学生一处住宿，所以设立了四个民族分部，情形仿佛像现在的学院，但民族分部之分划，并不是由于学习科目的不同而定，却是把民族国籍相近的学生，归纳在一个民族分部中。这种分划的办法，有时很不合理，不合于近世的地理与国别，只大概区分而已”。然而，吴宓又认为“大学既是一个才智之士的集团，而讲论学术，便不能不有一种憧憬中的远景，一种理想中的至善境界，历来的教育家哲学家和有眼光有远识的学者，都以他们的理想，拟具一种体系，来说明他们所憧憬中的大学”。

吴宓指出：中世纪的大学常发生风潮罢课的事，“往往是由当地商民欺凌学生而起，结果学生以‘迁地为良’，自动迁往他城，这样便给该地商人（房东及饭店老板等）以经济的损失”“中世的大学是近代大学的雏形，在课程方面也是渐渐增加”，如意大利保朗那大学，专门教授罗马法一科，巴黎大学时代，则除了法学的讲述研究外，又有神学和医学共三科；“神学范围很广，从基础科学的‘逻辑’直到专究形而上问题的‘玄学’更上到‘神学’都包孕在里面，当时所谓‘医学’，实在兼指较原始的‘自然科学’和‘生物学’，足以代表中世时代科学的主流，给近代科学的研究一种最伟大的启示”，但是，“关于法学的研究传习，中世的大学则承袭了古代罗马法的研究”。

统而论之，吴宓认为“中世的大学，规模是原始的，组织是简单的，但在学术的研究传播方面，却是表现了很光辉的成绩，对世界整个的文化，发生重大的影响”①。

二、战时大学史观

吴宓就此指出：“中国古代的大学，有它自己独具的历史，可是中国近代大学的形态，却是从西洋接受过来的，并非承袭自古代中国的大学”。②

以著有《西洋教育学史》而闻名的姜琦认为“教育学史”与“教育史”不同：“教育学史者，叙述关于教育学说变迁之历史也，故教育学

①②吴宓．大学的起源与理想（1948-04-16）［J］．国立西北大学校刊，1948（36）：7—9.

史者，系思想之变迁史，非教育之变迁史也”；“教育史者，包括教育之实际与教育之思想两方面而考究其变迁之途径也，即以人文发达之全部事情为其研究之资料也”“大凡民族有民族之思想，国民有国民之思想，无一不澎湃于人文发达史之海上，以支配其民族或国民之思想也”“通观全历史上教育思想之潮流，其间所起之教育上诸主义，不一而足，曰‘个人主义’‘宗教主义’‘泛爱主义’‘人文主义’‘实利主义’‘世界主义’‘平民主义’，殆有五花八门，令人莫知所归之象。然细按之此等教育思想，无一非表示社会、民族或国民思想所进行的途径，而有深奥之意义”。它“一方环绕国家的世界主义，民族的平等主义之大流，一方欲汇于人文理想之大海”[①] 由此可见，“教育史”包含的范围远大于“教育学史”的范围，“教育学史”则包含于“教育史”之中。另外，教育学史的研究，必须通观民族的、国家的思潮，从而发现其汇入人文理想大海的途径，才能获得有价值的研究成果。

李蒸论及战后大学复员时，就大学校史的意义做了精辟的论述，他认为：“学校历史最为宝贵，历史愈久者，其贡献愈大，这是古今中外的学府莫不皆然的。欧美各大学多有三四百年历史者，我国大学中有四五十年历史者已不多见。所以，我国有历史的学校，必须使其继续发扬而光大之。最高学府为国家文化知识之源泉，应多方维护其发展。延续学校历史，就是尽先将有历史的学校从速复员到固有之环境”“在抗战期间改组，变了名称，变了制度，但其使命未变，性质未变，学风未变者，应当一律恢复旧观”。[②]

李蒸进而认为：“欧美各大学都有数百年之历史，但在吾国大学中，有数十年之历史者尚不算多”“学校必须有悠久的历史，然后方能有确定的校风，有较长的时间方能有较长的改造经验与机制，学校成立愈久，学生团体生活方式愈加标准，盖因新陈代谢之故，过去的好经验保存下来，流传下去，不良的习惯自然淘汰，逐渐革除，所谓风俗习惯的养成，乃是日积月累的成果”。[③]

---

①姜琦．西洋教育学史［J］．学艺（上海），1911，3（1）：1—9.

②李蒸．今后教育建设之路［J］．西北师院学术季刊，1945（2）：1—4.

③李蒸．国立北平师范大学40周年［N］．西北日报，1942-12-17.

三、战时大学史观与“黎氏新体”

1944 年 5 月，黎锦熙在城固撰成《国立西北大学校史》。其中以西北联大校歌、西北联大“公诚勤朴”校训为纲所勾绘出的这部校史，颇具特点。它所体现出的大学史观：一是大学使命、校风、校训、“校风养成，盖与固有优良之民性风习相应”；二是大学与所处办学地如华夏肇土、神州奥区、西北之华山汉水，当以“提携群伦，继往开来为务”；三是“必借教育学术之力”，“努力铸成‘国族’”“融为‘国族’，正学府之任务”。这也就是说，修一大学之史，必“明乎国史”，才能“明乎校史”，“明乎国史与校史”，才能“自知其使命与目的所在”，才是修大学史的精髓和根本。一校之史，如果脱离了国家和民族的体认，不与国之大事相联系，就是自娱自乐，毫无意义。这是黎锦熙先生在国家和民族面临生死存亡之际，历经母校西迁、亲自见证国立西北联合大学并序连黉、联辉合耀的切身体会。

其中，黎锦熙所用以为纲的西北联大校训“公诚勤朴”包含有丰富的教育思想：

公，即公正，公平。《新书·道术》有“无私谓之公，反公为私”。《礼记·礼运》也有“大道之行也，天下为公”，后者被孙中山先生赋予革命的新意。公正或公平，是人们从既定概念出发对某种社会现象的评价，亦指一种被认为是应有的和理想的社会状况。它反映社会生活中人的权利和义务、作用和地位、行为和报应之间某种相适应的一种关系。公正也是一种道德要求和品质，指坚持原则，按照一定的法律、道德、政策等社会标准，实事求是地待人处事。人常说的“主持公道”，就是匡扶正义，扶助公正的道理，诚如《汉书·萧望之传》中所言：“如是，则庶事理，公道立，奸邪塞，私权废矣。”明永乐十二年（1414 年），山西霍州学正曹端的学生郭晟乡试中试，授西安同知，临上任前，去拜别曹师并讨教为政之道，曹曰：“其公廉乎！公则民不敢慢，廉则吏不敢欺。”这一名言，后改为：“吏不畏吾严而畏吾廉，民不服吾能而服吾公，公则民不敢慢，廉则吏不敢欺，公生明，廉生威。”公门不言利，公法不阿亲，办事公道，出以公心，只有如此，百姓才能心悦诚服，否则民会侮慢犯上；公生明，只有公才能明察秋毫，使假借官威或诱官以私，陷官失廉的小吏畏惧律己。一则“官箴”，赋予“公”字何等深刻的意义。

诚，即真心实意。唐代诗人李咸用《和友人喜相遇十首》之三有“人生心口宜相符”。《后汉书·马援传》有：“开心见诚，无所隐伏。”孟子在《孟子·离娄上》中将“诚”定义为自然界和人事社会的最高道德范畴，提出：“诚者，天之道也；思诚者，人之道也。”《中庸》认为：“诚”这一精神实体起着化生万物的作用：“诚者，自成也，而道自道也。诚者，物之终始，不诚无物。”诚，亦指诚实无欺或真实无妄。诚实也就是言行与内心一致，知之为知之，不知为不知，内不自以诬，外不自以欺。诚如刘禹锡所说的：“去敌气与矜色兮，噤危言以端诚”，即去掉敌视的态度和骄傲的神色，不要说危言耸听的大话，而要正直、诚实。若不推之于诚，虽三令五申，而令不明矣。古有“精诚所至，金石为开”和“有能推至诚之心而加以不息之久，则天地可动，金石可移”的说法，即只要心诚，即使坚硬的金石或者不可动摇的天地也会为它开裂，也会为之移动。诚亦有诚实讲信用之意。常言道：“大丈夫以信义为重”“国以信而治天下，将以勇而镇外邦”和“信，国之宝也，民之所凭也”，以及“胜敌者，一时之功也，全信者，万世之利也”等说法。这其中的“信”，就是诚信、信义、信誉、信用、信任、信赖，而其实质内容，都可归之于“诚”，所以“诚”和“信”是不能分离的，言而有信者，必定是一位诚实的人。

勤，即劳，出力。《论语·微子》有“四体不勤，五谷不分”。汉代孔臧《与子琳书》有“取必以渐，勤则得多”，就是说获取一定来自逐步的积累，勤奋才能收获得多。在历代警世格言中，“勤”字更是随处可见，如：“勤能补拙，学可医愚”“学知不足，业精于勤”“修业勤为贵，行文意必高”“智慧源于勤奋，伟大出自平凡”“知识无涯须勤学，青春有限贵惜阴”“书山有路勤为径，学海无涯苦作舟”“术业宜从勤学起，韶华不为少年留”“业精于勤荒于嬉，行成于思毁于随”“一年之计在于春，一日之计在于晨，一生之计在于勤”；等等。这些至理名言说明：饱食终日，无所用心，四体不勤，尸位素餐者，是很难有什么学问、什么事业的，要有满腹经纶，要成就一番事业，就必须勤奋。王国维说过："古今之成大事业大学问者不可不经历三种之阶级：'昨夜西风凋碧树。独上高楼，望尽天涯路'，此第一阶级也；'衣带渐宽终不悔，为伊消得人憔悴'，此第二阶级也；'众里寻他千百度，蓦然回首，那人却在灯火阑珊处'，此第三阶级也。未有不阅第一、第二阶级而能遽跻第三阶级者。"这里，王国维巧妙地运用晏同叔、欧阳永叔和辛幼安的三首词作，将通过博览群书、吃尽苦头，以致消瘦憔悴和终获成功作为三个重要阶段来形容成功之道，可谓恰到好处，但贯穿始终的还是一个"勤"字。自古以来，勤奋求学的故事层出不穷，像头悬梁、锥刺股、囊萤夜读、闻鸡起舞等不一而足，无一不透着一个"勤"字。总之，人一能之，己百之；人十能之，己千之。果能此道，虽愚，必明；虽弱，必强，勤为治愈懒惰的唯一秘方。

朴，本指树皮，亦指未经加工的木材，《论衡·量知》即有"无刀斧之断者，谓之朴"。朴，又有敦厚、质朴之意，陆机《羽扇赋》即有"创始者恒朴，而饰终者必妍"。在老子的《道德经》中，"朴"指原始自然质朴的存在，即"道"。老子认为："道常无名，朴虽小，天下莫能臣。""朴"亦无名，称"无名之朴"。"朴散为器"，朴的散失，就成为世间的具体器物。但是，人们只要使"常德"充足，也能"复归于朴"。朴还可用来镇止一切欲望，即"不欲以静，天下将自定"。校训中的"朴"，恐主要还是"朴素"，即质朴无华和俭朴。《释名·释采帛》有"素，朴素也，已织则供用，不复加功饰也"。《汉书·马皇后纪》亦有"车骑朴素，无金银之饰"。朴素是西北汉子独有的特性，多身出寒门，布衣着体，少有浮华习气，质朴敦厚、纯洁真率中透出一股灵气，以这种自然天成的禀赋作为西北联大—西北大学的校训，颇为得体。假如"宫中积珍宝，狗马实外厩，美人充下陈"（《战国策》）；假如"王公贵人，处于重屋之下，出则乘舆，风则袭裘，雨则御盖，凡所以虑患之具莫不备至"（《苏东坡集》），哪还有进取之心呢？可见，归真于这种"朴"，保持这种"朴"，起步于这种"朴"，是进取的根本之一。所谓天将降大任于斯人，必先苦其心志，劳其筋骨，饿其体肤，空乏其身，其目的不外乎返璞归真，使其具有"朴"的秉性，如此才能担当大任。

黎锦熙将西北联大"公诚勤朴"的校训写入校歌，并同时作为校史的主要内容。他认为校训的形成显然也与身处汉文化的发祥地汉中有关，指出："西北之华山汉水，即'华夏'之名所由来，古代文化实肇此土；学府在此，提挈群伦，当以继往开来为务。文化者，合精神与物质，综古代与现代而言，非可偏举；唯在西北，必借教育学术之力，努力铸成'国族'以发扬之，无可旁贷。"① 旅居台北的西北大学校友孙宝琛阐释"公诚勤朴"中的"朴"指出："汉族民族性的形成与中原及西北的地理环境当然具有密切的关系，大汉民族的朴质坚忍豪放性格大半由于艰难的耕作环境所铸成。"孙宝琛校友进一步指出："汉中原属楚地，秦惠王时秦国自楚国取得了汉中，西北文化很快地就在这一陕南地区得到了发展。……楚汉相争，刘邦君臣退守汉中，后来灭楚而统一了天下，就是以汉中为根据地而出兵的，到了三国时代，诸葛武侯北伐中原，也以汉中为根据地。""忠君爱国""严辩汉贼不两立""攘除奸凶与兴复汉室"的观念和基本国策大多源于汉代和三国时期的汉中；"西安与汉中正是我大汉民族强盛时期的圣地，学子们播迁其中，自然会体验到先民创业艰巨的地理环境及开拓精神。教授及同学们由西安迁往城固，攀登秦岭，不畏跋涉之苦，在城固初期，教授及学生的生活是何等的艰苦！大家都坚毅地接受了，而且都心神愉快地接受了，充分表现了中华民族的传统精神"。② 旅台西北大学校友于正生也认同西北大学学生的坚忍耐力，认为从旅台校友来看，西北大学毕业的学生"大半都葆有中国传统文化浓厚色彩，而富于应付艰苦环境具有坚强战斗力"③。这个观点，说明汉中深厚的汉文化沃土，深深滋养了西北联大的莘莘学子。

基于此，黎锦熙的《国立西北大学校史》不仅创造了一种将校史与校训、校歌巧妙结合贯穿的新体裁，在战时校史中极具代表性，而且他还提出了如何对待多源头校史、如何对待校史的远溯、如何将办学思想贯穿于校史的大学史观。这是国立西北联合大学常务委员会委托时任秘

①黎锦熙．国立西北大学校史（1944.5）．//姚远．西北联大史料汇编．西安：西北大学出版社，2012：650—657.

②孙宝琛．西北与中华文化［M］．//国立西北大学卅周年纪念刊，台北：西北大学校友会，1969.

③于正生．从旅台校友看母校特性［M］．//国立西北大学卅周年纪念刊，台北：西北大学校友会，1969.

书主任黎锦熙和法商学院院长许寿裳两教授创作的《国立西北联合大学校歌》的歌词：

并序连黉，卌载燕都迥；
联辉合耀，文化开秦陇。
汉江千里源嶓冢，
天山万仞自卑隆。
文理导愚蒙，
政法倡忠勇，
师资树人表，
实业拯民穷，
健体名医弱者雄，
勤朴公诚校训崇。
华夏声威，神州文物；
原从西北，化被东南；
努力发扬我四千年国族之雄风！

这首战时校歌，既有凝重的历史感，又有鲜明的时代感，既有导愚蒙、倡忠勇、树人表、拯民穷的12字办学思想的微观描述，又有华夏声威、神州文物、四千年国族这种宏观的铺张，有力地张扬了兴学强国、复兴民族的终极目标，揭示了这所风沙大漠背景下战时大学联合体的本质和未来化为地道的西北地方高等教育机关的愿景。

这首校歌经国立西北联合大学常委会议决修正通过后，托齐国樑教授寻找作曲家制谱，却因学校改组，联大易名，终告流产。“黎锦熙心有不甘，情有独钟，遂于1944年5月，以歌词为纲，撰写了一部简明的《国立西北大学校史》，每句歌词就是一个小标题，以具体、详尽而又凝练的笔触，抒写了西大的方方面面，成为了解西大校史的经典性文献”。黎锦熙“忆民国二十七年（1938）之秋，曾为联大拟定校歌，……谱未成而学校改组，未之用也。歌词实即校史之纲领，今作校史，仍用为纲，分句笺疏，以醒耳目，斯亦史家创体也欤！”。

在正确对待大学历史的多源头和远溯方面，他在序言中首次涉及如何对待同名的“京源”“陕源”之“西北大学”问题，并巧妙地通过

“论名”“论实”予以表述，又对“主张凡今校史皆宜溯源于往古”（如今西北大学正可承续西周辟雍、成均）的观点提出批评，认为“代远年淹，不宜如此铺陈”；在远溯战时大学历史发展方面，他通过“卌载燕都迥”，依创校时间先后，概括了国立北洋工学院、国立北平师范大学、国立北平大学、河北省立女子师范学院等平津四校 40 余年的悠久历史，又通过“并序连黉”“联辉合耀”突出地书写了国立西北联合大学“四合为一”和“一分为五”的壮观一幕；在教育思想方面，黎锦熙校歌中“导愚蒙、倡忠勇、树人表、拯民穷”的 12 字办学思想和“公诚勤朴”的校训，作为小标题融入《国立西北大学校史》，成为贯穿校史之魂，也为后世写校史如何连贯校训、校歌、办学思想，并形成一个一以贯之的精神或思想，给出了一个典范。

第二节 今日大学的使命

一、“大学应以人为主”和以“图书仪器为主”

吴宓认为“大学应以人为主，不以房舍、组织、章程为主”。他从大学的起源看，认为大学先有讲学的教授，有听讲的学生，然后才有住宿的房舍，然后才有组织。有讲学的人与从学的人，才有学问有教育。他举例说，英国文化委员会顾问、指导英语教学的专家林苏弼先生到中国各大城讲学，他在武汉大学讲演，谈到武汉大学校舍建筑弘美，四周风物如画，认为是一个极好的读书环境，不过他又说：校舍的弘美风物的明丽并不是武大的灵魂，有真正读书的人则数间茅屋仍然可以弦诵不辍。林苏弼先生的这种主张，确是不磨之论。进而，吴宓指出：“近世中国的大学教育，受美国式教育的影响太大，过分注重、过分胶着于学校的外观形式和组织。往往一个学校拥有很好的校舍和一个极庞大的组织，但是缺乏有名的学者和有志的学生，这是大学教育的悲剧。”他又指出另一种弊病，就是“教授与学生之间隔阂很深，譬如我们知某大学的教授住宅与学生宿舍的所在地，隔离太远，地缘上的远隔，引起印象上的生疏和情感的淡漠，我以为教授与学生间应当以学术为中心点，毫无私见地去亲近去合作才是。不过学生与教授，甚至一般男同学与女同学之间的感情，乃是一种学问上的感情，一种探索智慧时同路人的感情，并非其他势利的感情”。此外，他赞同美国哈佛大学前教务长哈斯铿氏的说法，认为美国大学的弊病之一是太注重学生的课外活动，如运动、跳舞、集会结社之类，往往占去学生大半的精力和时间。

另外，吴宓认为“大学应以图书仪器为主”，指出“大学以人为主外，应当注重于图书仪器的充实。因为一个大学没有参考书，没有课本，没有仪器，所以弄到先生的讲述，变成类似演剧式的表演，变成类似背书式的复诵，学生上焉者不自动地去研究，不读参考书，下焉者连笔记也懒得记，课堂上只凭先生枯竭的记忆，把他所熟知的知识榨出来，然后再压缩到学生的记忆里，如此陈陈相因而已”。然而，如果“有了完备充实的图书设备，才能导引学生做到课外阅读的一步；有了完备充实的图书设备，然后教授和学生才能在书籍里面接触，神交于书中；一本书代表一个作者的思想体系，代表一个作者的全人格，代表一个完美的境界，一个整个的世界，唯有神交书中才能使爱好智慧者忘记国界，忘记地域，忘记年龄，忘记一切足以窒碍人类高尚思想的偏蔽与黏滞”。

二、“大学是造就通才硕学者的学术机构”和“给教者、学者一个疏懒闲暇的地方”

吴宓认为“大学是造就通才硕学者的学术机构”“大学不是专科学校，更不是职业学校，大学注重于高深学术的研习，注重于相关部门的知识的融会贯通。大学的目的是要造就博而能约的学术通才，不是要训练职业的及技术的人才。在大学里面，要传授根本学问，如纯粹自然科学等。事事物物都要推求它的法则和原理，追求一种圆通智慧。自然科学、社会科学是这样的，文史哲尤其如此”，这就是“要追求一种更高、更美、更抽象的理想——这种理想就是学术的本身”。

基于此，吴宓又提出“大学是给教者、学者一个疏懒闲暇的地方”，这有着深刻的含义。他从原出于希腊文的英文的学校、学者、学问、奖学金几个字的本义都是闲暇出发，提出“唯有不为目前生活所迫孳孳奔走而能有闲暇的人，才是能研究学问的人”，进而推及大学生，认为“大学生能利用闲暇，离开目前最实利最直接的事物的氛围，而驰骛憧憬于更远更抽象的智慧境界的人，才算真正了解大学生活的真精神——大学生需要空想、幻想、理想”。

论及大学的学术职能，霍自廷[①]对学生说：“大学教育的目标是培养

①霍自廷（1896—1984），河南安阳人。曾在清华留美预备学校和北京大学英语系学习。1929年毕业于日本庆应大学英文系。1942年8月起任国立西北大学外语系教授。

学者，也就是为国造士，所以诸位毕业之后，应该永远保持学者的态度。所谓学者态度，便是‘好学不倦’的态度。荀子说：‘学至乎没而已也。’一个学者应该终身以研究学术为职志，以期有所贡献。诸君在大学所学的，不过是一个学术的门径而已，今后正应锲而不舍，继续探讨，庶可不断地有所成就和发明，以尽开拓文化的使命。”①

三、大学“要造就领袖人才”“化民成俗”和“保存人类精神文化遗产”

吴宓认为“大学教育，是要造就出类拔萃的领袖人才，而非一种普及教育”：他引述美国前总统威尔逊的话说：“大学生应该重质不重量，选拔最优秀的人才，精益求精。”他批评说，我国的中学生都要升大学，要把全国每一个人都造成文学士、理学士，徒有虚名，而无实学，这是错误的。“人类禀赋才智原有不同的阶层，出类拔萃的领袖人才，并非人人可以做到的，更非降低程度、敷衍吹嘘所可养成的”。

在此基础上，吴宓认为“大学生要树立风声，化民成俗，尽其领导社会的责任”，亦即“应当先把大学造成理想的社会，把大学生造成理想的人物，然后再用毕业生去指导社会，领袖群伦”，也就是曾国藩在《原才》一文中所说的“风俗之厚薄奚自乎？自乎一二人之心所向而已。”即社会风尚的淳厚和浮薄是从哪里产生的呢？产生于一两个人的思想倾向罢了。他以为在乎一二人。这所谓的一二人，就是德才兼备的大学问家。

最后，也是最为崇高的职能，即“大学是保存人类精神文化遗产的地方，一国一族有它自己光荣的文化遗产，全人类有全人类的公共产业。一般高级的文化遗产，都少实利的效用，所以必须靠最高的学术机构去保存它光大它”。他进而将文化遗产具体为白话文、文言文、经史子等，主张“白话纵可行，而文言决不可废”；文言并不是死的文字，并非像拉丁文一样，而如英美一般的通行文字，报纸商业亦均用之，故有其一般的价值；经史乃是我国先贤精神文化的总结晶，凡是国民都应当了解，

①霍自廷．为学与做人——为第九届毕业同学赠言［J］．国立西北大学校刊，1948（38）：1—2.

而大学里研究文史哲的同学，尤其应当诵读，“文言断不可废，经史必须诵读”①。

这就是吴宓心中的大学理想。

①吴宓．大学的起源与理想［J］．国立西北大学校刊，1948（36）：7—9.

第三节　明日大学的教育方针

一、“养成国家观念”“培养民族意识”为主旨

经过战争的洗礼，教育家们深深体验到“养成国家观念”和“培养民族意识”在未来教育中的重要性。为此，李蒸指出：“无论是小学、中学、大学，以及实施教育不同的方式中，无论是学校教育或社会教育，都要以养成国家观念与培养民族意识为主旨。”①

李蒸具体指出：要“训练儿童及成人，认识我们的国家及民族，此种认识由小学起经过中学、大学逐渐深刻化以至坚定不移为止。我们希望教育家、历史家与著作家联合编制一套国史教本与参考书，要生动活泼地描写我民族过去的伟大事迹，以及历代解脱外力压迫与复兴主权的努力与经过，使读者受有力的刺激而兴奋。这一种国史教本要以‘中华民族’的建设活动为主，不注重朝代的更替，其中要多包含真正伟大人物的传记、各种关系人生的发明创造之叙述”。另外，对外国历史中可以印证我民族之伟大者要多多列入。

二、“我民族的生存物质环境必须使人人明了”

李蒸指出：“我民族的生存物质环境必须使人人明了，并且使人人知道宝贵。所以，地理教学的重要性不减于历史教学。编制地理教本，搜集正确的地理材料编制图表，以及多用幻灯、电影、照片等表现风土人文，都是目前教育上的要紧工作。由小学起养成爱乡土的观念，扩大起来，自然而然地就能够养成爱国心。”

①李蒸．国家的出路与教育［J］．师大月刊，1933（4）：1—6.

黄国璋对地理教育忧心忡忡，指出："地理教员既多缺乏专门训练，又复苦无进修机会，教法教材，一成不变，因陋就简，改进莫由；一般学生对于地理一科大都缺乏兴趣，本其传统观念，视为无足轻重，地理知识之浅薄，可于历届各大学入学试卷中窥测之；至于一般国民，对于地理新潮，更若无所感应；视此情形，欲期地理学长足之进展，斯诚戛戛乎其难矣。"① 长此以往，绝不利于民族的生存物质环境的教育。

李蒸进一步强调地理教育的重要性，指出："我国地大物博，地理材料尚待发现与研究之处甚多，当此国难严重之时，培养民族意识，指导国防知识，开发国家资源，有赖于地理教学之培植者至重且巨，教育救国、民族复兴之伟业，实利赖之。"②

三、"注重应用科学及利用科学方法"以维持民族的生存、延续和光大

李蒸指出："自然科学的教学应多用本国文字定其名称术语，使其于日常生活上之观察发生密切的关系。自小学起经过中学、大学，除教学各种原理、原则外，尤要指明我们的民族为何以不科学化或是反科学的，并且要特别注重应用科学，及利用科学方法以维持我们民族生存、民族延续以至民族的逐渐发挥光大。"③

国立西北大学外国语文系学生岳诚也认为："尤其在这个二十世纪的大时代里，'物竞天择适者生存'的学说，已经成了铁一般的事实，而世界的进步更是一日千里，……我们看现今进步的国家，都已经由电的世纪，一跃而迈进了原子的世纪，再反观我们的社会，仍旧在'牛车农业'的世纪里缓步而行，心中真有无限的感慨！"④

学生石鸣源也认为："现在世界各国都日以继夜，拼命地钻研科学，企图发明新武器，以统治全世界。这是时代的趋势，将来各国对于科学更加重视。"⑤

①黄国璋．复刊词［J］．地理教学，1939（5—6）：1.
②③李蒸．地理教学发刊词（1936-11-28）［J］．地理教学，1937，1（1）：1.
④岳诚．大学生之修养［J］．西大学生，1946（6）：6—8.
⑤石鸣源．明日之大学教育［J］．西大学生，1946（5）：5—11.

四、“注重团体生活与合作能力的培养”

李蒸指出：我们的民族太欠缺有组织的社会生活，团体生活只发展到家族为止，这必须纠正，“学校要做成国家社会的小模型，社会教育的训练要注重天梯生活，与合作能力与道德之培养”。①

徐朗秋②从乐教角度也有“团体意识训练”的高论，他认为：“个人不能离群而独立，如果一个人缺乏了团体意识，可断言一事无成，因为他失去了一切人的助力了。音乐里有大合唱、轮唱、分部合唱、乐器合奏等等，都能严格地训练你只有团体没有个人，以大我的成功，表现小我的成功。因为和声的进行，不容许你独异的。所以受过音乐训练的人，在任何团体里，他都会表现他个人对团体的道德的。”③

五、“要复兴我民族的生命与主权，必须先复兴我民族的身体健康”

李蒸指出：“先有健壮的身体，然后方能有健全的智力与正确的人生观。”因此，“要复兴我民族的生命与主权，必须先复兴我民族的身体健康”。④

岳诚⑤也认为：“我们要有坚强的体魄，我国一般人对于身体的保健问题，向来是不大注意和重视的，因此才有‘箪食瓢饮’和‘胼手胝足’的赞美的记载。虽然也有道家的养生之说，但是影响所致，终究不及儒墨之言来得普及。西洋就不然了，他们普遍地相信着‘健全的精神寓于健全的身体’这句格言，而提高了一般的健康标准。的确，一个人有健全的身体是一生最大的幸福。像兴登堡在八十多岁时，还能出任德国总统，来收拾第一次大战后的德国残局。又如美国罗斯福总统中年时身体曾患麻痹病，而由于他对身体的爱护和锻炼，终于弥补了他的缺陷而完成了他的伟业。这些不都是坚强体魄的赐予吗?”⑥

---

①④李蒸．国家的出路与教育［J］．师大月刊，1933（4）：1—6.

②徐朗秋，江苏兴化人，中央大学毕业，美国印第安纳大学博士，曾任教育部教育司第二科科员，1946年间任国立西北大学教授兼总务长。

③徐朗秋．论乐教［J］．国立西北大学校刊，1947（30）：1—5.

⑤岳诚，国立西北大学外文系学生。

⑥岳诚．大学生之修养［J］．西大学生，1946（6）：6—8.

第四节　明日大学的理想

一、“培育英才”“吸收外国的物质文明来建设新的中国，传播我们的精神文明于外国”

石鸣源①认为明日大学教育的使命，“负担着培育英才以建设独立自由幸福的新中国的伟大任务”。

这是因为：“教育是国家的灵魂，是人类文明进步的推动力，一个国家要在今日的世界上独立自由幸福的生存着，人类社会要不断地向前进展，不发达教育，特别是大学教育，是绝不能达到这个目的的”。他进一步分析其原因，认为“中国是一个文化落后，久受列强压迫而向来在贫愚病弱的圈子里摸索的国家，现在经过八年的血战，已挣脱了一切的束缚与压迫，踏上了独立自由的大道，但是本质上的老毛病——贫愚病弱，并没有消除，而且比以往更严重了。胜利后的中国好像是穿上美丽外衣的大病初愈的人，她的健壮还需要相当时期的休养，所以中国今日需要大批有活力有才能的青年专诚地来为她效力，和病愈的人需要充足的养料是一样的迫切。如果不能供给她的需求，那么她将会陷入更悲惨的命运中的。这些有活力有才能的青年从哪里来呢？无疑的就是要从大学中培养；所以明日的大学教育，负担着培育英才以建设独立自由幸福的新中国的伟大任务。”②

除考虑内因以外，融汇世界也是明日大学教育的任务。石鸣源引述

①石鸣源（1921—?），陕西延长人。国立西北大学法商学院商学系1944级学生。
②石鸣源．明日之大学教育［J］．西大学生，1946（5）：5—11.

美国前总统罗斯福关于“中国应该以精神来领导世界”的论断进一步指出：“我们要想维持世界和平，使世界走上光明繁荣的大道，必须一方面促进各大国的真诚合作，一方面要我们中国先赶快建设成一个富强的新国家，以成为世界的安定力。同时为了根绝战祸计，应该把我们中华民族的固有美德——八德，尽量地发扬光大，传播到全世界的每一个地方，灌输到全世界每一个人的心里。”如此的话，“要使世界战争永远消灭，根本的办法是要改变人类自私仇视自傲的思想，要改变此种思想，中华民族固有的美德就是唯一的良药。所以，明日的大学教育又负担着一项更伟大的任务，就是吸收外国的物质文明来建设新的中国，传播我们的精神文明于外国，实现人类的永久和平”①。

二、“普遍、平等、统一、重科学、重气节”的五大原则

石鸣源将其归结为普遍、平等、统一、重科学、重气节等五大原则。

第一，普遍原则，即“我们为中国教育前途着想，为中华民族未来打算，今后必须以最大的决心与努力，来按各地的实际情形与需要，合理地、普遍地迁移与建立大学，不能以少数人的赞成或反对，而错过了千载难逢的普遍发展大学教育的良机。受教育是人民的权利，我们应该让每一个人都有受大学教育的机会，而不能让某一地方或某少数人所独享。所以明日的大学教育须力求普遍，只有如此才能使中国走进文明富强国家之林”。②

第二，平等原则，即“受教育是每一个国民的权利，谁也不应该以任何理由予以剥夺或限制，尤其是在民主呼声高唱入云的今天，更成为天经地义的定理”“所以，今后的大学教育，必须要真正的平等，不能再让少数人独享，应该一方面普遍设立学校，使每一个宗族，每一个男女，都有平等受大学教育的机会。同时对于真正贫苦子弟，应该予以种种的方便与鼓励，打破一切隔膜歧视，而亲密地团结起来，使无数的男女皆能受到大学教育，为建设新中国而贡献其伟大的力量”。③

第三，统一原则，即“教育是整个国家机构中最重要的一部分，而不是某少数人私有的，无论学校的迁建，课程的规定，人事的调整，待

①②③石鸣源．明日之大学教育［J］．西大学生，1946（5）：5—11.

遇的高低，皆应由国家依据实地的环境与需要来作合理的决定，万不可迁就少数人的意旨而破坏了全国的统一性。现在抗战业已胜利，复员正在开始，我们今后对于大学教育，应该一面根据国家的需要，迁移后方的各大学，一面酌量各地的情形，有计划地新建大学，务使中国大学教育走上正当发展的道路”。①

第四，重科学的原则，即“现在的世界是科学的世界，科学发达的国家可以富强，可以左右全世界，现在的美国就是明证”“我们中国是一个农业国家，在科学方面昔日虽然有过光辉的历史，伟大的发明，然而现在已被现代科学的先进国家撇在几千里以外了”。所以，“今后的大学教育，须特别重视科学。国家应尽量购置与建造各种科学设备，以便大学师生的研究，同时应竭力提倡与奖励研究科学的人士，使从事科学者安心工作，这样才能使中国荒凉的科学园地里有新奇的花朵开放，世界科学的舞台上有中国科学家出现。我国现在不是缺乏土地，也不是缺乏资源，更不是缺乏劳力，而只是缺乏科学。只要今后科学能飞跃的发达起来，我们确信中国很快地就可以变成名副其实的四强之一，也可以确实负担起维持世界和平的重任”。②

第五，重气节的原则，即“中国本是礼仪之邦，历代都是讲仁义重气节的。因此，国家每到危急之秋，风雨之会，杀身成仁、舍生取义之士史不绝书”“今日中国为国效命廉洁自守的志士仁人，固然不少，但是为非作恶，贪污枉法之徒也大有人在。这种社会的恶流渐渐波及学校里，特别是大学中来了”“中国现在虽然渡过了巨涛恶浪的苦海，达到了胜利的彼岸，但是在他的前面依然障碍重重，如欲迅致富强，必须有无数纯正无私为国尽忠的有为青年来推着他前进”。所以，“明日的大学教育，必须特别重视气节，不仅使每一个人养成‘临财不苟得’‘临难不苟免’的高尚人格，把现在沾染的污点洗涤净透，而且要负起移风易俗的作用，使中国的每一个角落里洋溢起新的气象来”。③

①②③石鸣源．明日之大学教育［J］．西大学生，1946（5）：5—11.

三、明日大学是“熔炉”“春园”“美满的家庭”和“新奇的世界”

石鸣源憧憬着理想中的明日大学。

第一，“明日的大学是一个强烈的熔炉，而不是演剧的戏园子”，即希望“明日的大学绝对不允许如一个戏园子一样，里面正人君子、佞臣贼子、志士仁人、盗匪流氓，什么人都有，而应该是一个强烈的大熔炉，在这个熔炉里可以把每个人内心的一切不良的杂质熔化掉，而锻炼出纯正坚强的人格来，也可以陶冶出经邦济世的才能和经得起狂风暴雨忍受得了饥寒困苦的精神来。大学的门里多走进去一个人，将来在社会上就可以多增加一个人才，只有这样的大学，才不致枉费国家的资力，更不会培养出一些起副作用的分子，增加国家的困难。因此，明日的大学对于良好训导制的建立，新学风的培创，不能不注意”。①

第二，“明日的大学是一个雨后的春园，而不是冬天的荒野”“在春天到来，尤其是细雨后，花园里是一片清新的景象。鸟儿在枝头欢唱，花儿朵朵怒放，蜂蝶翩翩飞舞，草木欣欣向荣，整个的园里充满着生气，充满着愉快，冬天惨淡冷落的痕迹一点儿也不存在。一个理想的大学也应该这样，每一个学生可以如花草一样的，随着个人的性情志趣，尽量地向上发展，毫无一点束缚，如小鸟蜂蝶一样地快活，没有丝毫的烦愁在心头缠绕着”“明日的大学必须顺着学生的个性所好去发展，绝不可如压在石下的花草，使它无开花结果的机会”。②

第三，“明日大学是一个美满的家庭，而不是商品交易所”，即“明日的大学必须如美满的家庭一样，师长对学生和自己的子女一样看待，用所有的精力和心血来教导和培育他们，使每个人走上学习的做人的正道上。不苟且，不敷衍，不怕辛苦，不嫌麻烦，抱着教不倦的精神，把自己一生所得的经验学识全盘灌输给学生，希望他们都能成为完善的人才，将来出了学校为国家负担重任，为社会创造福利”“师长爱护学生，学生尊敬师长，大家的心永远是融合在一起的。同学间亦应互相帮助，互相敬爱，共同研讨，共同策励，彼此宛若兄弟一样。只有在这样充满

---

①②石鸣源．明日之大学教育［J］．西大学生，1946（5）：5—11.

着和乐气象的学校里，才能使学生的学业一日千里的进步，才能使中华民族的文化史上写下光辉灿烂的一页”。①

第四，“明日的大学是一个新奇的世界，而不是罪恶的渊薮”，即“在这个世界里，每个人都是清廉的、正直的、热情的、诚挚的，永远看不到贪污枉法营私舞弊者的影子和欺诈、忌恨、虚伪等一切罪恶的行为。大家都怀着一个理想，就是要为国家民族而充实自己，为全人类的幸福而探求真理，使自己将来真正能负担起建设富强的新中国及造福全人类的神圣使命”“每个人的全副精神都贯注在自己的学问事业上，没有一点用在不正当的地方。有的在研究新的发明，有的在从事伟大的著作，有的在草拟改造社会的计划，全向着为人群谋福利的大道迈进”。②总之，“这个世界是新的、美的、善的，你可以看到社会上所看不到的事物，听到社会上所得不到的消息；他会孕育出伟大的力量，把人类社会推向更自由、更平等、更幸福、更美满的境地去”③。

这是70余年前一位在校大学生对未来高等教育的一个憧憬。其中，“普遍、平等、统一”的原则，以及“普及化、国际化、多元化、终身化、综合化的趋势，仍然有无限的发展前景。应该说，这些大学生所预言的明日大学，仍在发展中，需要一代一代地逐梦前行。然而，无论历史如何发展，未来如何变幻莫测，有一点是肯定的，那就是明日大学的发展如同人类的发展一样，总是先后承续，不可割裂和衔尾相随。因而，认识历史，正是理解现在和未来的钥匙。

①②③石鸣源．明日之大学教育［J］．西大学生，1946（5）：5—11.

参考文献

［1］姚远．西北联大史料汇编［M］．西安：西北大学出版社，2012：1—794.

［2］王建领，郑惠姿，姚远，王展志．国立西北联合大学档案史料选编［M］．西安：西北大学出版社，2018.

［3］方光华，姚远，姚聪莉．西北联大与中国高等教育Ⅰ［M］．西安：西北大学出版社，2013：1—412.

［4］何宁，陈海儒，郑宽民．西北联大与中国高等教育Ⅱ——纪念西北联大汉中办学75周年［M］．西安：世界图书出版西安有限公司，2014：1—552.

［5］杨德生，姚远．西北大学教育理念文选［M］．西安：西北大学出版社，2004：1—375.

［6］姚远，董丁诚，熊晓芬，宋铁文等．图说西北大学百十年历史（2017年增订本）［M］．西安：西北大学出版社，2017：1—483.

［7］杨蜀康，黄迪民主编．西北工业大学［M］．重庆：重庆大学出版社，2007：1—193.

［8］关联芳．西北农业大学校史（1934—1984）［M］．西安：陕西人民出版社，1986：1—280.

［9］李永森，姚远主编．西北大学校史稿（修订本）［M］．西安：

西北大学出版社，2002：1—428.

［10］西北大学校史编写组．校史资料（第一辑）［M］．西安：西北大学出版社，1987：1—158.

［11］张凤来主编，王杰副主编．北洋大学天津大学校史资料选编（一）［M］．天津：天津大学出版社，1991：1—481.

［12］北京师范大学校史编写组．北京师范大学校史［M］．北京：北京师范大学出版社，1982：1—265.

［13］国立西北师范学院史料摘编（1937—1949）［M］．北京：中国文史出版社，2014：1—1327.

［14］戴建兵，张志永．齐国樑文选集［M］．天津：天津古籍出版社，2012：1—266.

［15］李溪桥主编．李蒸纪念文集［M］．北京：中国社会科学出版社，1996：1—447.

［16］朱玉麒，王新春编．黄文弼研究论集［M］．北京：科学出版社，2013：1—288.

［17］黎泽渝，刘庆俄编．黎锦熙文集［M］．哈尔滨：黑龙江教育出版社，2006.

［18］国立西安临时大学主办．西安临大校刊，1937—1938（1—12）.

［19］国立西北联合大学主办．西北联大校刊，1938—1939（1—18）.

［20］国立西北大学主办．国立西北大学校刊，1939—1949（1—复刊40）.

［21］国立西北师范学院主办．国立西北师范学院校务汇报，1940—1945（1—87）.

［22］国立西北医学院主办．国立西北医学院院刊，1941（1—23）.

［23］国立西北工学院主办．国立西北工学院月刊，1948—1949（1—18）.

［24］国立西北农学院主办．国立西北农学院院刊，1946—1947（1—11）.

［25］国立西北大学台湾校友会．国立西北大学卅周年纪念刊．台北：西北大学校友会，1969.

［26］姚远．西北联大融汇世界的办学思想与实践［J］．河北师范大学学报（教育科学版），2016，19（1）：45—54.

［27］姚远．西北联大与其后继院校定位西北办学思想与抱负的形成［J］．西北工业大学学报（社会科学版），2018（3）：80—91.

［28］姚远．西北大学区域定位思想的形成和发展［J］．西北大学学报（哲学社会科学版），2006，36（1）：10—14.

［29］郭晓亮，姚远（通讯作者），李晓霞．李书田工程技术救国思想研究［J］．西北大学学报（自然科学版），2015，45（1）：159—166.

［30］郭晓亮，姚远，李晓霞．西北联大的科学技术贡献溯源［J］．自然辩证法通讯，2018（2）：39—84.

［31］物理学家岳劼恒先生传略（与张景勋合作），《西北大学学报》（自然科学版），1987（4）：9—16.

［32］张景勋，姚远．现代教育家［M］//李钟善主编．大学校长的教育思想和实践．西安：陕西师大出版社，1989.

［33］张景勋，姚远．岳劼恒——学贯中西的现代教育家［M］//李钟善主编．陕西历代教育家评传．西安：陕西人民教育出版社，1994.

［34］西北农业大学编．一代宗师——辛树帜先生百年诞辰纪念文集［M］．杨陵：西北农业大学出版社，1997.

［35］许椿生．李建勋教育论著选［M］．北京：人民教育出版社，1993.

［36］璩鑫圭，唐良炎．中国近代教育史料汇编［M］．上海：上海教育出版社，2007.

［37］史念海，辛树帜先生诞生九十周年纪念论文集［M］．北京：农业出版社，1989.

［38］姚远．衔命东来：话说西北联大［M］．西安：西北大学出版社，2018.